中國學術思想 研究輯刊

十　編
林慶彰 主編

第 18 冊

魏晉人性論研究
錢國盈 著

王弼與郭象之聖人論
盧桂珍 著

花木蘭文化出版社

國家圖書館出版品預行編目資料

魏晉人性論研究　錢國盈　著／王弼與郭象之聖人論　盧桂珍
著 — 初版 — 台北縣永和市：花木蘭文化出版社，2010〔民
99〕
目 2+126 面／目 2+112 面；19×26 公分
（中國學術思想研究輯刊　十編；第 18 冊）
ISBN：978-986-254-347-4（精裝）
1. 魏晉南北朝哲學　2. 人性論　3. 玄學
123　　　　　　　　　　　　　　　　　　　　99016457

ISBN - 978-986-2543-47-4

9 789862 543474

中國學術思想研究輯刊
十　編　第十八冊　　　　　　　ISBN：978-986-254-347-4

魏晉人性論研究
王弼與郭象之聖人論

作　　者　錢國盈／盧桂珍
主　　編　林慶彰
總 編 輯　杜潔祥
出　　版　花木蘭文化出版社
發 行 所　花木蘭文化出版社
發 行 人　高小娟
聯絡地址　台北縣永和市中正路五九五號七樓之三
　　　　　電話：02-2923-1455 ／傳真：02-2923-1452
網　　址　http://www.huamulan.tw 信箱 sut81518@ms59.hinet.net
印　　刷　普羅文化出版廣告事業
封面設計　劉開工作室
初　　版　2010 年 9 月
定　　價　十編 40 冊（精裝）新台幣 62,000 元

魏晉人性論研究

錢國盈　著

作者簡介

錢國盈，1965 年生。臺灣師範大學國文研究所碩士，現任嘉南藥理科技大學通識教育中心助理教授。著有《三國時期天命思想之研究》、〈兩晉時期的符瑞、災異思想〉、〈荀悅的人性論〉、〈十六國時期的星占學〉、〈三國時期的祭天禮儀〉、〈十六國時期的符瑞、災異思想研究〉。

提　　要

　　魏晉人性論所討論的重心為才性品類、聖人人格及自然與名教之爭，有關前者的討論以劉邵為代表，後二者的討論則以何晏、王弼、阮籍、嵇康、張邈、向秀、裴頠、郭象、張湛為代表。本文即以上述諸人的思想為依據，以說明魏晉的人性論。

　　全文共分為九章：首章緒論，說明人性論所討論的內容，並對先秦儒、道兩家及兩漢的人性論做一簡要的說明。第二章探討以劉邵《人物志》為主的才性思想。首先對漢末、魏晉有關才性論的現存零星資料加以分析，其次說明劉邵的人性論。第三章探討何晏的人性論，第四章探討王弼的人性論，第五章探討阮籍、嵇康的人性論，第六章探討張邈、向秀、裴頠的人性論，第七章探討郭象的人性論，第八章探討張湛的人性論。以上六章著重於論述聖人有情、無情，自然與名教的論爭及適性逍遙思想。對於每個人的人性論的探討，大抵先敘其人性論的理論根據，然後就其性、情、心論，材性品類，聖人人格，自然與名教及適性逍遙等相關主張做論述，最後則對其人性論做一檢討，以明瞭其人性論的得失。第九章結論，對魏晉人性論發展的過程及自然與名教的論爭過程做一系統的論述，同時說明魏晉時代對先秦、兩漢人性論的繼承與開創。

目次

前　言

　　接觸魏晉思想是在大四的時候，當時林師慶彰教授中國思想史，除了對魏晉玄學做扼要之說明外，並指定余英時所著的《中國知識階層史論》一書為課外讀物，余先生之書對魏晉思潮的興起及魏晉時代的社會問題多有涉及，我也因而對魏晉時代的思想及當時士人所面對的問題有了初步的認識。進入研究所之後又選修戴師璉璋「魏晉玄學」的課程，因而對於魏晉時代的思想有了更深入的瞭解，也對魏晉思想的研究產生更大的興趣。至於選擇人性論為研究的對象，一則因為魏晉之前的人性論並未就人的材性方面加以深論，而魏晉時代由於政治上的用人問題及漢末以來人物品鑑風氣極為流行的交互影響下，對人的材性方面有了廣泛的討論，並建立了才性系統。二則因為魏晉時代對於人為制定的名教或加以反對，或加以承認，然而不論是反對或者承認名教，莫不由人性思想出發，以人性為其主張的根據。自然與名教的關係及才性思想皆為魏晉時代的主要課題，因而對於魏晉人性論的研究便成為明瞭魏晉思想的關鍵。

　　本篇雖名之為「魏晉人性論研究」，然而對於研究之範圍及研究之對象尚有必須加以說明者：

　　一、由於個人能力及時間所限，故研究之範圍未能包含當時已傳入中國，並且極為流行的佛學思想。當時佛學思想中所討論者與人性相關的有慧遠的「法性」思想及竺道生的「一闡提皆可成佛」思想，此皆有待他日之補充。

　　二、魏晉人性論所討論的重心為才性思想，聖人人格及自然與名教之爭，前者以劉劭為代表，後二者則以何晏、王弼、阮籍、嵇康、張邈、向秀、裴

顏、郭象、張湛爲代表，透過這幾個人的探究，我們即可明瞭魏晉人性論的主要內容，本文之研究即以上述諸人的思想爲依據。

本篇章節之安排採取依人分章論述之方式，然而由於每個人現存資料多寡不一，因而本篇乃將資料較少而思想相近者合併爲一章，如阮籍與嵇康合併一爲一章，張邈、向秀、裴頠亦合爲一章。

至於各人論述之程序皆先敘其人性論的理論根據，然後分析其人性內容及主張，最後則對其人性論做一檢討以明瞭其得失。然亦因各人資料不同而有詳略之別。

本篇共分爲九章。首章緒論，說明人性論所討論的內容並對先秦、兩漢的人性思想做一簡述，既以明瞭魏晉之前的人性論，同時藉以對魏晉人性論做一對比，以明瞭魏晉人性論的特色及其與先秦、兩漢人性論的關係。第二章探討以劉劭《人物志》爲主的材性思想。第三章探討何晏前期的人性論，藉以明瞭魏晉人性思想之發展。第四章至第八章著重於論述自然與名教的論爭及逍遙思想的發展。第九章結論，對魏晉人性論發展的過程、自然與名教的論爭過程作一系統的論述，同時說明魏晉時代對先秦兩漢人性論的繼承與開創。

本文之觀點多有得自於課堂中戴師之啓發者。撰述期間又蒙戴師於義理之貫通理會及文句上親予斧正，加以家人及其他師友之鼓勵，本文乃得成篇。唯資質不敏，掛一漏萬，在所難免，尚祈師友前輩，不吝賜正。

　　　　　　　　　錢國盈　謹識於國立臺灣師範大學國文研究所

第一章　緒　論

　　不論古今中外都重視人性的探討，然而人們對於人性的論述因時代及學術思想的不同而有各種不同的分析與主張，如西方對於人性的探討即可分為哲學家、心理學家、社會學家等各種不同的論述。西方哲學家喜歡從道德觀點研究人性，如蘇格拉底認為人性中含有理智、節制、勇敢、公正等四大德性。心理學從人類的行為動機探討人性，如愛迪考克（Adcock, C.J.）將人的動機分為個人的需要、種族的需要、心理的需要、緊急的動機四大類。社會學家則從人的興趣或願望探討人性，如湯麥史（Thomas, W.L.）將人的願望分為求新經驗的願望、求安全的願望、求反應的願望、求讚揚的願望四大類。〔註 1〕由於學術交流之影響，以心理學或社會學的方法來分析人性，已無中西之分。然而就中國固有的人性思想而言，其對於人性的探討主要為「即生說性」與「即心說性」兩種，〔註 2〕所用的名詞不外命（道）、性（德）、心、情、才（材）等，以此名詞所代表的觀念、思想為其內容。〔註 3〕此心、性、情、才所包含的內容不外生物本能、生理欲望、心理情緒，氣質之清濁、厚薄、剛柔、偏正、純駁、智愚、賢不肖及超越的義理之性。〔註 4〕更由此人性內容的探討進一步討論人性之善惡以及如何去惡成善。人性的內容為何？人性為善為惡？人如何去惡成善、成聖等等構成了中國的人性論。本文所探討的為魏晉的人性論，然而魏晉

〔註 1〕有關西方人性思想的說明皆參考張松禮先生著《人性論》，頁 155～187 之說而得。
〔註 2〕「即生說性」與「即心說性」乃引用曾昭旭先生之說，見〈呈顯光明・蘊藏奧妙——中國思想中的人性論〉（收入《中國文化新論・理想與現實》），頁 11。
〔註 3〕參見徐復觀生生著《中國人性論史》序，頁 2。
〔註 4〕參見牟宗三先生著《心體與性體》（一），頁 199。

之前，人性論已爲中國哲學討論的重心，魏晉的人性論亦多承繼先秦兩漢而來，因而在探討魏晉人性論之前，先對先秦兩漢較重要的人性論及與魏晉人性論相關者作一概述，故所論以先秦儒道兩家及兩漢的人性論爲主。

第一節　先秦儒道兩家的人性論

本節所討論者爲先秦儒道兩家的人性論，茲先論儒家的人性論。

儒家講人性始於孔子，孔子說：「性相近也，習相遠也。」（《論語·陽貨》）但是子貢又說：「夫子之文章，可得而聞也；夫子之言性與天道，不可得而聞也。」（〈公冶長〉）因此孔子所說的「性」，意義尙難斷定。〔註5〕唯孔子之思想重心所在的「仁」則對孟子的心性論起了重大影響，孟子繼承了孔子「仁」的思想，並且就人性論加以發展。

孟子人性論的特色在由心言性，由心善而說性善，〔註6〕他說：

> 廣土眾民，君子欲之，所樂不存焉。中天下而立，定四海之民，君子樂之，所性不存焉。君子所性，雖大行不加焉，雖窮居不損焉，分定故也。君子所性，仁義禮智根於心。（《孟子·盡心上》）

根於心的仁義禮智是人所固有的，不因外在環境的不同而有增損。此仁義禮智之性亦是人所以異於禽獸的特質，故孟子說：

> 人之所以異於禽獸者幾希，庶民去之，君子存之。（〈離婁下〉）

此人人所具有的仁義禮智之性的本質是一種善質，孟子說：

> 乃若其情，則可以爲善矣，乃所謂善也。若夫爲不善，非才之罪也。惻隱之心，人皆有之；羞惡之心，人皆有之；恭敬之心，人皆有之；是非之心，人皆有之。惻隱之心，仁也；羞惡之心，義也；恭敬之心，禮也；是非之心，智也。（〈告子上〉）

「乃若其情」的「若」字依趙岐注是「順」的意思，「其」字所指的就是惻隱、羞惡、恭敬、是非之心，也就是仁義禮智之性。順著仁義禮智之性即可以爲善，可知此內在於人的仁義禮智之性的本質是一種善質，孟子即由此而說性善。

〔註5〕徐復觀先生則從「相近」二字推測孔子所說的「性」非是血氣心知之性，而是人所共有的善性，並由孔子「仁」的思想推測孔子認爲性是善的。同註3，頁89及98。

〔註6〕此觀點前人多已言及，如徐復觀先生說：「孟子以心善言性善」。同註3，頁161。

　　此內在於人的仁義禮智的本質善性，就其於生活中隨時呈現者而言，常常只是一剎那而已，故孟子乃以「端」來說明此仁義禮智之性於生活中之呈現只是一剎那，而未充足圓滿。孟子說：

> 惻隱之心，仁之端也；羞惡之心，義之端也；辭讓之心，禮之端也。是非之心，智之端也。人之有是四端也，猶其有四體也。（〈公孫丑上〉）

人心所具有的仁義禮智之性於生活中的呈現既未圓滿，故必須有一存養與擴充之工夫，若無存養與擴充之工夫，則本有的善質乃因環境與欲望的影響而隱蔽不彰。孟子說：

> 富歲，子弟多賴；凶歲，子弟多暴。非天之降才爾殊也，其所以陷溺其心者然也。（〈告子上〉）

又說：

> 耳目之官不思，而蔽於物。物交物，則引之而已矣。（同上）

存養擴充之工夫首先在於對此內在於人的仁義禮智之性作一自覺的工夫。孟子說：

> 仁義禮智，非由外鑠我也，我固有之也，弗思耳矣。故曰：「求則得之，舍則失之。」（同上）

所謂「思」、「求」即是一自覺的工夫，通過此自覺之工夫，四端之心即可呈現。本心既呈現，進一步則必須涵養此心，使此四端之心能夠擴而充之。養心之道則在於寡欲。孟子說：

> 養心莫善於寡欲。其為人也寡欲，雖有不存焉者，寡矣；其為人也多欲，雖有存焉者，寡矣。（〈盡心下〉）

經由存養擴充之工夫，使得人心所具有的仁義禮智之善性於生活中呈現時不再只是一剎那而已，而是充足圓滿。此時人的一切行為表現皆是仁義禮智之性的具體表現。孟子說：

> 我知言，我善養吾浩然之氣……其為氣也，至大至剛，以直養而無害，則塞於天地之間。其為氣也，配義與道，無是，餒也。是集義所生者，非義襲而取之也。行有不慊於心，則餒矣。（〈公孫丑上〉）

「氣」是指我們的生命力，一切視、聽、言、動，都是氣的作用。[註7]所謂的「集義」並非是向外求「義」，而只是本心之性的表現，故非「襲而取之」。

〔註 7〕參見蔡仁厚先生著《孔孟荀哲學》，頁 268。

生命力之氣經由此本心之性的擴充而成為一浩然之氣，一「配義與道」之氣，則此生命力之表現實即仁義之性的具體表現。有此存養擴充的工夫就可使人的氣變成一浩然之氣，同時亦由此存養擴充的實踐中證悟了天道的存在，故孟子說：

> 盡其心者，知其性也。知其性，則知天矣。(〈盡心上〉)

孟子由心言性，由心善說性善，並由此存心養性的擴充工夫而證悟天道的存在。孟子之後繼承孟子之思想，並進一步由天命之下貫說人性的，則為《中庸》。〔註8〕

《中庸·第一章》說：

> 天命之謂性，率性之謂道，脩道之謂教。

由「率性之謂道」一句可知《中庸》所說的性是一義理之善性，此天命之性不僅下貫於人，同時下貫於萬物，而此天命下貫之性，《中庸》即以「誠」稱之。《中庸·第二十一章》說：

> 唯天下至誠，為能盡其性，能盡其性，則能盡人之性，能盡人之性，則能盡物之性，能盡物之性，則可以贊天地之化育，可以贊天地之化育，則可以與天地參矣。

「誠」為人之性，故至誠者即盡其性。誠又為萬物之性，故盡己之性即能盡人之性，盡物之性。然而要達到「至誠」的境界亦必須有一實踐之工夫，《中庸·第二十章》說：

> 自誠明，謂之性；自明誠，謂之教。

所謂「自誠明」即是直接體現本性而起明善之作用，此「自誠明」者即是「誠者，不勉而中，不思而得，從容中道，聖人也。」(同上)聖人能直接體現本性而起明善之作用。其餘則必先由一「明善」之工夫，逐步的體現本性，此「明善」之工夫即是「博學之，審問之，慎思之，明辨之，篤行之」(同上)。無論「自誠明」或「自明誠」都可以達到「至誠」的境界，性與天命亦通而為一。

孟子主張性善，稍後於孟子的荀子則主性惡，反對孟子的性善思想。〔註9〕

〔註8〕 《中庸》的成書時代，徐復觀先生認為是作於孟子之前，同註3，頁103。此處將《中庸》人性思想的討論放於孟子之後，則依戴師璉璋之考定，戴師璉璋說：「《中庸》論『率性之謂道』以及『唯天下至誠為能盡其性』等等，都得以性善為前提。而《中庸》作者在性善方面視之為當然，不曾有所論說，這就表示他是繼孟子而立論。」見《易傳之形成及其思想》，頁48。

〔註9〕 《荀子·性惡》篇說：「孟子曰：『人之學者，其性善。』曰：『是不然，是不

此中之關鍵在於二人所說「性」的內容不同，孟子由心說性，荀子則由生之質說性。荀子說：

> 生之所以然者，謂之性。性之和所生，精合感應，不事而自然，謂之性。《荀子·正名》）

又說：

> 凡性者，天之就也，不可學，不可事……不可學不可事而在人者，謂之性。（〈性惡〉）

此「不事而自然」的人性的真正內容則是指人的感官本能、生理欲望及生理反應，〔註10〕荀子說：

> 凡人有所一同：饑而欲食，寒而欲煖，勞而欲息，好利而惡害，是人之所生而有也，是無待而然者也，是禹桀之所同也。目辨白黑美惡，耳辨聲音清濁，口辨酸鹹甘苦，鼻辨芬芳腥臊，骨體膚理辨寒暑疾養，是又人之所常生而有也，是無待而然者也，是禹桀之所同也。（〈榮辱〉）

所謂「無待而然者」即是「不事而自然」之義。「飢而欲食，寒而欲煖，勞而欲息」等乃是人的生理欲望。「好利而惡害」則是人的心理的反應。「目辨白黑美惡，耳辨聲音清濁，口辨酸鹹甘苦，鼻辨芬芳腥臊，骨體盧理辨寒暑疾養」則是人的感官本能。此生理欲望，心理反應與及感官本能即是荀子所說的「性」的內容，可知荀子說「性」純就人的情欲而說，以欲為性。〔註11〕此由荀子將「性」、情、欲三者視為同質亦可獲得證明，他說：

> 性者，天之就也；情者，性之質也；欲者，情之應也。（〈正名〉）

「情」既是「性」之質，則情與性即是一，「欲」又是「情」之應，可知性、情、欲三者為一。情欲之性只是一質樸之性，本身並無反省之能力。此情欲之性既無反省之能力，當其發用之時，則只能順隨外物之引誘，因而產生了種種的流弊，荀子即從此種感官欲望的流弊說「性惡」，〔註12〕他說：

> 及知人之性，而不察乎人之性偽之分者也』。」可知荀子是反對孟子性善之說的。然而荀子主張性惡的原因則如徐復觀先生所說：「是來自他重禮，重師，重法，重君上之治的要求。」同註3，頁238。

〔註10〕同註6，頁389。

〔註11〕同註3，頁234。

〔註12〕唐君毅先生主張「荀子所以言性之惡，乃實唯由與人之偽相對較，或與人之應積能習，勉於禮義之事相對較，而後反照出的。」見《中國哲學原論·原性篇》，頁48。

> 今人之性，生而有好利焉，順是，故爭奪生而辭讓亡焉，生而有疾
> 惡焉，順是，故殘賊生而忠信亡焉；生而有耳目之欲，有好聲色焉，
> 順是，故淫亂生而禮義文理亡焉。然則從人之性，順人之情，必出
> 於爭奪，合於犯分亂理而歸於暴。故必將有師法之化，禮義之道，
> 然後出於辭讓，合於文理而歸於治。用此觀之，然則人之性惡明矣，
> 其善者偽也。（〈性惡〉）

荀子所謂「性惡」是就情欲之性的流弊而說，並非就人之質樸之性說性惡。
此質樸之性自身既無反省之能力，則其表現亦不能合乎禮義文理，然而此質
樸之性卻可經由人之學習與環境的薰染而轉化。荀子說：

> 性也者，吾所不能為也，然而可化也；情也者，非吾所有也，然而
> 可為也。注錯習俗，所以化性也：并一而不二，所以成積也。習俗
> 移志，安久移質……塗之人百姓，積善而全盡謂之聖。（〈儒效〉）

所謂「注錯習俗」是指環境的影響，「并一而不二」則是指人的積學工夫。由外
在環境的影響與及內在的積學工夫而使人化性起偽，如果能夠不斷的積善，即
可達到聖人的境界。而此「注錯習俗」及「積」的實際內涵即是「禮」。荀子說：

> 凡用血氣、志意、知慮，由禮則通，不由禮則勃亂提僈；食飲、衣
> 服、居處、動靜，由禮則和節，不由禮則觸陷生疾；容貌、態度、
> 進退、趨行，由禮則雅，不由禮則夷固僻違，庸眾而野。故人無禮
> 則不生，事無禮則不成，國家無禮則不寧。（〈修身〉）

依荀子之說，性只具有一質樸義，則性之自身不能有一化性起偽之可能，
那麼化性起偽之根據為何？依荀子之說，此化性起偽的根據在於心。荀子說：

> 人何以知道？曰：「心。」（〈解蔽〉）

有「心」即可以知「道」，然而荀子所說的「心」只是一認識心，而非一道德
心，因而對此心亦必須先有一導養之工夫。荀子說：

> 導之以理，養之以清，物莫之傾，則足以定是非，決嫌疑矣。小物
> 引之，則其正外易，其心內傾，則不足以決庶理矣。（同上）

經由此「導之以理，養之以清」的工夫而使「心」所認知的只是「道」，並進
一步肯定「道」而禁止一切不合禮義者，故荀子說：

> 心知道然後可道，可道然後能守道以禁非道。（同上）

以上所論為先秦儒家的人性論，接著所要討論的為先秦道家的人性論。
《老子》一書中沒有出現「性」字，然而《老子》的「道」、「德」論即

是《老子》的性命論，對於「道」與「德」的規定即是人性的規定。〔註13〕
老子認爲萬有由「道」而生，而且「道」不僅生萬有，同時又內在於萬有之
中，爲萬有生成之主。他說：

> 大道氾兮，其可左右，萬物恃之而生而不辭，功成不名有，衣養萬
> 物而不爲主。(〈三十四章〉)

內在於萬有本身的「道」，老子即以「德」稱之。他說：

> 道生之，德畜之。(〈五十一章〉)

「畜之」即是「衣養」之義，人本身所具有的「德」也就是稟受於「道」的
性，人性同於「道」，則道性也就是人性，因而可藉由老子對道性的描述來瞭
解人性的本質。他說：

> 人法地，地法天，天法道，道法自然。(〈二十五章〉)

「道法自然」就是說「道」以自然爲性，「道」以自然爲性，則稟之於「道」
而來的人性也是自然。他說：

> 是以聖人無爲，故無敗；無執，故無失……以輔萬物之自然，而不
> 敢爲。(〈六十四章〉)

「萬物之自然」也就是萬物之性，也就是道性。然而此內在於人的「德」常
因人的形軀欲望及心智的奔鶩而隱晦不彰，人即因此而陷入於危險之中，是
故人必須做一修養之工夫以回復本身所具有之德，此修養之工夫即是「損」、
「虛靜」。他說：

> 致虛極，守靜篤，萬物並作，吾以觀復。夫物芸芸，各復歸其根。
> 歸根曰靜，是謂復命，復命曰常，知常曰明，不知常，妄作，凶。(〈十
> 六章〉)

又說：

> 爲道日損，損之又損，以至於無爲。(〈四十八章〉)

經由「虛靜」、「損」的工夫，使得人回復其本身所具有的「德」，經由此「德」
的回歸而達到與道合的境界。

　　繼承老子的思想進一步加以發展的則爲莊子。今存《莊子》一書內七篇
爲莊子本人所著，其餘各篇則出於弟子們的記錄，或是莊子學派後人的傳述。
〔註14〕因而《莊子》一書中「德」、「性」二字並用，其中內七篇仍以「德」

〔註13〕同註3，頁338、339。
〔註14〕參見黃師錦鋐著《莊子讀本》，頁3。

字代替「性」字，﹝註15﹞外、雜篇則因時代稍後，受性字流行的影響，故多提及性字，而外、雜篇所用的「性」字意涵亦較為駁雜，或等同於內篇之「德」字，如：

> 古之治道者，以恬養知；知生而无以知為也，謂之以知養恬。知與恬交相養，而和理出其性……彼正而蒙己德，德則不冒，冒則物必失其性。（〈繕性〉）

「和理出其性」的「性」即內在於人之道性，也就是「德。」

至於所用「性」字不同於「德」者，如：

> 民有常性，織而衣、耕而食。（〈馬蹄〉）

> 齧缺之為人也，聰明睿智，給數以敏，其性過人，而又乃以人受天。（〈天地〉）

> 性者，生之質也。性之動，謂之為；為之偽，謂之失。（〈庚桑楚〉）

以上所用「性」字的意義是就生命存在所具有的氣質之性而說。《莊子》外、雜篇所用的「性」字大抵可分為以上兩類。

綜結以上之分析可知，《莊子》一書所用「性」字的主要意義有二：一、指人的氣質之性，此包含了人的官能之性質及材能之性能。二、指同於「道」的道性，此道性亦即心之性，此是人所以能逍遙的根據，亦是氣質之性所以能自得自適的根據。〈應帝王〉篇說：

> 至人之用心若鏡，不將不迎，應而不藏，故能勝物而不傷。

「應而不藏」、「勝物而不傷」即是生命之性能夠自得自適，而此自得自適則是依據至人「用心若鏡」的虛靜心的保存。

心雖以虛靜為其性，然而心尚有知的作用，此心之知是一能對外物加以區別，且判定優劣的心知，〈在宥〉篇說：

> 汝慎无攖人心。人心排下而進上，上下囚殺，淖約柔乎剛強，廉劌彫琢，其熱焦火，其寒凝冰，其疾俯仰之間，而再撫四海之外。其居也，淵而靜；其動也，懸而天。僨驕而不可係者，其唯人心乎！

當此心被外物所攖時，原本之虛靜本性即隱蔽不彰。而只是排下進上的人心之動，人之生命亦因此而困頓不能逍遙。唯此生命之困頓除了此心被外物所攖外，更由於人有形質生命的欲望。〈天地〉篇說：

﹝註15﹞同註3，頁369。

> 且夫失性有五：一曰五色亂目，使目不明。二曰五聲亂耳，使耳不
> 聰。三曰五臭薰鼻，困惾中顙。四曰五味濁口，使口厲爽。五曰趣
> 舍滑心，使性飛揚。此五者，皆生之害也。

人的生命即因此種感官欲望的無窮追求而陷於困頓，因而要能恢復生命原本的自由逍遙，必須有一修養之工夫以解除種種造成生命困頓的束縛，此修養之工夫即「心齋」、「坐忘」。〈人間世〉篇說：

> 若一志，无聽之以耳而聽之以心，无聽之以心而聽之以氣！聽止於
> 耳，心止於符。氣也者，虛而待物者也。唯道集虛。虛者，心齋也。

〈大宗師〉篇說：

> 仲尼蹴然曰：「何謂坐忘？」顏回曰：「墮肢體，黜聰明，離形去知，
> 同於大通，此謂坐忘。」

能夠「心齋」、「坐忘」即能超越形軀我的限制，而與道合而為一，此時物、我冥而為一，故能與物化而無往不逍遙。此逍遙境界的獲得也就是莊子人性論的最終目標。

第二節　兩漢的人性論

兩漢學者論人性屬於由氣言性的人性主張，人性論所探討的重心在性之善惡及性的品級。本節所討論者以董仲舒、揚雄、王充等三人為主，茲分別說明於下：

董仲舒於《春秋繁露・深察名號》中說：

> 今世闇於性，言之者不同，胡不試反性之名。性之名非生與？如其
> 生之自然之資謂之性。性者質也。詰性之質於善之名，能中之與？
> 既不能中矣，而尚謂之質善，何哉？性之名不得離質。離質如毛，
> 則非性矣。

透過此段引文大抵可顯示董仲舒論性的主要思想，「胡不試反性之名」，顯示董仲舒是以「隨名入理」的方式來界定「性」的意義，由「性」字意義的確定進一步即說明了「性」是「生之自然之質」，並否認了性善的說法。人性決定於生所稟受的自然之質，而人之生是「受命乎天」（〈人副天數〉），天之施氣有陰陽，人性亦因而有貪、仁之性，他說：

> 人之誠，有貪有仁。仁貪之氣兩在於身。身之名取諸天。天兩有陰

陽之施，身亦兩有貪仁之性。(〈深察名號〉)

由於人性兼有貪、仁二性，可知人之性是善惡混的，內在於人的仁之氣性並非是全善，而只是具有善之質，因而必待教化，他說：

> 性有似目，目臥幽而瞑，待覺而後見，當其未覺，可謂有見質，而不可謂見。今萬民之性，有其質而未能覺，譬如瞑者待覺，教之然後善。當其未覺，可謂有善質，而未可謂善，與目之瞑而覺，一概之比也。(同上)

此外董仲舒亦主張人心能禁制人的惡性，他說：

> 柱眾惡於內，弗使得發於外者，心也。故心之為名柱也。人之受氣無惡者，心何柱哉？吾以心之名得人之誠。(同上)

然而董仲舒所說的心只從氣性上顯出心的主宰義，並未從道德與認知兩方面顯示出主宰的意義。〔註16〕

董仲舒除了主張人性中有仁、貪兩性之外，並進一步區分人性為三等，他說：

> 聖人之性不可以名性，斗筲之性又不可以名性，名性者，中民之性。中民之性，如繭如卵，卵待覆二十日而後能為雛；繭待繰以涫湯而後能為絲；性待漸於教訓而後能為善。善者，教訓之所然也，非質樸之所能至也，故不謂性。(〈實性〉)

此聖人、中民、斗筲三等之分，是直接就人的本質的善惡而分。董仲舒認為聖人之質純善，中民之質則未善，斗筲之質則不能善。同時由其所說「名性者，中民之性。」亦可知董仲舒的人性論所討論的重心是中民之性。

董仲舒主張人有仁、貪兩性，且「性情相與為一瞑」(〈深察名號〉)。性情相與為一瞑即是一種善惡混之思想，〔註17〕然而正式提出人性善惡混的說法者則為揚雄。揚雄說：

> 人之性也善惡混。修其善，則為善人；修其惡，則為惡人。氣也者，適善惡之馬也與。(《法言·修身》)

人性善惡混，而為善、為惡端在於人之修行，修行之道亦非由個人之自覺，而是有待於學，他說：

〔註16〕參見韋政通先生著《董仲舒》，頁102及徐復觀先生著《兩漢思想史》卷二，頁399～400。

〔註17〕參見牟宗三先生著《才性與玄理》，頁13。

學者所以修性也。視聽言貌思，性所有也。學則正，否則邪。（〈學
行〉）

　　董仲舒以天有陰陽兩氣之施，主張人有仁、貪兩性，王充反對天人感應
之說，故雖與董仲舒同屬由氣言性，然而王充論人性之善惡，則以稟氣之厚
薄說人性之善惡。他說：

人之善惡，共一元氣。氣有多少，故性有賢愚。（《論衡・率性》）

人稟氣既有厚薄之不同，人性也就有賢愚之差別，王充進一步即將人性分為
三等，他說：

實者，人性有善有惡，猶人才有高有下也。高不可下，下不可高，
謂性無善惡，是謂人才無高下也……余固以孟軻言人性善者，中人
以上者也；孫卿言人性惡者，中人以下者也；楊雄言人性善惡混者，
中人也。（〈本性〉）

王充將人性分為「性善」、「性善惡混」、「性惡」三等。又由「高不可下，下
不可高。」可知王充應當是主張性不可改，然而王充於〈率性〉篇中卻主張
性惡之人亦可經由教化而為善，他說：

今夫性惡之人，使與性善者同類乎？可率勉之，令其為善；使之異
類乎？亦可令與道人之所鑄玉、隨侯之所作珠。人之所摩刀劍傴月
鉤焉，教導以學，漸漬以德，亦將日有仁義之操。

可知王充對於人性是否可改變，其主張並不一致。

　　此外王充又認為人性之善惡可由骨法觀察而知，他說：

非徒富貴貧賤有骨體也，而操行清濁亦有法理。貴賤貧富，命也；
操行清濁，性也。非徒命有骨法，性亦有骨法。唯知命有明相，莫
知性有骨法，此見命之表證，不見性之符驗也。（〈骨相〉）

王充所說的「骨法」也就是人的形體，他說：

故范蠡、尉繚見性行之證，而以定處來事之實，實有其效，如其法
相。由此言之，性命繫於形體，明矣。（同上）

范蠡判定越王勾踐「可與共患難，不可與共榮。」（同上）即依據勾踐「長頸
鳥喙」的長相。尉繚亦依據秦王「隆準長目，鷙膺豺聲。」判定秦王「少恩，
虎視狼心，居約，易以下人；得志，亦輕視人。」（同上）王充以此證明人之
操行可由人的形體得知。人之操行可由人的形體得知的根據，則在於人的形
體特徵與其所受之命相合，他說：

　　人命稟於天，則有表候見於體。（同上）

王充認爲人稟命於天，由於命之不同，因而形體亦有不同，故可以由形體知
人之命及操行清濁。

第二章　劉邵的人性論[註1]

　　劉邵生於東漢靈帝光和五年（西元 182 年）前後，卒於魏齊王正始六年
（西元 245 年）前後，[註2] 字孔才，廣平邯鄲人。劉邵現存的著作僅有《人
物志》一書。

　　漢末魏晉是政治混亂的時代，也是思想解放的時代，是故各家思想蠭擁
而起，同時學術界亦出現了諸子學的兼治與會通的特色。[註3] 劉邵處於這種
學術風氣中，自然的亦受到此種學術風氣的影響，是故湯用彤先生說：

　　　魏初學術雜取儒道名法諸家，讀此書頗可見其大概。[註4]

是以《人物志・自序》中雖自言其論人是依孔子之聖訓，他說：

　　　是故仲尼不試，無所援升，猶序門人以爲四科，泛論眾材以辨三等。

　　　又歎中庸以殊聖人之德；尚德以勸庶幾之論。訓六蔽以戒偏材之失；
　　　思狂狷以通拘抗之材。疾悾悾而無信，以明僞似之難保。又曰：察
　　　其所安、觀其所由，以知居止之行。人物之察也如此其詳，是以敢
　　　依聖訓，志序人物。

然而劉邵既兼採各家思想，其人性論實已踰越儒聖的範圍。他所謂中庸之聖

〔註 1〕 本文各章所列各家之生卒年皆以萬榮晉先生所著《中國哲學範疇史》一書所
　　　　附錄的「中國主要哲學家生卒年表」爲主，若其他學者有不同說法則列於附
　　　　註之中。
〔註 2〕 劉邵之邵字或作劭、或作邵。依《四庫全書・人物志提要》的考辨當作邵。
　　　　本文依《四庫全書》之說。
〔註 3〕 魏晉時代諸子學的兼治與會通形成的原因，任繼愈先生曾有說明，他說：「人
　　　　們主要是從社會實踐的緊迫需要出發，爲了解決某些具體問題，從諸子之學
　　　　中去尋找政治謀略和方法措施，並不關心把它們建立爲獨立的學派」。見《中
　　　　國哲學發展史・魏晉南北朝》，頁 57。
〔註 4〕 參見湯用彤先生著《魏晉玄學論稿》，頁 15。

人實爲道家「平淡無味」的人格典型。「尙德以勸庶幾」則兼涵儒道兩家的修養論。聖人的人格特質雖偏向道家，卻又不採道家由修養之極致以言聖人，而是直接秉承漢儒氣化宇宙論的思想，將聖人視做先天命定的。劉邵的人性論主要是綜合上述種種思想而形成的。

漢末魏晉由於政治混亂，故頗重治世之才，因而引發了才能與操行何者爲重，才能與操行是否一致及如何探究人的材性等問題，因而形成了魏晉時代的才性論思想，劉邵的《人物志》即是才性論之著作。才性思想雖爲魏晉時代人性論所探討的重心之一，但是資料大都已散佚不全，然而就現存的資料加以分析亦可使我們對魏晉時代才性論所討論的內容獲得一些瞭解，同時亦可藉由此分析以瞭解劉邵《人物志》在才性論系統中的繼承及發展，故在討論劉邵的才性論思想之前，先對漢末、魏晉有關才性論的現存資料加以分析。

第一節　魏晉的才性論

引起魏晉才性之辯的主要原因在於建安年間曹操所下的四次詔令，曹操所下的四次詔令皆涉及了才能與操行的問題，由此而引發了才能與操行孰重孰輕，二者是否一致的論辯。茲先引述此四次詔令的重要內容於下，建安八年下令曰：

> 議者或以軍吏雖有功能，德行不足堪任郡國之選，所謂「可與適道，未可與權」……未聞無能之人，不鬥之士，並受祿賞，而可以立功興國者也。故明君不官無功之臣，不賞不戰之士；治平尙德行，有事賞功能。論者之言，一似管窺虎歟！〔註5〕

十五年下令曰：〔註6〕

> 孟公綽爲趙、魏老則優，不可以爲滕、薛大夫，若必廉士而後可用，則齊桓其何以霸世！今天下得無有被褐懷玉而釣於渭濱者乎？又得無盜嫂受金而未遇無知者乎？二三子其佐我明揚仄陋，唯才是舉，吾得而用之。

〔註5〕見《三國志・魏書・武帝紀》裴松之注所引《魏書》。
〔註6〕十五、十九年二次之詔令皆見於《三國志・魏書・武帝紀》。二十二年詔令之出處同註5。

十九年下令曰：

> 夫有行之士未必能進取，進取之士未必能有行也。

二十二年下令曰：

> 今天下得無有至德之人，放在民間，及果勇不顧，臨敵力戰；若文
> 俗之吏，高才異質，或不仁不孝而有治國用兵之術。其各舉所知，
> 勿有所遺。

綜合曹操所下四次詔令之內容可得下面三點結論：一、曹操認為才能與操行
是可以分離的，有才能者不一定有操行，有操行者不一定有才能，故「有行
之士未必能進取，進取之士未必能有行。」有行未能進取即有操行而無才能，
能進取而未能有行即有才能而無操行，唯曹操亦未完全否認有操行與才能兼
具之人。二、曹操主張有才能者可以不必有操行，故堪為將守或有治國用兵
之術者，雖有「污辱之名、見笑之行」、「不仁不孝」亦為曹操所重視。三、
對於曹操所主張的有才能者可以不必有操行的主張已有人加以反駁，議者所
說的「軍吏雖有功能，德行不足堪任郡國之選」的主張即是反對曹操才、性
分離，重才不重德的思想，主張才、性應合而為一。由此可知「才」、「性」
之爭論於建安時代即已開始。

　　就現存資料而言，曹操之後，對才性問題加以討論的則有李豐、盧毓、
傅嘏、王廣等人。《三國志‧魏書‧盧毓傳》記載：

> 毓於人及選舉，先舉性行，而後言才。黃門李豐嘗以問毓，毓曰：「才
> 所以為善也，故大才成大善，小才成小善。今稱之有才而不能為善，
> 是才不中器也。」豐等服其言。

可知李豐與盧毓曾就才性問題加以討論。由盧毓所說可知他亦認為才能與操
行有分別，然而盧毓對於才能與操行二者之關係則主張才能與操行必須相配
合，才能與操行相配合則大才可以成大善，小才可以成小善，有才能而無操
行，則雖有才而不能為善。由其觀人及選舉「先舉性行，而後言才。」可知
盧毓偏重人之德行。由「豐等服其言」亦可知，盧毓對於才性的主張曾獲得
當時人的認同。此外李豐則有「才性異」的主張，《魏志》曰：〔註7〕

> 會論才性同異傳於世，四本者，言才性同、才性異、才性合、才性
> 離也。尚書傅嘏論同；中書令李豐論異；侍郎鍾會論合；屯騎校尉
> 王廣論離。文多不載。

〔註 7〕見《世說新語‧文學》「鍾會撰四本論始畢」條劉孝標注所引。

對於才性之主張自李豐的「才性異」提出之後，接著有傅嘏的「才性同」、王廣的「才性離」及鍾會的「才性合」。〔註 8〕才性四本論的詳細內容由於資料之缺乏，已不可詳知，今人對才性四本論的研究漸多，然因各人的推測不同而有各種不同的說法。或主論同異者在於「才」、「性」二名詞的解釋，主同者以本質釋「性」，以本質之表現在外者釋「才」。主異者以操行釋「性」，以才能釋「才」。論離合者，首先承認「性」指操行，「才」指才能，然後討論二者的關係。〔註 9〕或主才性同、異是討論才、德之關係，才性合、離是討論人的才能是天賦還是後得的。〔註 10〕或主才性四本所討論者為體用之關係。〔註 11〕或主才性四本所討論者為才能與操行之辯，並主張才性之所以有同異離合之辯乃是因為個人政治立場不同所形成的。〔註 12〕眾說紛紜，孰是孰非已難斷定，就李豐、傅嘏、王廣、鍾會等人現存的資料而言，僅傅嘏的資料尚存一些與當時才性論有關的零星資料，故本文僅就傅嘏之資料加以分析，推測其主張。《三國志‧魏書‧傅嘏傳》記載了傅嘏對於人材選舉的主張，傅嘏說：

> 昔先王之擇才，必本行於州閭，講道於庠序，行具而謂之賢，道脩則謂之能。鄉老獻賢能于王，王拜受之，舉其賢者，出使長之，科其能者，入使治之，此先王收才之義也。

此段引文最值得注意者在於「舉其賢者，出使長之」一句，「賢」者是「行具」之人，也就是有操行之人，〔註 13〕賢者可使「出使長之」即表示有操行者即

〔註 8〕 有關才性四本寫作時間的先後，本文採王葆玹先生之考辨。見王葆玹先生著《正始玄學》，頁 401～403。

〔註 9〕 主此說者有唐長孺及王仲犖先生。唐長孺之說見於《魏晉南北朝史論叢》，頁 300。王仲犖之說見於《魏晉南北朝史》，頁 752。

〔註 10〕 見馮友蘭先生著《中國哲學史新編》，第四冊，頁 25。

〔註 11〕 見吳明先生著《言意之辨與魏晉名理》，70 頁。

〔註 12〕 此為陳寅恪先生之主張。對於才性同異離合的政治立場，陳寅恪先生主張「傅鍾皆為司馬氏之死黨，其持論與東漢士大夫理想相合……王李乃司馬氏之政敵，其持論與孟德求才三令之主旨符合。」見《陳寅恪論文集》頁 1303～1304。陳先生之說以同合之說為主才能與操行符合，異離之說為取士只問才能不重操行。林顯庭先生則主張才性異派是絕對護曹家政權，才性同派是絕對傾袒司馬家。才性合派是希望曹魏、司馬兩家妥協合作的一派，才性離派是有點鄙夷、有點畏厭於曹、司馬兩家之紛爭，因而不希望自己捲進該一政爭糾紛。見《魏晉清談及其名題之研究》，頁 203。

〔註 13〕 魏晉時代多用「行」字指人的操行，如曹操於建安八年所下詔令說：「治平尚德行，有事尚功能。」〈盧毓傳〉說：「毓於人及選舉，先舉性行，而後言才。」

有治世之才。此種思想亦可由傅嘏對李豐之批評得到證明，他說：

> 豐飾僞而多疑，矜小失而昧於權利，若處庸庸者可也，自任機事，
> 遭明者必死。〔註14〕

「飾僞多疑」之人即是操行低下之人，傅嘏以此判定李豐材質平庸，由以上之分析可知傅嘏主張才能與操行是一致的。

才性四本之辯雖始於魏，然而直至晉朝才性四本仍爲論辯的主要課題，〔註15〕故《世說新語・文學》記載說：

> 殷中軍雖思慮通長，然於才性偏精，忽言及四本，便若湯池鐵城，
> 無可攻之勢。

又說：

> 支道林、殷淵源俱在相王許。相王謂二人：「可試交一言。而才性殆
> 是淵源崤函之固，君其愼焉。」支初作，改徹遠之，數四交，不覺
> 入其玄中。相王撫肩笑曰：「此自是其勝場，安可爭鋒。」

又說：

> 殷仲堪精覈玄論，人謂莫不研究。殷乃歎曰：「使我解四本，談不翅
> 爾。」

《晉書・阮裕傳》亦記載說：

> 裕雖不博學，論難甚精。嘗問謝萬云：「未見四本論，君試爲言之。」
> 萬敍說旣畢，裕以傅嘏爲長，於是構辭數百言，精義入微，聞者皆
> 嗟味之。

可知才性四本之論乃魏晉論辯之重要課題，阮裕甚至對才性四本「構辭數百言」使「聞者皆嗟味之」。可惜阮裕之論並沒有留傳下來。

王弼說：「聖智，才之善也；仁義，行之善也。」（《老子・十九章》注）皆以「行」字指操行。

〔註14〕見《三國志・魏書・傅嘏傳》裴松之注引《傅子》。

〔註15〕如《南齊書・王僧虔傳》引王氏〈誡子書〉說：「又才性四本、聲無哀樂，皆言家口實，如客室之有設也。」又《南史・顧歡傳》說：「會稽孔珪嘗登嶺尋歡，共談四本。歡曰：『蘭石危而密，宣國安而疏，士季似而非，公深謬而是。總而言之，其失則同；曲而辯之，其塗則異。同昧其本而競談其末，猶未識辰緯而意斷南北。群迷暗爭，失得無準，情長則申，意短則屈。所以四本並通，莫能相塞……』於是著三名論以正之。」可知才性四本之辯一直到南北朝時仍極爲流行，由〈顧歡傳〉所說的「著三名論以正之」則顧歡似乎對才性提出了另一種新的說法。

與鍾會約略同時的袁準著有〈才性論〉，他說：

> 得曲直者木之性也，曲者中鉤，直者中繩，輪楩之材也。賢不肖者
> 人之性也；賢者爲師，不肖者爲資；師資之材也。然則性言其質，
> 才名其用明矣。（《全晉文·袁準》）

袁準以「性」爲人的本質，「才」爲人性之用，可知袁準是以體用論才性。

東晉時代，另有葛洪亦對才、性問題加以討論，他說：

> 明者，才也；仁者，行也。殺身成仁之行，可力爲而至；鑒玄測幽
> 之明，難妄假。精粗之分，居然殊矣。夫體不忍之仁，無臧否之明，
> 則心惑僞眞，神亂朱紫，思算不分，邪正不識，不逮安危，則一身
> 之不保，何暇立以濟乎？昔姬公非無友于之愛，而涕泣以滅親；石
> 碏非無天性之慈，而割私以奉公。蓋明見事體，不溺近情，遂爲純
> 臣。以義斷恩，舍仁用明，以計抑仁，仁可時廢，明不可無也。（《抱
> 朴子·仁明》）

葛洪認爲人的操行「可力爲而至」，而才能則是「難妄假」，是無法由修習獲
得的，且人雖有「不忍之仁」，若無「明」的指導，則迷惑於眞僞，不能識邪
正，不能分辨安危，如此一來則連自身都不能保，更不用說濟民治世了，可
知葛洪主張才能重於操行，且認爲唯有「明」才能有濟民治世之功，故「仁
可時廢，明不可無」。

除了才能與操行之討論外，當時亦有才、識之辯。〔註16〕才、識之辯就
現存資料看來，應始於荀粲、傅嘏。〈荀粲傳〉記載說：〔註17〕

> （荀粲）常謂嘏、玄曰：「子等在世塗間，功名必勝我，但識劣我耳。」
> 嘏難曰：「能盛功名者，識也。天下孰有本不足而末有餘者邪？」粲
> 曰：「功名者，志局之所獎也。然則志局自一物耳，固非識之所獨濟
> 也。我以能使子等爲貴，然未必齊子等所爲也。

荀粲認爲「識」與「志局」爲二，功名是由人的「志局」所決定的。傅嘏則
認爲功名決定於人的「識」，且功名與「識」爲本末關係。荀粲所說的「志局」
既是決定人的功名之實，則「志局」應即是一種才，可知傅嘏、荀粲所討論

〔註16〕林顯庭先生和王葆玹先生皆主張「識」的意義即「性」，林先生之說，同註12，
　　　　頁182。王先生之說，同註8，頁397。然而二說皆缺乏有力證據，且「識」
　　　　字的意義依上文所舉之例可知，與操行有不同，故本文將才、識之問題視做
　　　　當時才性論的另一個範疇，獨立討論。
〔註17〕見《三國志·魏書·荀彧傳》裴注所引。

者爲才、識之辯。到了竹林時期，才、識之論漸增，如〈文士傳〉記載孫登對嵇康說：

> 用才在乎識物，所以全其年。今子才多識寡，難免於今之世。

又《世說新語・賢媛》記載：

> 山公與嵇、阮一面，契若金蘭。山妻韓氏，覺公與二人異於常交，問公。公曰：「我當年可以爲友者，唯此二生耳！」妻曰：「負羈之妻，亦親觀狐、趙。意欲窺之，可乎？」他日，二人來，妻勸公止之宿，具酒肉，夜穿墉以視之，達旦忘反。公入，曰：「二人何如？」妻曰：「君才殊不如，正當以識度相友耳。」公曰：「伊輩亦常以我度爲勝。」

又《世說新語・言語》記載：

> 嵇中散語趙景眞：「卿童子白黑分明，有白起之風。恨量小狹耳。」趙云：「尺表能審璣衡之度，寸管能測往復之氣。何必在大？但問識如何耳！」

可知在竹林時期多將才、識二分，並認爲「識」優於「才」，故趙景眞認爲對於人的評量只「問識如何耳」，強調以識來評論，而可忽視其他特質。山濤雖然才不如嵇康、阮籍，亦可以「識度」和嵇、阮相交，同時亦以「識度」爲嵇、阮所稱讚。

綜合以上的分析，可知魏晉才性論的主張最少有下列幾種：

一、主張才能與操行可分爲二，且有才能可以不必有操行，如曹操所主張的「唯才是舉」，葛洪所主張的「仁可時廢，明不可無也。」

二、主張才能與操行雖分爲二，然而才能與操行必須相配合，如盧毓所主張的「先舉性行，而後言才。」

三、主張才能與操行是一致的，有操行即有才能，如傅嘏所主張的「舉其賢者，出使長之。」

四、主張「性」爲本質，「才」爲性之用，才、性爲體用關係，如袁準所說的「性言其質，才名其用。」

五、主張才、識爲本、末關係，如傅嘏所說的「能盛功名者，識也。」

六、主張才、識爲二，識重於才，如趙景眞所說的「但問識如何耳。」

此外由現存的資料亦可得知，魏晉時代的才性論者，亦有其品鑑人物的理論。《隋書・經籍志・卷三》著錄盧毓《九州人士論》一卷，亦著錄了劉邵

《人物志》，可知兩書之性質相同，劉劭《人物志》多涉及人物品鑑之理論，則盧毓的《九州人士論》應亦屬於人倫鑑識之作。〔註18〕另外歐陽建〈言盡意論〉說：

> 有雷同君子問於違眾先生曰：「世之論者以爲言不盡意，由來尚矣。至乎通才達識，咸以爲然。若夫蔣公之論眸子，鍾傅之言才性，莫不引此以爲談證。」

蔣濟、傅嘏、鍾會三人如何以「言不盡意」做爲論才性的談證，今日已不可知，然而或許可由蔣濟的觀人方法加以推測。蔣濟鑑識人物主張「觀其眸子，足以知人。」(《三國志・魏書・鍾會傳》)此種思想實同於劉劭所說的「苟有形質，猶可即而求之。」(《人物志・九徵》)的思想。蔣濟、傅嘏、鍾會三人既同以「言不盡意」做爲論才性的談證，則三人鑑識人物的主張應有其相似之處，同主由人之形質可知人的材能。〔註19〕

第二節　劉劭人性論的理論根據

劉劭人性論的理論根據即是兩漢以來所主張的元氣、陰陽、五行的氣化論思想。〈九徵〉篇中說：

> 凡有血氣者，莫不含元一以爲質，稟陰陽以立性，體五行而著形，苟有形質，猶可即而求之。

所謂「凡有血氣者」即現實存在的人，「含元一以爲質」是說人的質性是稟之於「元一」。「元一」的意義爲何？劉劭並沒有說明，後人亦依各人之理解而有不同的解釋，解釋不同，對劉劭人性論的思想就會產生歧見。此節既在探討劉劭人性論的理論根據，自當先對「元一」一詞的意義加以探究。

今人對「元一」一詞的解釋大抵有下列三種說法：

第一種解釋：以「元一」爲「氣」，如牟宗三先生說：

> 「含元一以爲質」，即以「元一」爲「普遍的質素底子」。此「元一」非後來朱子所謂「太極」。蓋朱子言太極是理、而此「元一」則當是氣、是質……此是以漢儒的「氣化宇宙論」爲底子。〔註20〕

〔註18〕同註4，頁8。
〔註19〕有關傅嘏、鍾會論才性時所用「言不盡意」之說法，王葆玹先生認爲是引《易繫辭傳》言不盡意而象盡意之說。同註8，頁405。
〔註20〕見牟宗三先生著《才性與玄理》，頁49。此外馮友蘭、唐君毅等先生亦主此說，

第二種解釋：以「元一」爲「太極」，如周紹賢先生說：

> 人物志本段所謂「元一」，亦即太極也，所謂「質」，即元氣也，氣既由理而出，理即寓於氣之中……本段「含元一以爲質」即理氣合一之論也。〔註21〕

第三種解釋：以「元一」爲「中和」，如王葆玹先生說：

> 所謂「元一」就是「中和」，「中和」就是兩極之中，陰陽之和……「中和」的表現是「平淡」，陰陽的表現是「聰明」，唯「平淡」才能超乎五材又「調成五材」，唯「中和」才能超越陰陽又調和陰陽。〔註22〕

在檢驗此三種解釋何者正確之前，有必要確立「莫不含元一以爲質」所蘊涵的意義。「莫不含元一以爲質」一句之意義有二，一爲「元一」即人所含的「質」，故「元一」與「質」爲同質性而非異質。二爲「莫不」二字之義表示此元一之質是具有普遍性的，而非特殊性的。由此我們可以進一步檢驗前引三說之理論。

依前面對「莫不含元一以爲質」的意義分析以推論王葆玹先生之說，則應可做如下之論斷，即：每個人皆有中和之質。由《人物志・九徵》篇所說可知，此種「平淡無味」、「調成五材」的中和之質是聖人所具備的材質，因爲聖人「五常既備，包以澹味，五質內充，五精外章。」故能調成五材。是故依王葆玹先生之立論，人人皆具中和之質，則人人皆可爲聖人矣，然而此與劉卲之思想不合。〈九徵〉篇中劉卲將人分爲五等，最高爲中庸之聖人，依次爲兼材、偏材、依似、間雜，〔註23〕他並認爲「偏材之性，不可移轉矣。」（〈體別〉）據此可知聖人具有特殊的秉賦，並非人人可爲。聖人秉賦既無普遍性，則中和亦不具普遍性，此與前面所確立的第二義不合，故以「中和」解釋「元一」與劉卲的思想不合。

馮友蘭之說見《中國哲學史新編》第四冊，頁15。唐君毅之說見《中國哲學原論，原性篇》，頁139。

〔註21〕 見周紹賢先生著《魏晉清談述論》，頁43。

〔註22〕 同註8，頁369～370。然而同處王先生又說：「所謂『含元一以爲質』就是道家的人性純一說」。依王先生之說，則「元一」即「太一」即「道」，此種人性即性靜，無善無惡。他說「道家論說性靜、無善無惡的依據是「道」、虛無或太一」，頁364。然而此種性靜說並不能全等於中和之質量。是以將「元一」比附於《莊子・天下篇》所謂「主之以太一」的「太一」並不恰當。此外程兆熊先生所著《人物志講義》說：「所謂元一，乃最初未發處之形態」，頁1。其義未詳，故附論於此。

〔註23〕 詳文參見下一節所引。

若依周紹賢先生之說，「元一」爲理，「質」爲氣，則元一與質爲異質而非同質，此顯然與前面所確立的第一義不合。而且周氏所謂的「理」依他的說法是「苟有形質，即可追尋其理，相術家依據此理以相人，人物志依據此理以察人之性」〔註24〕這樣的理是人之材質富貴之理，不是宋儒朱熹所謂的理，朱熹所說的理是「就所以氣化流行處，於氣、質以外，復提出一個創造性原理，此即道或理，亦曰太極，故太極是理」，〔註25〕而周氏所說的理實同於劉劭所說的「情性之理」（〈九徵〉）。

若依牟宗三先生之說，「元一」爲「氣」，就氣化宇宙論而言，人是天地二氣之合所生，所以人人皆是一氣之聚散變化，同時人的一切質性皆由此而來，可知以氣解釋元一，完全符合前面所確立的同質性與普遍性。

此外我們尚可由漢人對「氣」的論述的資料獲得一補充之說明，如：

> 通天地之元氣一者，形象之始，清輕者上爲天，重濁者下爲地。（《易緯・乾鑿度》）

> 人之善惡，共一元氣，氣有多少，故性有賢愚。（《論衡・率性》）

> 上古之世，元氣窈冥，未有形兆，萬精合併，混而爲一。莫制莫御，
> 莫斯久之，翻然自化，清濁分別，變成陰陽。《潛夫論・體別》

由上述所引之例可知，漢人言「氣」多用「元」、「一」等字加以形容，且王充將一、元合用以形容氣，王符更由元氣之分化而言陰陽。此與劉劭所說「含元一以爲質，稟陰陽以立性」不僅字詞相似，且順序亦相同。由此可知劉劭所謂「元一」實即「元氣」之義。漢人的氣化論除了由元氣分爲陰陽外，更進一步由陰陽分爲五行，董仲舒說：「天地之氣，合而爲一，分爲陰陽，判爲四時，列爲五行。」（《春秋繁露・五行相生》）〔註26〕五行即五行之氣。班固則進一步將五行之氣與仁義禮智信五常相配以論人之材質，「仁者好生，東方者，陽也，萬物始生……義者斷絕，西方亦金，殺成萬物也……南方尊陽在上，卑陰在下，禮有尊卑……智者進止無所疑惑，水亦進而不惑……土尚任養萬物爲之象，生物無所私，信之至也。」（《白虎通義・五藏六府主性情》）可知劉劭所用元一、陰陽、五行都是氣化論的詞語，此三者都屬於

〔註24〕同註21，頁44。

〔註25〕同註20牟著，頁49。

〔註26〕有關元氣如何分爲陰陽、五行與五行、五常之配合，可參考唐君毅先生著《中國哲學原論・原性篇》，頁130～141。

氣或質。〔註27〕是故可以肯定劉卲人性論的理論根據是承自兩漢以來的氣化宇宙論思想。

元一之氣分為陰陽、五行，因而人之材質亦有聰明、仁、義、禮、智、信之別，而仁、義、禮、智、信之材質則又可由人之形體得知，劉卲說：

> 若量其材質，稽諸五物，五物之徵，亦各著於厥體矣。其在體也，木骨、金筋、火氣、土肌、水血，五物之象也。五物之實，各有所濟。是故骨植而柔者，謂之弘毅。弘毅也者，仁之質也。氣清而朗者，謂之文理。文理也者，禮之本也。體端而實者，謂之貞固。貞固也者，信之基也。筋勁而精者，謂之勇敢。勇敢也者，義之決也。色平而暢者，謂之通微。通微也者，智之原也。五質恆性，故謂之五常矣。（〈九徵〉）

劉卲將木金火土水與骨筋氣肌血配合，認為骨筋氣肌血為木金火土水之象，木金火土水既為決定人的材質者，那麼透過象徵五物的骨筋氣肌血即可知道人的材質，故劉卲說「苟有形質，猶可即而求之。」

第三節　劉卲的性、情論及材性品類思想

劉卲既然主張人的形質是由元一、陰陽、五行之氣所產生，可知劉卲的人性論思想亦同於漢人由氣言性，屬於氣性一路。由氣言性，由於氣有強弱、厚薄、清濁之分化，因而由氣言性亦可由各種不同面向加以討論。由氣之分化為強弱而說壽夭之命；由氣之分化為厚薄而說貧富；由氣之分化為清濁而說貴賤，才不才、智愚及善惡。〔註28〕所討論的重心亦隨著時代及個人的不同而有不同。

漢人由氣言性以善惡為主，劉卲由氣言性則以材質之性為主，故漢人以善惡說陰陽之氣性，如董仲舒說：「天兩有陰陽之施，身亦兩有貪仁之性。」（《春秋繁露・深察名號》）班固說：「性情者何謂也？性者陽之施，情者陰之化……陽氣者仁，陰氣者貪。」（《白虎通義・性情》）劉卲則以材質說陰陽之氣性，他說：

> 稟陰陽以立性……聰明者，陰陽之精……故明白之士，達動之機而

〔註27〕同註20年著，頁49～50。
〔註28〕同註20年著，頁8。

暗於元慮；元慮之人，識靜之原而困於速捷。猶火日外照，不能內
見；金水內映，不能外光。二者之義，蓋陰陽之別也。(〈九徵〉)

人稟陰陽氣性而來的只是聰、明之差別，而非善、惡之差別，是故劉劭所用
「性」字大抵指人的材質之性能，如：

凡所謂能大而不能小，其語出性有寬急。性有寬急，故宜有大小。(〈材
能〉)

又說：

是故直者性奮，好人行直於人。(〈七繆〉)

「寬急」、「奮」所指的都是人的材質之性能。

由氣言性，由於氣之分化可有各種不同的面向，就同一面向而言實亦有
種種之差異，劉劭即依此差異將人分為五等，他說：

九徵皆至，則純粹之德也。九徵有違，則偏雜之材也。三度不同，
其德異稱……是故兼德而至謂之中庸。中庸也者，聖人之目也。具
體而微謂之德行。德行也者，大雅之稱也。一至謂之偏材。偏材，
小雅之質也。一徵謂之依似。依似，亂德之類也。一至一違謂之間
雜。間雜，無恆之人也。無恆、依似，皆風人末流。末流之質，不
可勝論。是以略而不概也。(〈九徵〉)

劉劭以九徵的至、違區分人的層級，也就是以人所稟受的質性的多寡來區別
人的層級，劉劭於此初步將人分為中庸、德行、偏材、依似、間雜五等，中
庸所稟之質性「兼德而至」。德行所稟之質性「具體而微」。偏材之質性「一
至」。依似之質性「一徵」。間雜之質性「一至一違」。〔註29〕此五等人中，依
似、間雜之人為「風人末流」，「不可勝論」。聖人則是完美無缺「九徵皆至」，
唯兼、偏之人由於所偏不同，故亦可有進一步之分析，劉劭乃於〈體別〉篇
將德行、偏材之人的材質又分為十二類，他說：

是故厲直剛毅，材在矯正，失在激訐。柔順安恕，美在寬容，失在
少決。雄悍傑健，任在膽烈，失在多忌。精良畏慎，善在恭謹，失
在多疑。彊楷堅勁，用在楨幹，失在專固。論辯理繹，能在釋結，

〔註29〕所謂「九徵」是指觀人察質所憑藉的神、精、筋、骨、氣、色、儀、容、言。
「兼德而至」是指材質全備且純粹無雜。「具體而微」是指材質未能如「兼德
而至」者之完滿。「一至」是指某一種材質純粹完滿。「一徵」是指具有某種
材質之徵象而不完滿，如劉昞注所言：「純訐似直而非直，純宕似通而非通」。
「一至一違」依劉昞注則是材質中善惡混雜。

失在流宕。普博周給，弘在覆裕，失在溷濁。清介廉潔，節在儉固，
失在拘扃。休動磊落，業在攀躋，失在疏越。沈靜機密，精在元微，
失在遲緩。樸露徑盡，質在中誠，失在不微。多智韜情，權在譎略，
失在依違。

此十二類之人皆是兼、偏之材，故其材質之表現即有得有失，因此每一個人
對於事物之處理亦因其材質之不同而各有所適，是故劉卲即順體別之不同進
一步說此兼、偏之材在政治上所應擔任的職位，他說：
應擔任的職位，他說：

蓋人流之業十有二焉，有清節之家，有法家，有術家，有國體，有
器能，有臧否，有伎倆，有智意，有文章，有儒學，有口辨，有雄
傑……清節之德，師氏之任也。法家之材，司寇之任也，術家之材，
三孤之任也。三材純備，三公之任也。三材而微，冢宰之任也。臧
否之材，師氏之佐也。智意之材，冢宰之佐也。伎倆之材，司空之
任也。儒學之材，安民之任也。文章之才，國史之任也。辨給之材，
行人之任也。驍雄之材，將帥之任也。（〈流業〉）

此十二流業即因人之材性的不同而分，故劉昞於「人流之業十有二焉」句注
云：「性既不同，染習又異，枝流條別，各有志業。」十二類中，國體、器能
屬於兼材之人，其餘十類則為偏材之人。偏材之中，「臧否」、「伎倆」、「智意」
則分別為「清節」、「法家」、「術家」之流。劉卲《人物志》寫作之目的既在
興「庶績之業」，故劉卲除了對人的材性加以分析之外，更進一步提出對材質
之性如何運用的主張。對於材質之運用，劉卲主張要使所居之職位與材能相
配合，因材器使，他說：

或曰：「人材有能大而不能小，猶函牛之鼎，不可以烹雞。」愚以為
此非名也。夫能之為言，已定之稱，豈有能大而不能小乎？凡所謂
能大而不能小，其語出於性有寬急，性有寬急，故宜有大小。寬弘
之人宜為郡國，使天下得施其功，而總成其事；急小之人，宜理百
里，使事辦於己。然則郡之與縣，異體之大小者也。以實理寬急論
辯之，則當言大小異宜，不當言能大不能小也……推此論之，人材
各有所宜，非獨大小之謂也。（〈材能〉）

人材既有寬急之別，即各有所適宜之職位，寬弘之人宜治郡國，急小之人宜
治百里，材能與所任之政相合則治，材能與所任之政若不相合，則政治反而

更為混亂，他說：

> 是以王化之政，宜於統大，以之治小則迂。辯護之政，宜於治煩，
> 以之治易則無易。策術之政，宜於治難，以之治平則無奇。矯抗之
> 政，宜於治侈，以之治弊則殘。諧和之政，宜於治新，以之治舊則
> 虛。公刻之政，宜於糾姦，以之治邊則失眾。威猛之政，宜於討亂，
> 以之治善則暴。伎倆之政，宜於治富，以之治貧則勞而下困。故量
> 能授官，不可不審也。（同上）

「量能授官」即是主張所任之政應與材能相配合，否則以宜於治侈的矯抗之
材治「弊」，不僅「弊」不能治，反而形成「殘」的弊病。以宜於討亂的威猛
之材治「善」，則形成「暴」的弊病。以宜於治富的伎倆之材治「貧」，則形
成「勞而下困」的弊病。由以上之分析可知，劉邵對於人的材質之性不重其
大、小之別，而特重於人之材質之性是否與其所居之職相配合，此即是一種
適材、適性的思想。

《人物志》一書除了因應其政治上的實用目的而區分人的材性，並討論
了各種材性所應擔任之職位外，更因為當時清談論難之風的盛行及當時人對
英雄的重視，而分別討論了「四理」與材質之關係，論辯之材的種類及英、
雄的質性。茲分別說明於下，劉邵說：

> 若夫天地氣化，盈虛損益，道之理也。法制正事，事之理也。禮教
> 宜適，義之理也。人情樞機，情之理也。四理不同，其於才也，須
> 明而章。明待質而行，是故質與理合，合而有明，明足見理，理足
> 成家。是故質性平淡，思心元微，能通自然，道理之家也。質性警
> 徹，權略機捷，能理煩速，事理之家也。質性和平，能論禮教，辨
> 其得失，義理之家也。質性機解，推情原意，能適其變，情理之家
> 也。（〈材理〉）

「理」必須憑藉「明」才能彰顯，而「明」又決定於人之「質性」，因而「質
性」不同，所明之理即異。「質性平淡，思心元微」之人可通「盈虛損益」的
「道理」。「質性警徹，權略機捷」之人可通「法制正事」的「事理」。「質性
和平」之人可通「禮教宜適」之「義理」。「質性機解，推情原意」之人可通
「人情樞機」的「情理」。理既有四類，又須待有明此理之質才可彰顯，然而
一般人並非都能具有與「理」契合之質，因而形成了以偏質犯明而使「理失
而事違」（同上）的情形。劉邵說：

四家之明既異，而有九偏之情，以性犯明，各有得失。剛略之人，
不能理微，故其論大體，則弘博而高遠，歷纖理，則宕往而疏越。
抗厲之人，不能迴撓，論法直，則括處而公正，說變通，則否戾而
不入。堅勁之人，好攻其事實，指機理，則穎灼而徹盡。涉大道，
則徑露而單持。辯給之人，辭煩而意銳，推人事，則精識而窮理。
即大義，則恢愕而不周。浮沈之人，不能沈思，序疏數，則豁達而
傲博。立事要，則爌炎而不定。淺解之人，不能深難，聽辯說，則
擬鍔而愉悅。審精理，則掉轉而無根。寬恕之人，不能速捷，論仁
義，則弘詳而長雅。趨時務，則遲緩而不及。溫柔之人，力不休彊，
味道理，則順適而和暢，擬疑難，則濡愞而不盡。好奇之人，橫逸
而求異。造權譎，則倜儻而環壯。案清道，則詭常而恢迂。此所謂
性有九偏，各從其心之所可以為理。（同上）

「性有九偏」因而不能完全明「理」，卻以其心之所可為「理」，因而論難之
時即因「九偏之情，以性犯明」而不能獲得定論，事理之真實情形亦因而隱
晦不彰，理失而事違。

　　「理」之明既決定於人的材質，人的材質有兼、偏，亦有「兼德」之人，
因而「理」雖分為四，亦應有能兼通此四理之人，故劉劭說：

必也，聰能聽序，思能造端，明能見機，辭能辯意，捷能攝失，守
能待攻，攻能奪守，奪能易予，兼此八者，然後乃能通於天下之理。
（同上）

以上所論為材質與「理」之關係，接著所討論的為劉劭對英、雄的分析。何
謂英、雄？他說：

聰明秀出謂之英，膽力過人謂之雄。（〈英雄〉）

「英」是指「聰明秀出」，具有玄智能謀始、明機之人，「雄」是指「膽力過
人」，具有勇、力能服眾、排難之人。「英」之人有玄智，能謀始、見機，故
可以為相；「雄」之人有勇、力能服眾、排難，故可以為將。然而此亦只是偏
材之人，必待英、雄兼具者始可成大業，劉劭說：

故英、雄異名，然皆偏至之材。人臣之任也。故英可以為相，雄可
以為將，若一人之身。兼有英、雄，則能長世……一人之身，兼有
英、雄，乃能役英與雄，故能成大業也。（同上）

「兼有英、雄」之人既能「役英與雄」，故能成大業。唯兼具英、雄之人，亦

因英、雄質分之不同而有高下之別，英分多者高於雄分多者。

　　對於人的材質之性，劉邵主張可經由學習的工夫使得人的材質得到發展，〔註30〕他說：

　　　　夫學所以成材也，恕所以推情也。（〈體別〉）

又說：

　　　　凡偏材之性，二至以上，則至質相發，而令名生矣。是故骨直氣清，
　　　　則休名生焉，氣清力勁，則烈名生焉，勁智精理，則能名生焉。智
　　　　直彊愨，則任名生焉。集于端質，則令德濟焉。加之學，則文理灼
　　　　焉。（〈八觀〉）

經由學習則可以「成材」、「文理灼」，可知人的材質之性是可以經由學習而獲得發展的。經由學習的工夫雖可以使人的材質得到發展，然而此種發展是有限的，是僅能在本身已具有的材性之內加以發展，而不可能增長本身所未稟受的材質的，劉邵說：

　　　　偏材之性，不可移轉矣。（〈體別〉）

「不可移轉」即表示人之材性是不可能轉換的，膽力之人雖經由學習也不可能成為聰明之人；聰明之人經由學習亦不可能變成膽力之人。是以劉邵所謂「學以成材」是指才性限度內之成就。〔註31〕

　　劉邵的人性論思想雖以材質之性為主，亦論及人的心理反應之情，他說：

　　　　夫人之情有六機：杼其所欲則喜，不杼其所能則怨，以自伐歷之則
　　　　惡，以謙損下之則悅，犯其所乏則媢，以惡犯媢則妒，此人情之六
　　　　機也。（〈八觀〉）

喜、怨、惡、悅、媢、妒都是人的心理反應之情，人情除了喜、怨、惡、悅、

〔註30〕 今人或以為劉邵之思想無進德、進學之可能，如張蓓蓓先生說：「人物志品鑑
　　　　人物尚有一特色，即認定天分生成，修養無用，不以為人物後天尚有進學進
　　　　德之可能。」見《漢晉人物品鑑研究》，頁303。實則劉邵亦主人應進德進學，
　　　　並認為進德進學是可能的，唯其進德進學偏於道家之謙讓虛無，而非建立於
　　　　儒家的道德主體之上，是以牟宗三先生以儒家進德之學來看《人物志》的進
　　　　德之學，乃得出「才性系統不能建立進德之學」的說法。見註20牟著，頁56。
　　　　此處尚有必須加以說明的是，劉邵所謂的進德不僅是人格修養的道德之義，
　　　　同時亦指人的材能。劉邵所用的「德」字有時是同於「材」字的，如〈九徵〉
　　　　篇所說：「九徵皆至，則純粹之德也，九徵有違，則偏雜之材也。三度不同，
　　　　其德異稱。故偏至之材以材自名，兼材之人以德為目。」此中所用「德」字
　　　　亦即「材」字，是故劉邵以德、材互用。
〔註31〕 見勞思光先生著《新編中國哲學史》（二），頁153。

姻、妒六情之外，尚有由拘抗之偏材而來的情機，他說：

> 及其進德之日，不止揆中庸以戒其材之拘抗，而指人之所短以益其
> 失。（〈體別〉）

「指人之所短」即是因拘抗之偏材而來的情機。有了種種之情機，人之行為
表現即有種種的缺失，亦不能與人和諧相處，因而劉劭主張人必須有一修養
之功夫以化解此情機之缺失，他說：

> 蓋人道之極，莫過愛敬。是故孝經以愛為至德，以敬為要道。易以
> 感為德，以謙為道。老子以無為德，以虛為道。禮以敬為本，樂以
> 愛為主。然則，人情之質，有愛敬之誠，則與道德同體，動獲人心
> 而道無不通也。（〈八觀〉）

能夠愛、敬、感、謙、無、虛則能化除一切因情機而來的缺失，而與「道德
同體。」能夠與道德同體，也就能夠同於中庸之「平淡無味」，因而與人相處
即能和諧無礙，故能「無不通」。而劉劭對於此種虛無謙讓的德行的修養亦甚
為重視，此即劉劭《人物志》一書雖以政治上的材質官人為主，而於書末則
列一篇〈釋爭〉的原因，是故唐君毅先生說：

> 最後一篇釋爭，則又由人之對其才之是否自矜，是否能讓，人之如
> 何自處其才，以見人之德行高下。於是吾人即當觀人之如何自處其
> 才，以觀人之德，而達於觀人之極致。〔註32〕

劉劭除了重視人的道德修養之外，亦稟其材性分類之思想，將人的道德
修養分為四等，他說：

> 是以越俗乘高，獨行於三等之上。何謂三等？大無功而自矜，一等。
> 有功而伐之，二等。功大而不伐，三等。愚而好勝，一等。賢而尚
> 人，二等。賢而能讓，三等。緩己急人，一等。急己急人，二等。
> 急己寬人，三等。凡此數者，皆道之奇，物之變也。三變而後得之，
> 故人莫能遠也。夫唯知道通變者，然後能處之。（〈釋爭〉）

此「三變而後得之」的境界即是〈釋爭〉篇篇末所說的「獨乘高於元路，則
光暉煥而日新」之人。「乘高於元路」即是平淡無味，無不通之人，此已類於
王弼以後所強調的逍遙思想，故劉昞注云：「避忿肆之險途，獨逍遙於上等。」
由此亦可得知劉劭採取了道家之立身修養之道。〔註33〕

〔註32〕同註26，頁129。
〔註33〕同註4，頁18。

第四節　劉邵人性論的特色與缺失

　　劉邵的《人物志》雖以政治的實用目的爲出發點，將人材分爲聖人、兼材、偏材，然而劉邵並不對此三者之材做一高下之評判，而是重於分析各類人物材質的長短，以此分析爲標準以斷定人材之所宜。張蓓蓓先生曾言劉邵論偏材的特色有三，他說：

> 第一，人物志雖分立聖人兼德，大雅兼材，小雅偏材之三度人品層級，但全書之中，從無輕鄙偏材的意味，仍能客觀分析各類偏材的特長，以爲一材必有一材之用；第二，劉氏對於各類偏材，亦皆能自其長處與短處加以認識，各取其長，各彰其短，無所偏嗜，亦並無明顯的高下優劣觀念，與一般人物論頗不相同；第三，知長知短，乃所以知其用，人物志論偏材，最重視各人的用處，尤其是在政治上的用處。〔註34〕

此種論人著重知材能之用而不分高下的特色，乃是一種品鑑的觀人態度，是故在〈九徵〉篇中劉邵所用的名目亦是一種品鑑的詞語。如「論人的性情則有平淡、平陂、明暗、勇怯、彊弱、躁靜、慘懌、衰正、緩急諸名目；論品德，則有弘毅、文理、貞固、勇敢、通微諸名目；論心質，則有直亮、休決、平理諸名目。」可知劉邵亦繼承了漢末以來的人物品鑑風氣，對人格本身的才性發生了品鑑興趣。〔註35〕由其「苟有形質，猶可即而求之」的觀點，亦可知此種品鑑是智悟的品鑑，此智悟與品鑑混融的觀人方法，正是劉邵人性論思想的特色，是故牟宗三先生說：

> 順才性之品鑑，既可開出人格上的「美學原理」與「藝術境界」，復可開出「心智領域」與「智悟之境界」……人物志之品鑑才性即是美的品鑑與具體智悟之混融的表現。智悟融於美的品鑑而得其具體，品鑑融於智悟而得其明徹。其品鑑才性之目的，固在實用（知人與用人），然其本身固是品鑑與智悟之結晶。〔註36〕

此種品鑑思想實爲才性體用思想的發展，稟受自陰陽五行所來的「明白」、「玄慮」及「仁」、「禮」、「信」、「義」、「智」爲人的內在之性。而「達動之機」、「識靜之原」、「弘毅」、「文禮」、「貞固」、「勇敢」、「通微」（詳文見二、三節

〔註34〕見張蓓蓓先生著《漢晉人物品鑑研究》，頁 274～275。
〔註35〕見林麗眞先生著〈讀人物志〉，頁 29。
〔註36〕同註 20 牟著，頁 58～59。

所引）皆是性的外現之材，必是以才性爲體用一如之關係，才能言「以外見之符，驗內藏之器。」（《四庫全書・人物志提要》）以品鑑的態度言人的材質乃成爲可能。自劉卲之後，魏晉人之論人性亦多採品鑑之觀點。〔註37〕

　　又依前面第三節所言，劉卲亦主人應企慕中庸平淡無味，故主謙、不爭的修養工夫，然而劉卲此種不爭的修養工夫的提出，並非同於儒家於人心立一仁義的道德主體，基於此道德主體的完成而言「存其心，養其性，所以事天也」（《孟子・盡心上》）。觀其所謂的聖人完全是稟之於元氣而來的五質內充的平淡之人，且於「元一」之氣外並無一「太極」或「天理」的存在，可知劉卲並無道德主體的思想，劉卲既無道德主體的思想，那麼其釋爭、謙退的思想又是基於何種考量？〈釋爭〉篇云：

> 蓋善以不伐爲大，賢以自矜爲損。是故舜讓于德，而顯義登聞；湯降不遲，而聖敬日躋；郤至上人，而抑下滋甚；王叔好爭，而終于出犇。然則卑讓降下者，茂進之遂路也；矜奮侵凌者，毀塞之險途也。是以君子舉不敢越儀準，志不敢凌軌等，內勤己以自濟，外謙讓以敬懼，是以怨難不在於身，而榮福通於長久也。彼小人則不然，矜功伐能，好以陵人。是以在前者，人害之；有功者，人毀之；毀敗者，人幸之。是故並轡爭先，而不能相奪，兩頓俱折，而爲後者所趨。由是論之，爭讓之途，其別明矣。

謙讓、敬懼並非出於本身道德主體的不得不然，而是因爲能謙讓、敬懼則能「怨難不在於身，而榮福通於長久。」若是「矜功伐能」則「人害之」、「人毀之」，此種思想實即是「從功利觀點來講人之德性」。〔註38〕

〔註37〕湯一介先生認爲魏晉玄學本體論是由才性之辯而來，他說：「於是曹魏到正始時，由才性問題的討論進入玄學本體論的範圍。以後幾乎所有玄學家都把『人性』問題和宇宙本體問題聯繫在一起。」見《郭象與魏晉玄學》，頁160。玄學本體論是否爲才性問題的進一步發展尚難斷定，然而自劉卲之後，魏晉人論人性多和宇宙本體聯繫在一起的說法則無誤，且對人亦多採取品鑑順性之態度。
〔註38〕見錢穆先生著《中國學術思想史論叢》（三），頁59。

第三章　何晏的人性論

　　何晏生於東漢獻帝初平四年（西元 193 年）前後，卒於魏齊王正始十年（西元 249 年）。〔註1〕字平叔，南陽宛人。其著作多已散佚，今僅存《論語集解》及一部分為後人所引述的言論。何晏的生平資料，史傳並無專載，《三國志·魏書》僅於〈曹爽傳〉後以四十餘字簡述之，其餘則僅能在《世說新語》中蒐尋。因此想要詳論何晏的思想實難。然而何氏既為正始玄風的開創者，生平又跨漢末建安至正始這個風氣轉變的時代，對於何晏思想的探究仍不可忽視，這項工作當能有助於我們對魏晉人性論思想的演進做一較正確的瞭解。

　　何晏的人性論思想可分為二期，此二期的劃分是依何晏與王弼的接觸時間為分界點，正始四年以前為前期，以後為後期。〔註2〕前期思想繼承了漢人自然氣化宇宙論的論點，並摻雜道家思想。後期則受王弼以無為本的思想影響。〔註3〕

第一節　何晏前期人性論的理論根據

〔註 1〕何晏之生年王葆玹先生主張應為建安十二年（西元 207 年），見《正始玄學》，頁 126。那薇先生則主張何晏大約生於初平元年（西元 196 年），見《魏晉玄學史》，頁 56。

〔註 2〕依劉汝霖《漢晉學術編年·卷六》，頁 161 之考證，王弼與裴徽討論孔、老之問題約在此時。依何邵〈王弼傳〉所說：「年十餘，好老氏，通辯能言。」可知王弼十餘歲始好老氏，又依其與荀融書可知其早期亦接受聖人無情說（見下章之考辨）。又〈王弼傳〉亦言「徽一見而異之」可知在此之前王弼尚未成名，竊疑王弼之成名在此時之後。故本文劃分何晏思想之轉變以正始四年為分界。

〔註 3〕王弼之思想見下章之論述。

　　將道家自然無爲思想與氣化宇宙論結合在一起的，漢代以王充爲代表。
王充說：

> 天之動行也，施氣也。體動，氣乃出，物乃至矣。猶人動氣也，體
> 動氣乃出，子亦生也。夫人之施氣也，非欲生子，氣施而子自生矣。
> 天動不欲以生物，而物自生，此則自然也。施氣不欲爲物，而物自
> 爲，此則無爲也。(《論衡‧自紀》)

但王充論人性仍不脫漢儒之善惡觀點，而何晏則承襲此自然氣化宇宙論的思
想並偏就自然無爲立論。漢魏之際道家思想已甚爲流行，〔註4〕《魏氏春秋》
云：「晏少有異才，善談易老」。〔註5〕由此可知何晏思想當深受道家思想的影
響，是以其論人性雖同於王充將性分三等，而其分等之標準則是道家的有情、
無情說。然而何晏此時尚未瞭解老莊「道」的本體論意義，故何晏所謂的「道」
只是王充所主張的「天道自然無爲」之天道，是以其前期的人性論仍不脫漢
代氣化宇宙論的影響。

　　何晏並無直接論及氣化宇宙論的語句，然將其相關論述與王充、王弼做
一比較即可明之。何晏說：

> 大哉惟魏……皆體天作制，順時立政。至于帝皇，遂重熙而累盛，
> 遠則襲陰陽之自然，近則本人物之至情。(〈景福殿賦〉)

在當時思想界，認爲帝皇是稟氣最多者，故言「重熙而累盛」。〔註6〕李善注
此句云：「魏志曰：『明皇帝諱叡，字元仲，文帝太子也。生數月而有岐嶷之
姿』」可知此即指魏明帝才質特盛。由於才質特盛故能體天作制，也就是能夠
「襲陰陽之自然」。此種思想全同於王充之說。王充說：

> 至德沌渥之人，稟天氣多，故能則天自然無爲；稟氣薄少，不遵道
> 德，不似天地，故曰不肖。不肖者，不似也。不似天地，不類聖賢，
> 故有爲也。(《論衡‧自然》)

「至德沌渥」同於「重熙累盛」，「則天自然無爲」同於「襲陰陽之自然」。此
外亦可由《論語集解》找到何晏此種由氣稟之多少而決定人與道契合的程度

〔註4〕道家思想在漢魏間的興盛，一則因其爲反對漢儒天人感應說的有效而且現成
　　　的思想，二則因爲道家的思想對當時的政治及人生思想能提供一套解決的方
　　　法。此參見湯一介先生著《郭象與魏晉玄學》，頁7～8。
〔註5〕見《世說新語‧文學》「何晏爲吏部尚書」條劉孝標注所引。
〔註6〕劉劭《人物志‧流業》曾立一「聰明平淡，總達眾材，而不以事自任者」之
　　　主德之人。主德之人即君主，而其所描寫的君主特質實同於中庸之聖人。

的思想。《論語・衛靈公》「子曰：人能弘道，非道弘人」何晏注〔註7〕：

才大者，道隨大；才小者，道隨小，故不能弘人。

所謂「才大者，道隨大」即同於王充所謂「稟天氣多，故能則天自然無爲」。「才小者，道隨小」即同於王充所謂「稟氣薄少，不遵道德，不似天地」。而其所謂的「道」是同於王充所謂「夫天道，自然、無爲」（〈譴告〉）的天道義，而非王弼本體義的「道」。蓋依王弼所言之「道」，是無大小之分的。王氏說：

凡有皆始於無，故未形無名之時，則爲萬物之始。及其有形有名之時，則長之、育之，亭之、毒之、爲其母也。（《老子・一章》注）

「道」對萬物而言皆長之、育之、亭之、毒之，可知「道」內在於人並無大小之分。何晏所用「道」字之義同於王充之天道自然，亦可由其〈無名論〉得到證據。今人或以〈無名論〉乃何晏用以釋「道」之無名，實則此乃何晏用以說明聖人無名的原因，而非言「道」之無名。〔註8〕〈無名論〉引夏侯玄之語云：

天地以自然運，聖人以自然用。自然者，道也。道本無名。

何晏認爲聖人所以無名，正是因爲以「無名之道」爲用，故亦無名。夏侯玄所用之「天地以自然運」一句是指天地遵循先於天地的「道」而運行，或是指天地運行的狀態？依字面義尙難斷定，然而我們可藉由夏侯玄的其他言論加以判別。夏侯玄說：

阮生云：「律呂協則陰陽和，音聲適則萬物類。天下無樂而欲陰陽和調，災害不生，亦以難矣。」此言律呂音聲非徒化治人物，可以調和陰陽，蕩除災害也。夫天地定位，剛柔相濟，盈虛有時。堯遭九年之水，憂民阻飢；湯遭七年之旱，欲遷其社。豈律呂不和，音聲不通哉！此乃天然之數，非人道所趨。（〈辨樂論〉）

所謂「天然之數」意即「自然」，夏侯玄所言天地之自然乃指「堯遭九年之水」、「湯遭七年之旱」此皆爲天地之自然現象，可知其所謂「自然」不指先天地

〔註7〕《論語集解》序云：「今集諸家之善，記其姓名，有不安者頗爲改易，名曰論語集解。」何晏既爲總其成者，則諸家注解之善者必爲何晏所認同，而可視做何晏之思想，因而本文論述何晏思想時，乃將所有之注皆當做何晏之思想。

〔註8〕如勞思光先生即以何晏〈無名論〉爲釋「道」而作，因而認爲「所舉孔子稱堯之語，擬於不倫。」見《新編中國哲學史》（二），頁160。然而〈無名論〉開端即言：「爲民所譽，則有名者也，無譽，無名者也。若夫聖人，名無名，譽無譽。」可知何晏〈無名論〉之作是用來辯稱聖人何以無名，故張湛《列子注》引此論以注「蕩蕩乎民無能名焉」。

生的「道」，而是指天地運行的狀態。〔註9〕由以上之推論可知何晏前期的人性論理論根據仍不脫漢代氣化宇宙論的影響，但是由於天道觀念以自然無爲爲主，故其區判人物乃轉而以道家之有情、無情爲標準。

第二節　何晏的性、情論及人性品類與「聖人無情」思想

此節所要討論的是何晏依道家的有情、無情思想對人性品級的區分，及其在以王充「天道自然無爲」思想理解「道」的義涵下，其聖人無情思想與老莊之說的異同。《論語・公冶長》「夫子之言性與天道，不可得而聞。」何晏注：

> 性者，人之所受以生也。天道，元亨日新之道，深微，故不可得而聞也。

湯一介先生認爲何晏所謂「性」即「理」。〔註10〕實則何晏此處所謂「性」是同於告子所謂「生之謂性」（《孟子・告子上》）的人之自然質性。是故「仁者安仁」（《論語・里仁》）何晏注云：「惟性仁者，自然體之，故謂安仁」。又「天生德於予，桓魋其如予何」（〈述而〉）何晏注：「天生德者，謂授我以聖性，德合天地。」此兩處注文之「性」字皆就人之材質而言，並且是就生所稟受者而言，可知何晏是在氣化宇宙論的思想下就人之由氣凝結的自然之質言性，而非以「性」即「理」。由於此種氣性之形成是自然、無爲的，並無任何原因或目的，故言「深微，故不可得而聞也」。〔註11〕

由氣言性，則此自然之質即有種種的等級區別。依現存資料可知，何晏至少區分人性的等級爲三等。

第一等爲無情之聖人，何邵〈王弼傳〉說：「何晏以爲聖人無喜怒哀樂，

〔註9〕謝大寧先生云：「此辨天然之數的說法顯然和其天道自然觀是一致的。由於此一說法恰因對治災異典範之基本觀念而發，且其立論觀點和批判古文家又恰相一致，因此如果我們假定夏侯玄的天道自然觀是承自批判派古文家，而非來自老子的詮釋……應該是相當合理而且符合於歷史發展常軌的」謝先生所謂批判派古文家即指王充等人，此處即參考謝大寧先生之說。見《從災異到玄學》，頁298。

〔註10〕同註4，頁15。

〔註11〕王葆玹先生以此注「深微」二字推論此屬於道家人性虛靜說。見《正始玄學》，頁272，那薇先生則引此注以推論何晏即由此以論性無喜怒哀樂。見《魏晉玄學史》，頁75。與本人之主張不同。

其論甚精，鍾會等述之」。喜怒哀樂爲人之情感，無喜怒哀樂即無情。

第二等爲以情任道的賢人，第三等爲任情違理的凡人，《論語・雍也》「哀公問，弟子熟爲好學？孔子對曰：『有顏回者好學，不遷怒，不貳過，不幸短命死矣，今也則亡，未聞好學者也。』」何晏注：「凡人任情，喜怒違理，顏回任道，怒不過分。遷者，移也，怒當其理，不移易也。不貳過者，有不善未嘗復行。」

由此可知何晏區別人物等級的標準是以「情」的多寡爲標準。聖人無情，故爲第一等。賢人雖有情，尚能從理而不過分，故爲第二等。至於凡人則多情以至違理，故爲第三等。〔註12〕何晏之分等標準爲「情」，並分爲三等，有似於漢儒之「性善情惡」及由此而來的性三品說。然而由〈王弼傳〉所言「今以其無累，便謂不復應物。」可知何晏主張「情」的產生是就應物與不應物而言，非就天生稟受而言，況其稱顏回「任道，怒不過分。」亦可推知何晏並不認爲「情」即是惡，唯有不合於道之情才是惡。故其區判的標準已由兩漢儒者以善惡論性情的觀點轉向了道家的有情，無情之標準。此亦可由其「聖人無身」思想和老、莊所說的聖人做一比較以證明之。莊子說：

> 顏回曰：「回益矣。」仲尼曰；「何謂也？」曰：「回忘仁義矣。」曰：「可矣，猶未也。」他日復見，曰：「回益矣。」曰：「何謂也？」曰：「回忘禮樂矣。」曰：「可矣，猶未也。」他日復見，曰：「回益矣。」曰：「何謂也？」回坐忘矣。仲尼蹵然曰：「何謂坐忘？」顏回曰：「墮肢體、黜聰明，離形去知，同於大通，此謂坐忘。」仲尼曰：「同則無好，化則無常也。而果其賢乎！丘也請從其後。」（《莊子・大宗師》）

有仁義、禮樂之心，則有是非好惡，有是非好惡之心，乃有由此是非好惡之心而來的喜怒哀樂之情，有喜怒之情，則尚未達於人格修養的極至。唯有「墮肢體、黜聰明，離形去知」之人乃能無喜怒哀樂之情，才能同於大通，順化無常，故爲人格之極至。故成玄英疏云：「既同於大道，則無是非好惡；冥於變化，故不執滯守常也」。

老子亦說：

> 吾所以有大患者，爲吾有身，及吾無身，吾有何患。（十三章）

〔註12〕湯用彤先生說：「何論凡聖之別，聖人無情，賢人動不違理（《論語集解》所謂之顏子怒必當理）。而小人當係違理任情」。見《魏晉玄學論稿》，頁81～82。此處即參考其說。

有身即有因此身所求，所感的喜怒哀樂，唯有無身，無形知，才能無喜怒哀樂之情。可知老莊之區判人物的標準正是以「情」之多寡爲依據，並以同於大道的無身之人爲最高的人格。而何晏所謂的「無情」之聖人也正是無身之人。《論語・子罕》「子絕四，毋意、毋必、毋固、毋我」何晏注：

> 以道爲度，故不任意。用之則行，捨之則藏，故無專必。無可無不可，故無固行。述古而不自作，處群萃而不自異，唯道是從，故不有其身。

「唯道是從」之人即是聖人。「不有其身」即是無身，故何晏認爲聖人是無身的，此即同於老莊之說，可知何晏區判人物之標準同於道家以「有情」、「無情」爲標準。然而何晏對道家的聖人人格的達成並無相應之理解，因而何晏所說的「無情」之聖人與道家所說的「無情」之聖人並不相同。道家聖人之完成是經由「忘仁義」、「忘禮樂」的坐忘工夫而來，這是一種體證之工夫。而何晏之聖人則是氣化論下的先天決定者，故云：「授我以聖性」，老莊之聖人具有普遍義，任何人只要能坐忘，無身即可同於大通，何晏之聖人則無普遍性。故其無身之聖人亦非同於老莊之以理化情的有情而不爲情所累之聖人，〔註13〕而是一斷絕五情不應物之聖人。此種差異的形成除了受其氣化論的材質決定論思想影響之外，更在於何晏對於道家所用之「道」的意義並無相應之瞭解。其所理解的老莊之「道」只是王充所主張的「天道自然無爲」之「道」，此「道」字只是天地運行的狀態，而非用天地者，非天地得以存在之本。加以漢魏間流行的聖人配天思想與道家聖人同於大通的思想在形式上皆爲天人合一之模式，在上述因素的結合下，自必推出類似道家而又不同於道家的聖人無情說。是故湯用彤先生說：

> 漢魏之間自然天道觀盛行，天理純乎自然，貪欲出乎人爲，推至其極則聖人道合自然，純乎天理，則可以言無情，此聖人無情說所據理之二，必何晏、鍾會之說所由興，乃道家之論也。〔註14〕

〔註13〕馮友蘭先生主張何晏之思想「大概是先秦道家所持以理化情，或『以情從理』之說。照莊子的說法，人的感情，如喜怒哀樂等，起於人對於事物底不了解。聖人對於事物有完全底了解。所以『哀樂不能入』。」見《新原道》，頁 133～134。然而莊子所謂的無情實同於王弼之有情而不爲情所累，觀其答惠施無情之問曰：「吾所謂無情者，言人不以好惡內傷其身，常因自然而不益生也。」（《莊子・德充符》）可知何晏之思想本不同於老莊，馮先生則誤解莊子無情說之真義而將二者做錯誤之比附。

〔註14〕同註12，頁 86。同頁湯先生亦推測何晏無情之主張乃因「何晏似猶未脫漢代

何晏對道家雖無相應之瞭解，然其論人性仍以道家思想爲標準，故能在王弼依道家之無爲本的思想提出聖人體無有情的主張之後加以贊同。

本文既以正始四年爲斷限區分何晏思想之前後兩期，並以〈景福殿賦〉、〈無名論〉、《論語集解》爲早期思想分析的論證資料，故在本節結束之前，亦對此三種著作的寫作時間略加考辨，《三國志·魏書·明帝紀》記載：

> （太和）六年……九月，行幸摩陂，治許昌宮，起景福、承光殿；
> 十二月，行還許昌宮。

是故〈景福殿賦〉之作應在太和六年或青龍初。《論語集解》的寫作時間依劉寶楠《論語正義》之說應始於正始二年，他說：

> 晉書禮志魏齊王正始二年，帝講論語，通使太子釋奠。則意當時諸
> 臣亦以帝通論語，故撰集訓說以獻之爾。

此書之纂集既始於正始二年，並由多人纂集而成，即使如劉寶楠所說：「上此集解，則在正始三年後也」（同上）亦不當離正始三年太遠。〔註15〕至於〈無名論〉寫於何時尚難推定，然此聖人有名、無名之討論應起於聖人有情無情之辨以前，觀劉劭已稱「夫中庸之德，其質無名」（《人物志·體別》），可知以「無名」稱聖人，時間甚早，且有名無名之辯在正始之後已非論辨之名理，故〈無名論〉之作亦當在正始四年以前。

第三節　何晏人性論思想的轉變

前文曾言何晏後期思想受王弼之影響而同於王弼，故本節之論述僅在證明此種思想的轉變，至於其後期之人性論思想既同於王弼，則可參見下章王弼的人性論。此種思想的轉變可由《世說新語》所記載何晏與王弼的交往情形，及何晏之作〈道論〉的內容加以證明。

《世說新語·文學》記載：

> 何晏爲吏部尚書，有位望，時談客盈座，王弼未弱冠，往見之。晏
> 聞弼來，乃倒屣迎之。因條向者勝理語弼曰：「此理僕以爲理極，可
> 得復難否？」弼便作難，一坐人便以爲屈，於是弼自爲客主數翻，

之宇宙論，未有本無分爲二截，故動靜亦遂對立。」此說亦可提供何晏所以會有聖人無情說的參考。

〔註15〕劉汝霖先生主張何晏上《論語集解》之時間最晚亦不超過正始六年。見註2，頁168之考證。

皆一坐所不及。

又

> 何晏注《老子》未畢，見王弼，自說注《老子》旨。何意多所短，
> 不復得作聲，但應之，遂不復作注，因作道德論。(同上)

由上兩條資料的記載可以知道，此時王弼已成爲談論之宗主，由後一條資料
更可確定何晏之作〈道論〉是在與王弼接觸後，爲王弼所折服，乃廢注而作
此論，而其思想的內涵已同於王弼。《列子‧仲尼篇》張湛注引〈道論〉說：

> 有之爲有，恃無以生；事而爲事，由無以成。夫道之而無語，名之
> 而無名，視之而無形，聽之而無聲，則道之全焉。故能昭音響而出
> 氣物，包形神而彰光影。玄以之黑，素以之白，矩以之方，規以之
> 圓，圓方得形而此無形，白黑得名而此無名。

此中所可注意者即「有」、「無」並提，且以「無」爲「有」之所以爲「有」
的依據，此種思想並未見於其早期作品中，至此何、王之思想已相同矣，故
《晉書‧王衍傳》云：

> 魏正始中，何晏、王弼等祖述老莊，立論以爲天地萬物皆以無爲本。
> 無也者，開物成務，無往不存者也。陰陽恃以化生，萬物恃以成形、
> 賢者恃以成德，不肖恃以免身。故無之爲用，無爵而貴矣。

由於何王思想已然相同，故王衍乃將二人之思想相提並論。而就此段引言猶
可注意者即「不肖恃以免身」一句，依何晏早期之「才小者、道隨小，故不
能弘人」的思想，不肖之人應是不能全然體「道」的，亦必然不能以無爲用，
以無爲用當屬之聖、賢之人才有可能。而此則肯定不肖之人亦能恃無爲用以
免身，可知何晏當亦已改變前期之思想而接受了王弼以無爲本及「道」爲萬
物之母的思想，接受了人人皆同有一「道」的眞性的思想。

第四章　王弼的人性論

　　王弼生於魏文帝黃初七年（西元 226 年），卒於魏齊王正始十年（西元
249）。字輔嗣，山陽高平人。其現存著作主要有《老子注》、《周易注》、《老
子指略》、《周易略例》及一部份《論語釋疑》佚文。王弼雖英年早逝，然而
對魏晉玄學則起了奠基的功勞，故《續晉陽秋》記載：「正始中，王弼、何晏
好老莊玄勝之談，而世遂貴焉」。〔註1〕同時王弼善於論辯亦為魏晉人所推崇，
當時稱人善談論往往比之於王弼。如《世說新語・賞譽》記載：「王長史歎林
公：「尋微之功，不減輔嗣。」又《文士傳》亦記載：「郭象，字子玄，河南
人。少有才理，慕道好學，時人咸以為王弼之亞」。〔註2〕

　　王弼除了善談論之外，更重要的是扭轉了兩漢以來的學風與思想。兩漢的
學風以章句訓詁為主，王弼則採取了得意忘言的注書方式。「以無為本」思想的
提出，不僅使道家思想成為當時思想的主流，也改變了兩漢的災異讖緯的迷信
和王充的氣化自然觀。就人性論而言，則在漢代以來即盛行的氣化宇宙論之外，
另創一天理自然的理性思想，並試圖由此解決當時自然與名教的衝突。

第一節　王弼人性論的理論根據

　　王弼人性論的理論根據，簡言之即是「崇本舉末」、「守母存子」的中心
思想。〔註3〕王弼不重萬有由何而來，而重萬有的生成之道，〔註4〕王弼說：

〔註1〕見《世說新語・文學》「簡文稱許掾云」條注所引。
〔註2〕同註1「初注莊子者數十家」條注所引。
〔註3〕王弼《老子指略》說：「老子之書，其幾乎可一言而蔽之。噫！崇本息末而已

> 天下之物，皆以有爲生。有之所始，以無爲本。將欲全有，必反於
> 無也。(《老子・四十章》注) 〔註5〕

又說：

> 凡有皆始於無，故未形無名之時，則爲萬物之始。及其有形有名之
> 時，則長之、育之、亭之、毒之，爲其母也。言道以無形無名始成
> 萬物，萬物以始以成而不知其所以然，玄之又玄也。(《老子・一章》
> 注)

「有」即「萬物」之義，王弼認爲萬物之生成都是以「無」爲宗主。「無」並
非是與現象界的「有」相對的空無，若「無」是空無則不可能爲生成萬物之
宗主。之所以稱之爲「無」，乃是因爲此萬物宗主無形體，非我們的感官知覺
所能知，王弼說：

> 夫物之所以生，功之所以成，必生乎無形，由乎無名。無形無名者，
> 萬物之宗也。不溫不涼，不宮不商。聽之不可得而聞，視之不可得而
> 彰，體之不可得而知，味之不可得而嘗。故其爲物也則混成，爲象也
> 則無形，爲音也則希聲，故能爲品物之宗主，苞通天地，靡使不經也。
> 若溫也則不能涼矣，宮也則不能商矣。形必有所分，聲必有所屬。故
> 象而形者，非大象也；音而聲者，非大音也。(〈老子指略〉)

聽、視、體、味都是人的感官功能，人對萬事萬物之命名皆依其感官所獲得
之實以定名，此物既不能爲感官所知，心即無法定其名。然此物又非虛無，
故僅能以「無形無名」稱之，簡言之即是「無」。此「無形無名」之物既不能
爲感官所知，可知此物亦非現實存在的任何事物，也即因此才能成爲萬物之
宗主。因現實之物，爲此則不能爲彼，溫則不能涼，宮則不能商，皆爲有限，
自亦不能成爲萬物之宗主。「無」不僅無形體可感知，更具有先在性，恆常性

矣」。今人或以爲王弼「崇本息末」與「崇本舉末」之思想爲相矛盾，如湯一
介先生即主此說，見《郭象與魏晉玄學》，頁 44。實則息末正所以舉末，此二
末字之別即在一有本，一無本。無本之末即造成混亂之根源，故必須息，此即
所謂「絕聖而後聖功全，棄仁而後仁德厚」(老子指略)，前一聖字、仁字即無
本之末，故必絕棄之，即息也。後一聖字、仁字即有本之末。此必由前一聖、
仁之絕棄而存。是故「崇本息末」與「崇本舉末」乃相輔相成而非相矛盾。

〔註4〕 今人或主王弼對萬有的來源亦主陰陽氣化而來，如王葆玹先生說：「王弼像王
充一樣，只承認萬物有始，不承認天地有始。或者說，只講陰陽合成萬物的
宇宙構成論，不講宇宙發生論。」見《正始玄學》，頁 202。

〔註5〕 本章所引之王弼注文皆依樓宇烈之《老子周易王弼注校釋》一書爲準。

與普遍性，王弼說：

> 混然不可得而知，而萬物由之以成，故曰「混成」也。不知其誰之子，故先天地生。寂寥，無形體也。無物匹之，故曰「獨立」也。返化終始，不失其常，故曰「不改」也。周行無所不至而不危殆。能生全大形，故可以爲天下母也。名以定形，混成無形，不可得而定，故曰「不知其名」也。（《老子‧二十五章》注）

「獨立無匹」是說明「無」的先在性。「返化終始，不失其常」是說明「無」的恆常性。「周行無所不至」是說明「無」的普遍性。然而無形、先在性、恆常性、普遍性皆只就道體本身做一靜態的描述，不牽涉道用，但是本體非死體，有體必有其用，那麼道用之特性爲何？王弼說：

> 法，謂法則也。人不違地，乃得安全，法地也。地不違天，乃得全載，法天也。天不違道，乃得全覆，法道也。道不違自然，乃得其性，法自然也。法自然者，在方而法方，在圓而法圓，於自然無所違也。（同上）

王弼認爲「道」性是自然，「自然」的表現即是「在方而法方，在圓而法圓」，此純然是一種順任，而無積極的創造，亦無任何的目的性。此在方法方，在圓法圓的順任是由一沖虛之妙用而得，由此沖虛妙用乃能不沾滯而順任萬物，故王弼又說：

> 夫執一家之量者，不能全家；執一國之量者，不能成國；窮力舉重，不能爲用。故人雖知萬物治也，治而不以二儀之道，則不能贍也。地雖形魄，不法於天則不能全其寧；天雖精象，不法於道，則不能保其精。沖而用之，用乃不能窮。滿以造實，實來則溢，故沖而用之又復不盈，其爲無窮亦已極矣。形雖大，不能累其體；事雖殷，不能充其量。萬物舍此而求主，主其安在乎？不亦淵兮似萬物之宗乎。（《老子‧四章》注）

「沖」者虛也，故與滿、實對舉，「道」之用是以「沖」爲用，即以虛爲用，唯是虛而不實，故能不盈、不滯，故能在方而法方，在圓而法圓以顯其無窮性。道以虛爲用，故其生物非是一積極的生，其成物亦非是一積極的成，而只是一不塞其原，不禁其性，不宰成的生成，故王弼說：

> 不塞其原，則物自生，何功之有？不禁其性，則物自濟，何爲之恃？物自長足，不吾宰成，有德無主，非玄而何？凡言玄德，皆有德而

不知其主，出乎幽冥。(《老子‧十章》注)

物皆自生、自濟、自長非由「道」生、「道」濟、「道」長。然而物之自生、自濟、自長則必須有「道」之不塞、不禁、不宰之妙用玄德，始能達成，萬物之生成是無法由其本身獨立完成的，王弼說：

> 昔，始也。一，數之始而物之極也。各是一物之生，所以爲主也。物皆各得此一以成，既成而舍一以居成，居成則失其母，故皆裂、發、歇、竭、滅、蹶也。各以其一，致此清、寧、靈、盈、生、貞。用一以致清耳，非用清以清也。守一則清不失，用清則恐裂也。故爲功之母不可舍也。是以皆無用其功，恐喪其本也。清不能爲清，盈不能爲盈，皆有其母，以存其形。故清不足貴，盈不足多，貴在其母，而母貴無形。(《老子‧三十九章》注)

「清不能爲清，盈不能爲盈」現存的萬有之生成皆無法由其自身以完成，欲得清、盈則必須用「一」，此「一」則內在於萬有本身，爲萬有之母。此母存，萬有乃得以成。然而萬有之生成雖必由沖虛玄德之「一」乃得以成，「道」與物亦是不離，然而「道」與物終究是二而非一，物亦有其性，是故物生之後卻不必然能守此爲其母之「一」，相反的是「舍一以居成」而失其爲功之母。失其爲功之母即失卻沖虛妙用之玄德，此時萬有立即沾滯而不化，成爲一有限，故皆裂、發、歇、滅、蹶也。王弼說：

> 捨其母而用其子，棄其本而適其末，名則有所分，形則有所止，雖極其大，必有不周，雖盛其美，必有憂患。功在爲之，豈足處世。(《老子‧三十八章》注)

是故萬有欲得生成唯在回歸於沖虛妙用玄德，此即所謂「將欲全有，必反於無」，「反於無」即是守母崇本。母、本既存，子、末亦因而存。

「崇本舉末」、「守母存子」乃王弼的中心思想，也是王弼的理論根據，然而母子二者之關係並非如現象界的母親生子女，爲一時間序列上的創生，而只是一種境界形態下的保存，此即牟宗三先生所說的「作用之保存」。〔註6〕何以說此母子之關係只是一「作用之保存」而非時間序列上的創生，此中之癥結即在王弼所謂的沖虛妙用之「道」純是由主觀修養境界下由沖虛心境所透顯，只是一境界形態而非實有形態，因而僅能起一「作用之保存」而無積極的創生性。此牟宗三先生有精確之說解，茲引述於下：

〔註6〕「作用之保存」的意義參見《才性與玄理》，頁163。

　　道是一沖虛之玄德，一虛無明通之妙用，吾人須通過沖虛妙用之觀
念了解之，不可以存有形態之『實物』觀念了解之。此吾人所首先
應注意之大限界。其次，若移向客觀方面而說道爲萬物之宗主，萬
物由之以生以成，其爲宗主，其爲由之以生以成之本，亦須通過沖
虛之心境而觀照其爲如此者。以沖虛之止起觀，『不塞其原，不禁其
性』而暢通萬物而自生、自長、自相治理之源，此即其爲主爲本之
意。故亦不是存有形態之實物而爲主爲本者。〔註7〕

「道」是一沖虛心境所透顯的沖虛妙用之玄德，王弼乃進而將此沖虛妙用之
玄德上推爲一種「規律性意義的超然本體」〔註8〕由此而言本、言母。「道」
既由心所顯，則守母、崇本之法即在心上做。心能歸於虛靜，則能守母、崇
本，母本既存則末、子無所不可。是以聖人體無即可有情。

第二節　王弼的性、情、心論

　　今人研究王弼性、情之意義者大抵有兩種說法，一以王弼所言之性爲氣
質之性，如林麗眞先生說：

> 衍至魏晉，才性論盛行，眾人更是偏就「氣質」以論性，王弼也不
> 例外。他的看法不出以下三點：1.性指氣質之性，有濃厚之異；2.
> 此一氣質之性，原無善惡可言；3.善惡之分，由後天的發用與習染
> 決定。〔註9〕

林先生之說僅以《論語釋疑》及《周易注》爲主。大陸學者王葆玹先生則綜
論了王弼之作品，他所得到的結果亦同於林先生之說，他說：

> 可以肯定，性靜情動、性無善惡，是王弼易老兩注的通說。〔註10〕

又說：

> 王弼易學的性情理論應與「一家舊釋」及皇侃「近性」理論相合，
> 大致是以「性無善惡」爲本，「情有善惡」爲末，舉本統末，以性統
> 情。〔註11〕

〔註 7〕同註6，頁154。
〔註 8〕參見林麗眞先生著《王弼》，頁51。
〔註 9〕同註8，頁145。
〔註10〕同註4，頁378。
〔註11〕同註10。

王先生所謂「一家舊釋」見於皇侃《論語義疏》，皇侃說：「且依一家舊釋云：性者，生也；情者，成也。性是生而有之，故曰生也；情是起欲動彰事，故曰成也。然性無善惡，而有濃薄；情是有欲之心，而有邪正」（《論語‧陽貨》疏）由「性生而有」，「性有濃薄」可知此「性」亦指氣質之性。是故其說法與林麗眞先生之說並無二致。另一種說法則是將王弼之「性」分而爲二，一爲氣質之性，一爲稟之於道的本體之性，如蒙培元先生說：

> 「自然」不僅是道，而且是氣。王弼的自然本體論，不僅達到了理性的超越，而且肯定感性的存在，所謂「萬物以自然爲性」，固然是從本體論上說，但也吸收了氣的思想。〔註12〕

若依林、王二先生之說，則必出現一個問題，即如何能言「性其情」？材質之性未發之時本無善惡可言，雖或有爲善爲惡之傾向，然此亦非現成之善惡，故亦可言「無善無惡」。當其應物而動則稱之爲情，情之動有過與不及之別，故可有善惡的判斷，情既由性而來，則此性實亦可言有善有惡矣，然而此種材質之性是無法改正情之惡的，是故林麗眞先生亦不得不發出疑問，他說：「試問：一個無正善可言的本體，難道能產生一個絕對正善的作用嗎？所謂「即性非正」，難道保證得了『近性者正』嗎」。〔註13〕

若是依照蒙先生之說則合乎前一節的論證，而又能解釋「性其情」的意義。以下即對王弼的性、情義加以分析。依個人歸納《老子注》、《周易注》及《論語釋疑》佚文，得知王弼所用「性」字與人性論有關者可分爲二類：

第一類指人的官能之性質，如：

> 爽，差失也。失口之用，故謂之爽。夫耳、目、口、心，皆順其性也。不以順性命，反以傷自然，故曰盲、聾、爽、狂也。（《老子‧十二章》注）

人生下來以後即有耳、目、口、心等官能，有此官能即有此視、聽、食、色之欲求及喜怒哀樂等的心理反映，此處「性」字之義即指此官能之性質。且王弼主張人的情欲應順從官能的自然性質，而不主張放縱。因爲情欲若是不能順從官能的自然性質而太過放縱則產生盲、聾、爽、狂的弊病。此官能之性質即人之氣性，就此官能之性質的本身而言，並無善惡，然而由於氣稟不同，故亦有差別，王弼說：

〔註12〕 參見蒙培元先生著《中國心性論》，頁188。
〔註13〕 同註8，頁146。

孔子曰：「性相近也。」若全同也，相近之辭不生；若全異也，相近
之辭亦不得立。今云近者，有同有異，取其共是。無善無惡則同也，
有濃有薄則異也，雖異而未相遠，故曰近也。（《論語・陽貨》注）

人雖同稟氣質之性，然而由於稟氣有濃、薄之分，因而乃有種種不同的類型。
然而此氣質之性只有濃薄之分，其本質並無不同，故「雖異而不相遠」。

唯此種氣性並無任何道德理性，就其無道德理性而言，亦可稱之為情，
王弼說：

又何為勞一身之聰明，以察百姓之情哉！夫明以察物，物亦競以其
明避之；以不信求物，物亦競以其不信應之。夫天下之心不必同，
其所應不敢異，則莫肯用其情矣……無所察焉，百姓何避；無所避
焉，百姓何應。無避無應，則莫不用其情矣。（《老子・四十九章》
注）

「百姓之情」也就指人性中避物、應物的人心之氣性。

第二類指無為之真性，如：

樸之為物，憒然不偏，近於無有，故曰「莫能臣」也。抱樸無為，
不以物累其真，不以欲害其神，則物自賓而道自得也。言天地相合，
則甘露不求而自降。我守其真性無為，則民不令而自均也。（《老子・
三十二章》注）

所謂的「真」、「真性」，是指內在於人的無為之道性，此無為之道性是在心上
顯，為心之性，王弼說：

德者，得也。常得而無喪，利而無害，故以得為名焉。何以得德？
由乎道也。何以盡德？以無為用。以無為用，則莫不載也。故物，
無焉，則物無不經；有焉，則不足以免其生。是以天地雖廣，以無
為心；聖王雖大，以虛為主。故曰以復而視，則天地之心見；至日
而思之，則先王之至睹也。（《老子・三十八章》注）

又說：

復者，反本之謂也。天地以本為心者也。凡動息則靜，靜非對動者
也；語息則默，默非對語者也。然則天地雖大，富有萬物，雷動風
行，運化萬變，寂然至無是其本矣。故動息地中，乃天地之心見也。
若其以有為心，則異類未獲具存矣。（《周易・復卦象傳》注）

「本」即是「無」，王弼說：「有之所始，以無為本」，天地「以無為心」、「以

本爲心」可知人之眞性無爲是就心上說，是心之性。然而人之心除了以「無」爲性之外，更有一種「知」，有此「知」才能對人起一主宰之作用。然而有此「知」，則容易受外在事物的引誘而奔鶩不已，此時無爲之本性即隱晦而不彰，此時之心即成爲一「知心」、「機心」之心，「爲一認識上向外尋求逐取，而思慮預謀之心知。」〔註14〕無爲之心轉成一認識思慮之心，則世界上之物不再是一切齊平，而有優劣、美醜之別，進而有了各種好惡、爭競之行爲，形成了「美者，人心之所進樂也；惡者人心之所惡疾也。」（《老子‧二章》注）的「殊其己而有其心」（《老子‧三十八章》注）。此時心中全是有，唯是一情欲之心，不僅不能有「在方而法方，在圓而法圓」的順任妙用，反而殘人以適己，形成了「異類未獲具存」的情形，一切紛亂皆由此而起，是故消解之道必須有一回復本心的反本之功夫。此回復本心之工夫即是「虛靜」，王弼說：

> 歸根則靜，故曰「靜」。靜則復命，故曰「復命」也。復命則得性命之常，故曰「常」也。常之爲物，不偏不彰，無皦昧之狀，溫涼之象，故曰「知常曰明」也。唯此復乃能包通萬物，無所不容。失此以往，則邪入乎分，則物離其分，故曰不知常則妄作凶也……無所不包通，則乃至於蕩然公平也。蕩然公平，則乃至於無所不周普也。無所不周普，則乃至於同乎天也。與天合德，體道大通，則乃至於窮極虛無也。窮極虛無，得道之常，則乃至於不窮極也。（《老子‧十六章》注）

所謂的「不偏不彰，無皦昧之狀，溫涼之象」的「常」即是「道」，有此虛靜的復命工夫即能徹悟此內在於人心之道性，而顯現一沖虛妙用的靈明之智，此即所謂的「知常曰明」。有此靈明之智，外則能起一觀照之作用，順任萬物而無所不包通，內則能起一「性其情」的作用。所謂「性其情」其意義正如蒙培元先生所說：

> 性其情也就是以理御情，以理性原則統治情感因素。但這不是不要情，如果無情，那也不符合自然，萬物以自然爲性，也以自然爲情，問題在於，情以性爲主、爲宗，這就是"統之有宗，會之有元"。
> 〔註15〕

〔註14〕參見唐君毅先生著《中國哲學原論‧原性篇》，頁38。
〔註15〕同註12，頁192。

人生而有此氣性之情，故有種種行為之表現，無此情之憑藉，則心之無為妙用亦無由得顯，唯此氣性之情並無道德理性的存在，故必接受心之統治，以性統情，則一切氣性皆順適而不亂，故王弼說：「不性其情，何能久行其正」（《周易・乾卦象傳》注）。此時氣性所展現者亦僅是道之用，本末合而為一，是故王弼乃總以自然稱人之性，王弼說：

> 萬物以自然為性，故可因而不可為也，可通而不可執也。物有常性，而造為之，故必敗也。物有往來，而執之，故必失矣。凡此諸或，言物事逆順反覆，不施為執割也。聖人達自然之性，暢萬物之情，故因而不為，順而不施。除其所以迷，去其所以惑，故心不亂而物性自得之也。（《老子・二十九章注》）

萬有既存在即有其形軀生命的一面，是故情乃成為不可避免者，即使是聖人也只能是性其情的體無而有情之人，而不可能無情。下節接著討論性其情的聖人特質。

第三節　王弼「聖人有情」思想及自然與名教的調和

聖人有情、無情之辯始於何晏與王弼。何邵〈王弼傳〉說：

> 何晏以為聖人無喜怒哀樂，其論甚精，鍾會等述之。弼與不同，以為聖人茂於人者神明也，同於人者五情也。神明茂，故能體沖和以通無，五情同，故不能無哀樂以應物，然則聖人之情，應物而無累於物者也。今以其無累，便謂不復應物，失之多矣。

聖人的人格特質為何？是魏晉人所重視的課題之一，是故自何、王論辯聖人有情、無情之後仍有人對此加以論辯。《世說新語・文學》記載：「僧意在瓦官寺中，王苟子來，與共語，便使其唱理。意謂王曰：『聖人有情不？』王曰：『無』。重問曰：『聖人如柱邪？』王曰：『如籌算。雖無情，運之者有情。』僧意云：『誰運聖人邪？』苟子不得答而去。」何以產生此種聖人人格特質為何的疑問？湯一介先生認為此是因為儒家思想的衰微所引起的。他說：

> 從儒家觀點看，什麼樣的人才是聖人，本不成問題，堯、舜、禹、湯、文、武、周公、孔子自然都是聖人。聖人應具有什麼樣的人格，本也不是問題，是「博施於民而能濟眾者」，或說是「五德」具備而

行以中庸者。但到了漢魏之際，儒家思想衰落，因而「什麼樣的人才是聖人」，「聖人應具備什麼樣的人格」也就成了問題。〔註16〕

對於聖人人格特質的探討何以特重於「有情」、「無情」的論爭，由於史料的缺乏，難以詳知。〔註17〕然而由現存王弼的著作可知，聖人「有情」、「無情」之辯並非開始即有此論題，而是有一轉換時期的。「聖人無情」說本應是學術界公認的，王弼最早亦是接受此種思想的，其後由於王弼思想的轉變乃產生了「有情」、「無情」之辯。何邵〈王弼傳〉記載王弼答荀融書說：

夫明足以尋極幽微，而不能去自然之性。顏子之量，孔父之所預在，然遇之不能無樂，喪之不能無哀。又常狹斯人，以爲未能以情從理者也，而今乃知自然之不可革。

「以情從理」的意義可以有兩種解釋，一爲「情不違理」；二爲「以理化情」。「情不違理」即有情而無累；「以理化情」即無情。〔註18〕依上下文意當解作「以理化情」，即無情之義，可知王弼最先亦是主張聖人無情。然而此種無情說何以會轉變爲聖人有情？其中之關鍵依個人之推測有下面兩種原因：

其一是天道思想的轉變，因而對聖人人格的界定即有不同。「天人合一」思想乃是中國傳統思想中對聖人人格的要求，孟子說：「盡其心者知其性也；知其性則知天矣」（〈盡心篇上〉）。莊子說：「墮肢體、黜聰明，離形去知，同於大通」（〈大宗師〉）。「知天」，「同於大通」即是儒道兩家所描述的聖人境界，皆是經由一實踐體知的修養工夫而來，唯其差別在於儒家天人合一的聖人是由仁、義之道德主體擴充而至，故說「盡其心」。道家則是「爲道日損，損之又損，以至於無爲」（《老子‧四十八章》）的順任自然。直至兩漢在災異迷信思想下仍以天人合一思想爲要求的標準。董仲舒說：「天志仁，其道也義，爲人主者，予奪生殺，各當其義，若四時；列官置吏，必以其能，若五行；好仁惡戾，任德造形，若陰陽；此之謂配天。」（《春秋繁露‧天地陰陽》）各家思想雖有不同，然而其判定聖人之標準都是能否與天合一，認爲能與天合即是聖人。那麼魏晉時期判定聖人的標準又爲何？《世說新語‧文學》所記載的資料正可提供我們探索的線索，《世說新語‧文學》記載：

〔註16〕參見湯一介先生著《郭象與魏晉玄學》，頁20。
〔註17〕李澤厚先生認爲聖人有情、無情之辯起因於「滲透在當時詩樂中的人生悲哀之感，到了魏初成了玄學所思考的一大問題。產生了何晏與王弼等人關於「聖人」有情還是無情的論辯」，見《中國美學史‧卷二》，頁238。此說可供參考。
〔註18〕此說參見湯用彤先生著《魏晉玄學論稿》，頁82。

何平叔注《老子》，始成，詣王輔嗣，見王注精奇，迺神伏曰：「若
斯人，可與論天人之際矣！」因以所注為「道」、「德」二論。

由此可知「天人之際」必是當時所欲重新論定的問題，而「天人之際」所討
論的也正是天人合一的思想。故何晏注《論語·述而》「子曰：天生德於予，
桓魋其如予何」說「天生德者，謂授我以聖性，德合天地。」《論語》本文不
牽涉聖人配天，而注文則加以「德合天地」四字，可知何晏亦是主聖人必與
天合。

既然聖人與天合德，那麼對天道的看法不同，自然會影響對聖人人格特
質的界定。何晏的天道思想既同於王充的「天道自然無為」思想，則其所界
定的聖人人格特質自然不同於王弼的無、有合一論，因而對於聖人「有情」、
「無情」之辯乃不可避免。

其二為何晏所主「聖人無情」說必然產生與經典記載不合的矛盾現象。
當時人皆以孔子為聖人〔註19〕，故重《論語》。依《論語》所記載孔子之言行，
可知孔子不是一無喜怒哀樂之人，甚至有哀戚太過的情形，《論語·先進》說：

顏淵死，子哭之慟。從者曰：「子慟矣。」曰：「有慟乎？非夫人之
為慟而誰為？」

所謂「慟」即太過悲哀。王弼或即因此而產生了對「聖人無情」說的懷疑，
進而改變了「聖人無情」的主張，〔註20〕是故王弼在《論語釋疑》中已肯定
了聖人有情，王弼說：

夫喜、懼、哀、樂、民之自然，應感而動，則發乎聲歌。（《論語·
泰伯》注）

何晏、王弼雖一主「聖人無情」，一主「聖人有情」然而二人亦有其相同

〔註19〕 牟宗三先生說：「周彥倫（顒）曾言：「王、何舊說，皆云老不及聖，此蓋漢
代以來，相承之定論。班固漢書古今人表，將人品分為九等，列孔子為上上，
與堯舜禹湯文武同，而老子僅在中上，莊子更不待言，此種傳統之定論，王、
何、向、郭皆未嘗有異。」同註6，頁119。依牟先生之考證可知當時人皆以
孔子為聖人。

〔註20〕 林麗真先生認為王弼所以能夠獨樹一幟，主張「聖人有情」是本著王弼的聖人
觀念而來，同時由讀《論語》時得到證明以駁斥何晏之說。他說：「為什麼在
大家流行『聖人無情』說的時候，只有他能獨樹一幟，發表這番特殊的見解呢？
據我看來，也是本乎他的聖人的觀念而來。因為他對孔子的言行舉動及禮樂教
化，並未反對，且認為是聖人體無而言有的實際，所以當他讀《論語》的時候，
發現孔子對於顏淵感情的深厚……便由此啟發，找著了駁斥何晏、鍾會等的『聖
人無情』說的證據」，見《王弼及其易學》，頁59～60。與本人之推論不同。

之處，即是表面上推尊孔子爲聖人，私底下則以老莊的聖人特質代替了孔子的聖人人格特質。《世說新語・文學》記載：

> 王輔嗣未弱冠詣裴徽，徽問曰：「夫無者，誠萬物之所資，聖人莫肯致言，而老子申之無已，何邪？弼曰：聖人體無，無又不可訓，故言必及有。老莊未免於有，恆訓其所不足。

孔子非不言無，而孔子之生命表現，亦確有此「無」之化境，如云：「毋意、毋必、毋固、毋我。」（《論語・子罕》）「天何言哉，四時行焉，百物生焉」（〈陽貨〉）故王弼之言「聖人體無」，亦未必無據。〔註21〕然而孔子的「無之化境」是奠基於「仁體」而來，此仁體才是儒家道體所在，而道家則無此實體、道體存在，而直以境界上的「無」視作存在上的道體，此差別牟宗三先生言之甚詳，茲引述如下：

> 依孔子之教與儒者立場說，則孔子以「仁」爲體。客觀地言之，仁是天地萬物之本體；主觀地言之，孔子之生命全幅是仁體流行，此仁體名之曰道亦可，故曰仁道，亦是「天道」。述之以「一」亦可。「道」或「一」皆是外延的形式詞語，仁、誠、中，則皆是內容的實際詞語。此爲存在上的或第一序的體（實體、道體）。至於從孔子之踐仁、體仁上說，則「肫肫其仁，淵淵其淵，浩浩其天」已至「大而化之」之境……此如天無言而四時行，百物生，天地無心而成化，天道「顯諸仁，藏諸用，鼓萬物而不與聖人同憂，盛德大業至矣哉」！天如此，聖人亦如此。此無言、無心而渾化之天地氣象，以道家詞語說，即謂之「無」。有此「無」境始能繁興大用。對此繁興大用之爲用而言，則此「無」境即爲本爲體。此「無」之爲體是境界上的或第二序的體。故自第二序上說孔子體無，亦未始不可。但道家之言有無，並無第一序與第二序之分。兩層混而爲一，即以境界上的無之爲體，視作存在上的無之爲體。〔註22〕

因而道家的「無」是無法說明其實際內容爲何的，故僅能以「無形無名」稱之。王弼所謂的「無」亦是「無形無名」，可知王弼聖人體無的意義，只有道家之境界義，故牟宗三先生稱之爲「陽尊儒聖，而陰崇老莊」。〔註23〕

〔註21〕 參見顏國明先生著《魏晉儒道會通思想之研究》，頁39。
〔註22〕 同註6，頁120～121。
〔註23〕 此用牟宗三先生之語。王弼此種「聖人體無」思想，雖未盡儒聖之精義，然而

　　聖人雖能體無，然而仍不免有氣質之形軀。本體之無亦非死寂不動，仍有其「在方而法方，在圓而法圓」（《老子‧二十五章》）之用。而此用正所以使氣質之形軀得以成長而不妄作，道亦因此形軀生命的具體表現而呈現，此即所謂「性其情」、「崇本舉末」。如此一來，性即情，情即性，體用一如，此即王弼思想高於何晏之處，故湯用彤先生說：

> 王弼主體用一如，故動非對靜，而動不可廢。蓋言靜而無動，則著無遺有，而本體遂空洞無用。夫體而無用，失其所謂體矣。輔嗣既深知體用之不二，故不能言靜而廢動，故聖人雖德合天地（自然），而不能不應而動，而其論性情，以動靜爲基本觀念。聖人既應物而動，自不能無情。平叔言聖人無情，廢動言靜，大乖體用一如之理，輔嗣所論天道人事以及性情契合一貫，自較平叔爲精密。〔註24〕

是故王弼所謂的「聖人有情」之情乃非一般之情欲，而是能「應物而無累於物」。所以能應物而無累，乃是因爲聖人能夠不滯執，能隨時而動。故王弼說：

> 天也者，形之名也；健也者，用形者也。夫形也者，物之累也。有天之形，而能永保無虧，爲物之首，統之者豈非至健哉！大明乎終始之道，故六位不失其時而成，升降無常，隨時而用。處則乘潛龍，出則乘飛龍，故曰：「時乘六龍」也。乘變化而御大器，靜專動直，不失太和，豈非正性命之情邪？（《周易‧乾卦象傳》注）

王弼此注雖言天，其實亦可言之於人，形即人之氣質身軀，健即內在於人之母，以健用形爲天之性其情，以本舉末即人之性其情。聖人所以能夠性其情，使情能應物而無累於物，則是因爲聖人之「神明」茂於常人，「神明茂故能體沖和以通無」。

　　人之情除了喜怒哀樂之外，推而廣之尚有一切愛敬之情，喜怒哀樂之情不可免，則此愛敬之情亦不可無，唯此愛敬之情亦必以「無」爲本，因此在聖人體無而有情的主張下，對於當時的名教與自然的關係即可有一解決之道。

　　魏晉時代所用的「自然」，就人性而言，是指人的本性。所謂「名教」依

對儒聖之境界亦有點醒之功用，此爲牟宗三先生所說，茲引述如下：「唯漢儒以後儒者忙於禮樂教化，章句訓詁，而王者則忙於典章制度，經國大業，日疲於聖人之「跡」，而不知其「所以跡」。於聖人無爲渾化之境，全然不能正視其意義。遂成爲無源之死水，糾纏於聖人糟粕之中而不知其本源。於是乎聖人死矣。王弼出而以道家言指點而豁醒之，其功豈得謂小哉？」同註6，頁121。
〔註24〕　同註18，頁86。

張蓓蓓先生之考辯則當指：

> 一切「有名之教」，凡名分、名譽、名數以及由此而生的一切規矩法
> 度俱應包括在內。〔註25〕

名教之形成，肇因於兩漢察舉制度重人之德行，當時德行高下之論定，則取決於鄉里之清議，於是形成求名之風氣，故趙翼說：「蓋當時薦舉徵辟，必採名譽，故凡可以得名者，必全力赴之，好爲苟難，遂成風俗。」（《廿二史箚記・東漢尚名節條》）到後來，不僅名不符實，且成了束縛人心之工具，加以當時政治混亂，士人朝不保夕，因而對名教禮制已形成一種反抗的趨勢。如仲長統說：

> 安神閨房，思老氏之玄虛……消搖一世之上，睥睨天地之間，不受
> 當時之責，永保性命之期。如是，則可以陵霄漢，出宇宙之外矣。
> 豈羨夫入帝王之門哉。（《後漢書・卷三十九仲長統傳》）

由此可知當時有些人已對君臣之義加以否定，而企圖追求人生之逍遙，名教與自然之適性逍遙已相對。

又孔融說：

> 父之於子，當有何親？論其本意，實爲情欲發耳。子之於母，亦復
> 奚爲？譬如寄物瓶中，出則離矣。（《後漢書・卷六十孔融傳》）

此則不僅反對政治上的君臣之義，同時反對了日常生活的倫理規範。到了何晏、王弼已對此問題加以思考，並企圖加以解決。〔註26〕何晏的聖人無情說既主聖人不應物，自然無法解決此問題，相反的只能將名教與自然分爲二途。王弼的解決之道是將名教奠基於「無」，同時承認名教的合理性，其根據即在「崇本舉末」、「聖人體無而有情」。

王弼承認聖人有情應物，此即承認人生而有各種情感和人際關係，故王

〔註25〕 參見張蓓蓓先生著〈「名教」一詞的產生及其相關問題〉（此文收於《文史論文集》）頁396。

〔註26〕 余英時先生說：「名教與自然的問題在思想史上正式出現，何晏、王弼是最先提出這個問題的人」。見《中國知識階層史論》，頁330，何晏、王弼雖未用名教一詞，然而王弼所謂的「崇本息末」所用的末字即有名教之義，而自然一詞則爲王弼所常用，如「萬物以自然爲性」、「聖人達自然之性」（《老子・二十九章》注）等。可知余先生以自然與名教問題之提出始於何晏、王弼應當無誤。林麗眞先生對此觀點亦有說明，他說：「雖然王弼未曾正式用過『名教』一詞，但把『自然』與『形名、政教』當作一對哲學範疇提出來思辨，並作充分論述的，王弼則是開先例者」，同註8，頁69。

弼說：

> 自然親愛爲孝，推愛及物爲仁。(《論語・學而》注)

又說：

> 始制，謂樸散始爲官長之時也。始制官長，不可不立名分以定尊卑，故始制有名也。過此以往，將爭錐刀之末，故曰「名亦既有，夫亦將知止。」(《老子・三十二章》注)

孝、仁皆就人倫關係而言，「始制官長，不可不立名分以定尊卑」是就政治上之關係而言。王弼認爲人生即有仁、孝的本質，同時由於材質之不同，因而有官長名分之差別。此仁、孝、官長名分即是名教，名教既出於人之自然，即有其合理性。故名教是應被遵守的。然而在當時尙名以求譽的風俗下，禮制名教反成爲束縛人心的工具，同時人們亦已忘了本身所具有的仁、孝之質，而是以仁、孝爲追求利祿、名譽的工具，故王弼說：

> 夫敦樸之德不著，而名行之美顯尙，則修其所尙而忘其所譽，修其所道而冀其利。望譽冀利以勤其行，名彌美而誠愈外，利彌重心而愈競。父子兄弟，懷情失直，孝不任誠，慈不任實，蓋顯名行之所招也。(〈老子指略〉)

是故名教雖應該遵循，然而卻無法由正面來倡導，唯有絕棄名教之標舉，使人無心於爲，無心於爲即同於「道」，也就是「聖人體無」之境界，唯有如此才能摒除名教之爭尙，並進而保持名教，王弼說：

> 故仁德之厚，非用仁之所能也；行義之正，非用義之所成也；禮敬之清，非用禮之所濟也。載之以道，統之以母，故顯之而無所尙，彰之而無所競。(《老子・三十八章》注)

由此可知王弼的「崇本舉末」、「聖人體無而有情」的思想正是企圖爲當時的自然適性與名教制情的論爭加以調和。

第四節　王弼人性論的特色與缺失

王弼人性論的特色主要有二，一爲「天人合一」的自由境界的提出，二爲對於當時已被僵化了的道德仁義之豁顯。以下分別說明之：

一、「天人合一」的自由境界的提出：如前面第二節所說，王弼主張「天地以無爲心」、「人之眞性無爲」，所謂的「無」、「無爲」也就是內在於人的道性，

王弼認爲經由一虛靜的復本之工夫即能彰顯此道性而達到「天人合一」的境界，也就是「聖人體無」，達到此種境界即是「超越有限的自我而達到絕對無限的本體存在。」〔註27〕當人能夠體無而與道合時，即能完全達到萬物之本的道所具有的永恆遍在且「在方而法方，在圓而法圓」的自由境界，王弼說：

> 與天合德，體道大通，則乃至於窮極虛無也。窮極虛無，得道之常，則乃至於不窮極也。無之爲物，水火不能害，金石不能殘。用之於心，則虎兕無所投其爪角，兵戈無所容其鋒刃，何危殆之有乎。（《老子‧十六章》注）

窮極虛物也就是能夠不滯於物，並且能夠順物而與物化，能與物化則能無往不存，且水火不能害，金石不能殘，此實用於莊子〈大宗師〉所說的「登高不慄，入水不濡，入火不熱。是知之能登假於道者也若此」的逍遙自由境界。

二、對於道德仁義之豁顯：魏晉雖重名教，然而卻不能直接就人性上立論，以點醒人本身所具有的道德之性，反而將道德仁義僵化爲一形式標準，如此一來道德乃成爲外在化的道德，人心所本有的道德仁義反而隱晦不彰。王弼所提出的「自然親愛爲孝，推愛及物爲仁」正點明了人性本有此仁義道德，《老子指略》所說：

> 夫敦樸之德不著，而名行之美顯尚，則修其所尚而望其譽，修其所道而冀其利。望譽冀利以勤其行，名彌美而誠愈外，利彌重而心愈競。
>
> 父子兄弟，懷情失直，孝不任誠，慈不任實，蓋顯名行之所招也。

亦說明了道德仁義不可僵化爲一形式標準，否則人本身所具有的孝、慈之性即因而隱晦不彰。可知王弼對當時被僵化了的仁義道德之性實有一豁顯之功。

王弼人性論的缺失在於王弼雖能說仁義爲人固有之性，但卻不能瞭解此仁義乃內在於人之道德理性，當人能自覺此內在理性而擴充至「知性」、「知天」的境界之時，一切外在的名教即不再是束縛人心的工具，而只見其爲「聖人先得我心之所同然耳」（《孟子‧告子上》），爲人心所必然之抉擇，此時名教即自然，名教亦儘可客觀化。而王弼對此不能瞭解，故對仁義名教採取一「體無而有情」、「崇本舉末」的保存方式，如此一來仁義名教皆只是應跡，應跡則可有可無而無其必然性，因而對於當時自然與名教的衝突並不能真正的解決。〔註28〕

〔註27〕同註12，頁189。
〔註28〕此觀點乃參考牟宗三先生之說而來。同註6，頁123～124。

第五章　阮籍、嵇康的人性論

　　阮籍生於東漢獻帝建安十五年（西元 210 年），卒於魏元帝景元四年（西元 263 年），字嗣宗，陳留尉氏人。阮籍現存著作涉及哲學思想的主要有〈樂論〉、〈通易論〉、〈通老論〉、〈達莊論〉、〈大人先生傳〉。〈達莊論〉一篇更爲魏晉時代闡發莊子學的最早著作。〔註 1〕在〈達莊論〉與〈大人先生傳〉中，阮籍對當時的禮法都曾加以批判。

　　嵇康生於魏文帝黃初四年（西元 223 年），卒於魏元帝景元三年（西元 262 年），〔註 2〕字叔夜，譙國銍人。嵇康不喜歡注書，他的思想多以〈論〉的文體來闡述。主要文論有〈明膽論〉、〈釋私論〉、〈聲無哀樂論〉、〈養生論〉、〈答難養生論〉、〈難自然好學論〉等，此外不屬於論體的則有〈與山巨源絕交書〉、〈太師箴〉、〈家誡〉等。其中〈聲無哀樂論〉、〈養生論〉所探討的乃魏晉論辯的主要課題，《世說新語・文學》記載：

　　　舊云：「王丞相過江，只道聲無哀樂、養生、言盡意三理而已。」然
　　　宛轉關生，無所不入。〔註 3〕

─────────────

〔註 1〕　參見黃師錦鋐著《莊子及其文學・魏晉之莊學》，頁 166。
〔註 2〕　莊萬壽先生則主張嵇康生於黃初五年（西元 224 年），卒於景元四年（西元 263
　　　　年）。見《嵇康年譜》。
〔註 3〕　有關王導過江獨標三理之說，目前學術界有不同的看法，此亦可從兩方面加
　　　　以說明：一爲三理之作者問題：依《世說新語・文學》劉孝標注，則三理爲
　　　　嵇康的〈聲無哀樂論〉、〈養生論〉及歐陽建的〈言盡意論〉。湯一介先生則懷
　　　　疑三理皆爲嵇康所作，他說：「王應麟《玉海》卷三十六「晉易象論」條中載：
　　　　『嵇康作《言不盡意論》』。查影印宋紹興八年廣州黃莘據晏殊校定宋汪藻《世
　　　　說新語敘錄》有《考異》一卷，於中重出『王丞相過江左』條中『《言盡意論》』
　　　　爲『《言不盡意論》』。此段文末有宋齊時人敬胤之注，只有『《聲無哀樂》、《養

─59─

　　嵇康亦主張「越名教而任自然」（〈釋私論〉）對名教加以批判。進入正文之前，先對阮籍、嵇康所處的社會情形稍做說明，以便瞭解阮籍、嵇康對禮法、名教加以批判的原因。《世說新語・文學》記載：

> 阮籍遭母喪，在晉文王座，進酒肉。司隸何曾亦在座，曰：「明公方以孝治天下，而阮籍以重喪顯於公座，飲酒食肉，宜流之海外，以正風教。」文王曰：「嗣宗毀頓如此，君不能共憂之，何謂？且有疾而飲食酒肉，固喪禮也。」籍飲啖不輟，神色自若。

「以孝治天下」正是司馬氏用以統治世人的名教之一，而何曾引此欲陷阮籍於罪，認爲應當「流之海外，以正風教。」可知名教在當時儼然成爲判罪之律條。嵇康被殺，鍾會所羅織的罪名之一，亦是指責嵇康非毀名教，《晉書・嵇康傳》記載：

> 　（會）因譖「……康、安等言論放蕩，非毀典謨，帝王者所不容。宜因畔除之，以淳風俗。」

所謂「言論放蕩，非毀典籍」當是指嵇康所說的「每非湯武而薄周孔」（〈與山巨源絕交書〉）。湯武周孔之遺文聖訓，乃後世所依據以證明各種名教的合理性的，非湯武薄周孔即是對名教的批評。然而嵇、阮的作風乃是針對當時虛僞的名教而發，當時大力鼓吹名教之人實際上多爲破壞名教之人，鍾會即是其中之一。《三國志・魏書・鍾會傳》記載：「會兄毓，以四年冬薨，會竟未知問。」可知名教發展至此時已成爲虛僞的形式或禁錮人心的工具，已非發自人的眞性情，此即阮籍、嵇康反對禮法、名教的原因。

第一節　阮籍的人性論

　　阮籍的人性論思想主要見於〈達莊論〉和〈大人先生傳〉中，故本節所

生》二論並嵇康作』而於《言不盡意論》無注。據此王丞相過江條所道之三論或均爲嵇康所作」。見《郭象與魏晉玄學》，頁231。其二爲三理是否即爲三論：上一種說法均以三理即三論，何啓民先生則反對三理即三論。何先生說：「劉孝標注此三理，引嵇叔夜聲無哀樂論、養生論、及歐陽堅石言不盡意論爲說，似是實非。以此三論，不過就此理而成文者」。見《魏晉思想與談風》，頁158。何先生之說當較符合當時的學術特色，所謂〈論〉實乃對某一理之論辯，故同一理乃有不同之論，如論才性之理即有同、異、合、離四本論。唯嵇康在當時既爲學術思想的領袖人物，其對聲無哀樂、養生之理所發之論亦應造成普遍的影響。

論以這兩篇文章爲主。

阮籍承襲了兩漢以來的氣化論思想，認爲天地萬物都是由氣所生，他說：

> 自然一體，則萬物經其常。入謂之幽，出謂之章。一氣盛衰，變化
> 而不傷。是以重陰雷電，非異出也；天地日月，非殊物也。(〈達莊
> 論〉)

又〈大人先生傳〉說：

> 昔者天地開闢，萬物併生，大者恬其性，細者靜其形，陰藏其氣，
> 陽發其精。

阮籍主張「重陰雷電」、「天地日月」等萬物都是由元氣所產生，正因萬物爲元氣所產生，故雖有重陰雷電、天地日月等外形上的不同，然而其本質皆爲「氣」，故萬物非異出，皆同而不殊。由「自然一體」可知，阮籍將由元氣構成的宇宙整體稱之爲「自然」，〔註4〕由「萬物經其常」亦可知，阮籍認爲整個宇宙整體是一個有規律的、和諧的統一體。〔註5〕阮籍進一步對於此元氣化生萬物的神妙作用稱之爲「神」，他說「神者，天地之所以馭也」(〈達莊論〉)，又說「神者，自然之根也」(〈大人先生傳〉)。〔註6〕萬物由「氣」而生，且其變化神妙莫測即爲阮籍的理論重心。阮籍進一步即依此思想來分析人的性質，他說：

> 人生天地之中，體自然之形。身者，陰陽之精氣也。性者，五行之
> 正性也。情者，遊魂之變欲也。神者，天地之所以馭者也。(〈達莊
> 論〉)

所謂「體」即「體現」之義，〔註7〕阮籍認爲人本身即「自然」的體現，人的形體爲陰陽精氣的體現，性爲五行的體現。人所以能體現「自然」，其原因在於「自然」之本質是「元氣」，人的本質亦是「元氣」，故人與「自然」爲一。

阮籍雖然認爲人本身爲「自然」之體現，因而具有性、情、神等性質，然而阮籍對此性、情、神的內容爲何？並無進一步的說明，其人性論的重心轉而就人如何保持自然本性而立論，強調逍遙境界的獲得。

阮籍認爲「自然一體，萬物經其常」，宇宙是一個和諧的狀態，因而阮籍

〔註4〕參見丁冠之先生著《阮籍》(收於《中國古代著名哲學家評傳》)，頁123。
〔註5〕參見湯一介先生著《郭象與魏晉玄學》，頁49。
〔註6〕馮友蘭先生則認爲阮籍所說的「神」是指宇宙最高的主宰，見《新編中國哲學史》第四冊，頁105，與個人之理解不同。
〔註7〕此參考陳伯君先生著《阮籍集校注》，頁141之說而來。

亦認爲人類的社會本來是一個和諧而有規律的狀態，他說：

> 昔者天地開闢，萬物並生。大者恬其性，細者靜其形。陰藏其氣，
> 陽發其精。害無所避，利無所爭。放之不失，收之不盈。亡不爲夭，
> 存不爲壽。福無所得，禍無所咎。各從其命，以度相守。明者不以
> 智勝，闇者不以愚敗，弱者不以迫畏，強者不以力盡。蓋無君而庶
> 物定，無臣而萬事理，保身修性，不違其紀。惟茲若然，故能長久。
> （〈大人先生傳〉）

阮籍認爲在最初的社會中，雖然有明、闇、弱、強的差別，然而明、闇、弱、強四者皆能「保身修性、不違其紀」，各人依其材質而行，故「明者不以智勝，闇者不以愚敗，弱者不以迫畏，強者不以力盡。」整個社會亦在此「各從其命」、「不違其紀」的狀況下達到「庶物定」、「萬事理」的和諧狀態。在此和諧的社會中個人既都依其材質而行，則人的耳目之欲及名分之施亦皆合於理，他說：

> 凡耳目之者，名分之施，處官不易司，舉奉其身，非以絕手足，裂
> 肢體也。（〈達莊論〉）

耳目等官能性質之嗜欲只求「奉其身」以維持生命的存在，各種名分亦是因材質不同而有不同的職位所形成的。然而此種萬物各從其命，「庶物定」、「萬事理」的和諧規律狀態則因君臣之制及其所制定的禮法名分而破壞，他說：

> 今汝造音以亂聲，作色以詭形，外易其貌，內隱其情，懷欲以求多，
> 詐僞以要名。君立而虐興，臣設而賊生。坐制禮法束縛下民。欺愚
> 誑拙，藏智自神。強者睽而凌暴，弱者憔悴而事人。假廉而成貪，
> 內險而外仁。罪至不悔過，幸遇則自矜。馳此以奏除，故循滯而不
> 振。（〈大人先生傳〉）

阮籍認爲人所以不安其命而違其紀，其原因即在出於人爲造制而來的五音、五色及各種名分，因而使得本是順性而行的「處官不易司，舉奉其身」一變而成「外易其貌，內隱其情，懷欲以求多。」人由無知無欲轉成一充滿「機心」之人，此時即成一喪失本性而自身亦不得和諧之情形，他說：

> 然後世之好異者，不顧其本，各言我而已矣，何待於彼！殘生害性，
> 還爲讎敵，斷割肢體，不以爲痛。目視色而不顧耳之所聞，耳所聽
> 而不待心之所思，心奔欲而不適性之所安。（〈達莊論〉）

人所具有的耳、目、心等官能性質本是協和的，當其發用亦是合於理而不妄做，依其本性而行。然而有了人爲造制的五音、五色及禮法名分之後，耳、

目、心等官能性質受外物之引誘而不再依其本性而行，三者各求其所好，「目
視色而不顧耳之所聞，耳所聽而不待心之所思，心奔欲而不適性之所安」，因
而形成了「殘生害性」的情形。

　　人性之喪失既是肇因於人爲的造制與欲求，則恢復其本性的方法唯在泯
除此造制與欲求，而泯除之道不外虛靜，他說：

> 清靜寂寞，空豁以俟。善惡莫之分，是非無所爭。故萬物反其所而
> 得其情也。（同上）

能夠「清靜寂寞」則能夠不起分別之心，分別之心不起則能不分善惡，不爭
是非，故能「反其所而得其情」，各順其本性而行。此「清靜寂寞」即是「守
本」之工夫。而「守本」亦是阮籍〈達莊論〉的主要思想之一，〔註8〕他說：

> 至人者，恬於生而靜於死。生恬，則情不惑；死靜，則神不離。故
> 能與陰陽化而不易，從天地變而不移。生究其壽，死循其宜，心氣
> 平治，不消不虧。是以廣成子處崆峒之山，以入無窮之門；軒轅登
> 崑崙之阜，而遺玄珠之根。此則潛身者易以爲活，而離本者難以永
> 存也。（同上）

「離本」則難以永存，故人必須時時「守本」，而「守本」之道在於「潛身」
也就是「清靜寂寞」。能夠「守本」則能「心氣平治」，保持其本心之清和，
能保持本心之清和，則稟之於「自然」而來的「情」與「神」都能「不惑」、
「不離」。「情」、「神」不惑、不離，則人與自然合爲一體，無往而非我，故
能「與陰陽化而不易，從天地變而不移」。此即是一種逍遙之境界，此逍遙之
境界即是阮籍所追求的最終目標，故在〈大人先生傳〉中，阮籍亦重覆的描
述此天人合一所得的逍遙境地，他說：

> 泰初貞人，惟大之根，專氣一志，萬物以存。退不見後，進不覩先，
> 發西北而造制，啓東南以爲門。微道德以久娛，跨天地而處尊，夫
> 然成吾體也。是以不避物而處，所覩則寧；不以物爲累，所迫則成。
> 彷徉足以舒其意，浮騰足以逞其情。故至人無宅，天地爲客；至人
> 無主，天地爲所；至人無事，天地爲故。無是非之別，無善惡之異，
> 故天下被其澤，而萬物所以熾。

「至人」所以能「無宅」、「無主」、「無事」正是因爲「至人」能夠與陰陽化，
與天地變，無所執滯，「至人」能夠無滯執則又因爲他能「無是非之別，無善

〔註8〕參見黃師錦鋐著〈阮籍和他的達莊論〉，頁82。

惡之異」，能「專氣一志」，不為外物所引誘。

　　由以上之分析可知，阮籍認為一切出於人為的聲、色、禮制、名分都是人們喪失其本性的原因。聲、色、禮制、名分，使得人的耳、目、心智不再順本性之發用，而欲求過度，因而失其本而殘生害性，故必須有一清靜寂寞的恬靜工夫以恢復其本性，保持其「無為之心，而逍遙於一世。」(〈達莊論〉)

第二節　嵇康人性論的理論根據

　　嵇康人性論的理論根據是自然無為的氣化論思想。嵇康認為元氣為萬物產生的本源，他說：

　　　　夫元氣陶鑠，眾生稟焉。賦受有多少，故才性有昏明。(〈明膽論〉)

又說：

　　　　浩浩太素，陽曜陰凝，二儀陶化，人倫肇興。(〈太師箴〉)

「太素」也就是元氣，張衡說：「太素始萌，萌而未兆，並氣同色，渾沌不分，故《道志》之言云：『有物混成，先天地生』。其氣體固未可得而形，其遲速固未可得而紀也。如是者永久焉。斯謂龐鴻，蓋乃道之幹也。道幹既有，萬物成體。於是元氣剖判，剛柔始分……天體於陽，故圓以動；地體於陰，故平以靜……堙鬱構精，時育庶類。」(〈靈憲〉)張衡此處即以太素和元氣互用，可知太素即元氣，唯漢人於太素之前尚有太易、太初、太始等階段，[註9]嵇康則摒除不談。對於此陰陽之氣的運行、陶鑠眾生的情形，嵇康認為是自然和諧的，他說：

　　　　古之王者，承天理物，必崇簡易之教，御無為之治。君靜於上，臣
　　　　順於下，玄化潛通，天人交泰。枯槁之類，浸育靈液，六合之內，
　　　　沐浴鴻流，蕩滌塵垢，群生安逸，自求多福，默然從道，懷忠抱義，
　　　　而不覺其所以然也。(〈聲無哀樂論〉)

嵇康承襲了聖王法天而治的思想，主張王者「承天理物」。古代聖王法天所得的治道是簡易，無為，那麼天地的運行也就是自然，故嵇康又說：

　　　　故吾謂古人合德天地，動應自然，經世所立，莫不有徵。(〈答釋難
　　　　宅無吉凶攝生論〉)

〔註9〕　《易緯・乾鑿度》說：「易有太易，有太初，有太始，有太素」，可知漢人於太素之前尚有太易、太初、太始等階段。

魏晉時代「自然」一詞極為流行，所用的意義隨各人而有不同，如何晏所引夏侯玄之語：「天地以自然運，聖人以自然用。自然者，道也。」(〈無名論〉)王弼亦說：「道不違自然，乃得其性也。」(《老子‧二十五章》注)，二人皆以「自然」為「道」。然而何晏所說的「自然」是指天地陰陽的運行狀態。王弼所說的「自然」則是天地萬物恃以化生的根本。嵇康此處所說的「合德天地，動應自然」的思想同於何晏，以「自然」指天地陰陽二氣的運行狀態，而非同於王弼以「自然」為萬物化生之本，此由嵇康直接以陰陽二氣之陶化說萬物之化生，而未曾說萬物之化生必須以「自然」為本即可明瞭。

今人侯外廬先生以為嵇康的思想中有一超時空、獨立於現實世界之外的「至」的世界，他說：

> 於是嵇康的唯心主義的二元論，不得不在「常」的存在以外，再承認有「至」的存在。換句話說，就是「尋常」與「特殊」的並行不悖。在陶鑠、曜凝、陶化、合德、代往，種種運動變化以外，不得不承認有超時空的不變……運動變化的是「常」的世界，是現實世界；而超時空的絕對是「至」的世界、概念的世界。在嵇康的思想中，世界便分裂為這樣的兩個，他企圖脫離「常」的現實的世界，而向「至」的概念世界飛升。這樣就可以否定客觀的存在，而只有神氣獨往獨來了。〔註10〕

侯外廬先生認為嵇康有一超時空不變的「至」的概念世界存在，並舉「至物微妙，可以理知，難以目視」(〈養生論〉)、「至和之聲，得於管絃」(〈聲無哀樂論〉)、「至人特鍾純美」、「至明能無所惑，至膽能無所虧」(〈明膽論〉)、「至理誠微，善溺於世」(〈答難養生論〉)等為證。〔註11〕然而嵇康所說的至人、至明、至膽、至物、至和，都是建基於現實世界的事物，所謂的至理亦不同於王弼所說的「用夫自然，舉其至理」(《老子‧四十二章》注)的意義，王弼的至理具有超現實世界的本體義，而嵇康所說的至理則只是養生之理，他說：

> 夫至理誠微，善溺於世，然或可求諸身而後悟，校外物以知之。人從少至長，降殺、好惡有盛衰。或稚年所樂，壯而棄之；始之所薄，終而重之。當其所悅，謂不可奪；值其所醜，謂不可歡，然還城易

〔註10〕見侯外廬先生主編《中國思想通史》第三卷，頁168～169。
〔註11〕同註10。

地,則情變於初……若以太和爲至樂,則榮華不足顧也;以恬澹爲
至味,則酒色不足欽也。苟得意有地,俗之所樂,皆糞土耳,何足
戀哉。(〈答難養生論〉)

「至理」所指的即是此「得意有地,俗之所樂,皆糞土耳」的養生之理。可
知嵇康的思想中雖有一超時空的「至」的概念世界,然而此超時空的至的概
念世界並非與現實世界分裂爲二,嵇康之本意實在提升或轉化現實世界,而
非否定現實世界。

第三節　嵇康的性、情、心論及「越名教而任自然」的思想

何啓民先生曾歸納嵇康所用「性」字的意義,並且認爲嵇康所用「性」
字的意義涵蓋了自古以來「性」字的意義,他說:

自古以來未有「性」字之初,以「生」爲性;既有「性」字以後,
義亦同「生」。遂引申而爲生所稟受,謂善惡材質也;再反之於心體,
明所本然,此「性」之三義也。叔夜言「性」,於此三義,莫不具足。
〔註12〕

此外何啓民先生也對嵇康所用的「情」字加以摘錄分析,並且說:

叔夜……以性屬生有,因情得見,用「情」字處益增于用「性」字
者矣,而不可盡舉。〔註13〕

可知何啓民先生認爲嵇康是將「情」視爲「性」的外現。然而嵇康所用的「情」
字,是否皆可視爲「性」的外在表現呢?嵇康說:「性動者遇物而當」(〈答難
養生論〉),由此可以知道嵇康是承認性動的合理性的,而性動也就是情,依
此推論可知嵇康必定是承認情的合理性,然而嵇康卻又說:「鑒乎古今,滌情
蕩欲」(〈卜疑〉)、「未有攻肌之慘,駭心之禍,遂莫能收情以自反,棄名以任
實」(〈釋私論〉)。嵇康既然主張「滌情」、「收情」,此情必定不是性之動,因
此嵇康所用的「情」字並不必然同於「性」字,爲性的外現。

繼何啓民先生之後,曾春海先生也對嵇康的人性論思想加以研究,並進
一步確定了嵇康所用的「性」與「心」的內容,他說:

〔註12〕見何啓民先生著《竹林七賢研究》,頁86～87。
〔註13〕同註12,頁95。

嵇康的人性論屬告子「生之謂性」的思路，涵攝了生所稟受的自然
生理之性、個人氣稟有別的才性及能返照與道通合為一的虛靜心。
〔註14〕

曾先生對嵇康的人性觀的分類大抵無誤，然而曾先生卻將嵇康「越名教
而任自然」的人性思想當做是回歸於原始質樸之氣性而已，並以此為嵇康所
主張的天人合一的人性思想，他說：

在嵇康的思想裡，前乎名分的制定及禮教規創下的人性，或是雖性
動而不用智徇私的人性，才是人最原始而真摯的本性。他對觀察所
得及其自身體驗到的人之真實而自然的本性做了描述，所謂「人性
以從欲為歡」，然而「人之真性無為，正當自然」。〔註15〕

又說：

嵇康以人本之自然的性，視為「人之真性」，即是將「人性」問題與
宇宙本體問題聯繫起來的。〔註16〕

嵇康「越名教而任自然」的主張本即可包含此種質樸之性的回歸，然而
此並非嵇康的終極目的，嵇康的最終目的是在與天道合，由合於天道的自然
來保障此氣性的質樸自然本性，嵇康說：

故被天和以自言，以道德為師友，玩陰陽之變化，樂長生之永久，
因自然以托身，並天地而不朽者，孰享之哉。（〈答難養生論〉）

嵇康所主張的「越名教而任自然」的最終目標即在此「因自然以托身」，
此是一與道合之境界，而非只是歸於原始的自然氣性。至於嵇康所用「情」
字的意義曾先生亦採何啟民先生的說法，他說：

至於「情」與「性」的關係在於「性」雖生而有之，因「情」而得
見。「性」是「情」之所發處，「情」是「性」的顯現處。〔註17〕

亦未能盡嵇康所用「情」字的意義，是以對嵇康所用性、心、情三字的意義，
有重新加以分析之必要，必經由此分析，才能使我們對嵇康所主張的「越名教

〔註14〕見曾春海先生著《嵇康的人性觀》（收於《中國人性論》一書中），頁200。
〔註15〕同註14，頁211。曾先生所引嵇康〈難自然好學論〉原文之「人之真性無為，
正當自然」。依殷翔、郭全芝《嵇康集注》，頁269之說，嵇康原文應為「則
人之真性無為，正當自然耽此禮學矣」，而此現存之原文「為」、「正」二字則
為訛字，為字當作偽，正字當作不字。
〔註16〕同註14，頁212。
〔註17〕同註14，頁202。

而任自然」的人性思想，獲得較爲詳確的瞭解，以下首論嵇康所用「性」字的意義。

嵇康所用「性」字的意義與人性論有關者可分爲兩類：

一、指官能之性質，如：

> 六經以抑引爲主，人性以從欲爲歡。抑引則違其願，從欲則得自然。
> （〈難自然好學論〉）

此「性」是順人的情欲而顯，然而嵇康此處所說的欲，並不是出於人的情識心而來的情欲，人既爲一形質生命，即有維持此形質生命的各種官能欲望，此種感官欲望是自然而然的，故嵇康說：「感而思室，飢而求食，自然之理」（〈答難養生論〉）。是以人能夠從欲就能得其自然。此種情欲既然非智識心所生，只是感官欲望的自然反映，那麼也就不可能有縱欲的情形，故嵇康說：

> 夫不慮而欲，性之動也。識而後感，智之用也。性動者，遇物而當，
> 足則無餘。智用者，從感而求，勘而不已。（〈答難養生論〉）

「足則無餘」正說明了順著官能之性質而發的欲望是不會產生縱欲的情形的。

二、指材質之性能，如：

> 夫元氣陶鑠，眾生稟焉，賦受有多少，故才性有分明。唯至人特鍾
> 純美，兼周內外，無不畢備。降此已往，蓋闕如，或明於見物，或
> 勇於決斷。人情貪廉，各有所止，譬諸草木，區以別矣。（〈明膽論〉）

「才性」即是人稟之於元氣而得的材質之性，嵇康的才性思想可以說是繼承了劉邵《人物志》的才性思想，《人物志》一書的理論大抵有下列四點特色，一、人的材質決定於陰陽五行之氣。二、稟氣多寡不同，故有聖人，兼材、偏材等類別。三、氣性有陰陽之別，故有英、雄之差別。四、人的才性不可改變。此四種思想都可見諸於嵇康的〈明膽論〉中，他說：

> 夫五才存體，各有所生。明以陽曜，膽以陰凝。

此即認爲人的材質決定於五行之氣及陰陽不同的氣性，五才不同，故個人之表現亦不同，此即「各有所生」。陰、陽氣性不同，故有明、膽之別。此是就材質的不同性說明其原因。「至人特鍾純美，兼周內外，無不畢備。降此已往，蓋闕如，或明於見物，或勇於決斷」（同上），即是就稟氣之多寡不同而區分類別，至人稟氣純美也就是聖人之質，其餘明，膽則是偏材之人。材質既然決定於初生時的氣稟，既生之後，氣分已固定，故材質亦不能轉移，唯有各守其分。故嵇康又說：

兼之者博於物，偏受者守其分。故吾謂明、膽異氣，不能相生。

兼，偏即是依材質多寡不同而來的區別。異氣不能相生，即才性不可移轉。不可移轉，故偏受者唯有守其分。由此分析可知嵇康的才性思想多同於劉卲。〔註18〕

　　總結以上之分析可知嵇康所用「性」字的意義是指人的官能之性質，及材質之性能，唯此官能之性質及材質之性能皆屬氣性一路，並無道德理性的存在，故要能保持其發用時能「遇物而當」，能順其自然之性質而不過分的關鍵，則在於人心能否保持其虛靜。下面接著即討論嵇康所用「心」字的意義，依個人之分析亦可分為兩類：

　　一、以心指虛靜之本心，如：

　　　　夫稱君子者，心無措乎是非，而行不違乎道者也。何以言之，夫氣
　　　　靜神虛者，心不存乎矜尚；體亮心達者，情不繫於所欲。（〈釋私論〉）

「無措乎是非」、「不存乎矜尚」的心，即是一虛靜之心，此虛靜之心並非是一靜止不動之心，而是一不受雜染的靈明之心，此靈明之心對於外在的一切事、物只起一觀照的作用，萬有在此心之前各自呈現其本性，亦在此心的觀照下顯其各自圓滿而無差別。是故由此虛靜心之觀照下，一切應物而感的性動之情，即能不沾滯於所欲之物。不沾滯，故能「遇物而當，足則無餘。」然而人心尚有智的作用，當此智的作用不能止於恬靜之時，人之心乃轉成為「智識心，此即嵇康所用「心」字的第二義。

　　二、以心指智識心，如：

　　　　又讀老莊，重增其放，故使榮進之心日頹，任實之情轉篤。（〈與山
　　　　巨源絕交書〉）

「榮進之心」即是一智識之心，由於有智的作用，故能對外在的事物形成一種分辨，有了分辨之後即對事物有所抉擇，是故有各種聲色、名利之追求及是非、

─────────────────

〔註18〕馮友蘭先生認為嵇康之〈明膽論〉亦屬於才性四本之辯的「才性合」派，他
　　　　說：「嵇康說：『明膽異氣，不能相生』，就是說明和膽是兩種不同的『氣』生
　　　　出來的，所以不能相生。嵇康的這種說法和劉卲、袁準的說法都是一致的。
　　　　大概這就是『才性合』的說法」。見《中國哲學史新編》第四冊，頁25。莊萬
　　　　壽先生則主嵇康〈明膽論〉之思想為才性離派，他說：「主張明與膽無關，不
　　　　能相生，明只是萬物的分析，而膽是事物的決行，是才性離中的離派，與王
　　　　廣相同。」見《嵇康年譜》，頁171。才性四本之辯的確實內容今日已難詳知，
　　　　嵇康〈明膽論〉是否可歸入才性四本之中亦難確定。故本文僅論其〈明膽論〉
　　　　之來源而不討論其是否與四本論有關。

善惡的判斷，人之生命亦因而紛擾不已。然而此種心智本是一恬靜之狀態，其後由於外物之干擾而使得人的心智不再止于恬靜，而是一變動不已之狀態。依嵇康看來，大道陵遲之後所制定的名教即是干擾此心智的外物，他說：

> 昔洪荒之世，大樸未虧。君無文於上，民無競於下，物全理順，莫不自得，飽則安寢，飢則求食，怡然鼓腹，不知爲至德之世也。若如此，則安知仁義之端，禮律之文？及至人不存，大道陵遲，乃始作文墨，以傳其意，區別群物，使有類族；造立仁義，以嬰其心；制爲名分，以檢其外；勸學講文，以神其教。故六經紛錯，百家繁識，開榮利之途，故奔騖而不覺。（〈難自然好學論〉）

嵇康認爲在最初的時候整個人類的社會是一個「君無文於上，民無競於下，物全理順，莫不自得」的社會，此時人之心智即是一止于恬靜的狀況，故人處於一與理順的無知無欲的狀態，無知無欲，故無奔競。後來由於至人不存，人類的社會不再是一無文的社會，而是一個有族類之別，仁義、名分及教化的社會，人們有了應守的仁義、名分，人之心智亦因此而起，心智一起亦漸漸成爲一糾纏於嗜欲之心智，人之生命在此糾纏於嗜欲與思慮的心智主宰下，即成爲一奔騖不已之生命，人之本質也因而隱晦不彰，嵇康說：

> 心以制於所攝，而情有繫於所欲，咸自以爲有是而莫賢乎己。未有攻肌之慘，駭心之禍，遂莫能收情以自反，棄名以任實。乃心有是焉，匿之以私；志有善焉，措之爲惡。（〈釋私論〉）

人之心本是一與「道」合的虛靜心，卻因此智識的發用而被隱匿，人之情本是「性動者遇物而當，足則無餘」的，是能夠不沾滯於外物的，然而亦因此智識的發用，使人之情繫於所欲，此時之情已不再是性之動，亦即不再是性的外現，而是一種「智用者從感而求，勌而不已」的智用之情，也就是一種智情。是故嵇康所用「情」字是有不同意義的，嵇康所說的「措善之情」、「隱匿之情」（〈釋私論〉）、「偏情」（〈聲無哀樂論〉）「是非之情」（〈答難養生論〉）皆是智用而生的智情，而非性動之情。〔註19〕對此此種智用而來的智情，由

〔註19〕蕭登福先生亦主張嵇康之性情應分爲二，他說：「嵇生將人之性情分之爲二，一曰『性之動』，一曰『智之用』。所謂『性之動』者，本能之需求是也。乃良知良能，不思而得，不爲而成者也。易言之，亦即生理之需求也。所謂『智之用』則爲經過分別心之作用而後產生之慾求也。此乃屬諸後天者，恆受時空之支配，隨環境之變遷而變遷。易以今語，則心理之需求是也。」見《嵇康研究》頁，105。

於人們所持的態度不同，嵇康亦區分為公、私兩種不同類型，他說：

> 故論公私者，雖云志道存善，心無凶邪，無所懷而不匿者，不可謂
> 無私。雖欲之伐善，情之違道，無所抱而不顯者，不可謂不公。今
> 執必公之理，以繩無不公之情，使夫雖性（依魯迅校當作為）善者
> 不離于有私；雖欲之伐善不陷於不公。（〈釋私論〉）

公、私之分並不在於此智情所追求者的好壞，而在於對此嗜欲之追求所把持的態度，若是以智情所追求者來區分，則志道存善之人當稱之為「公」，而欲之伐善，情之違道的人當稱之為「私」。而嵇康則稱前者為「私」，後者為「公」，乃是因為前者對嗜欲之追求抱著隱匿的態度，而後者則把持一坦蕩不匿的態度。然而不論公、私皆是一智用之情，以此智用之情對比於順自然而無知無欲者乃有差別，故亦可有是、非之對比，嵇康說：

> 或問曰：第五倫有私乎哉？曰：「昔吾兄子有疾，吾一夕十往省，而
> 反必寐自安；吾子有疾，終朝不往視，而通夜不得眠。若是，可謂
> 私乎？非私也？」答曰：「是非也，非私也。夫私以不言為名，公以
> 盡言為稱，善以無吝為體，非以有措為負。今第五倫顯情，是非無
> 私也（依魯迅校：非字當衍），矜往不眠，是有非也。無私而有非者，
> 無措之志也（依牟宗三先生之說，無措之上當有一非字）。夫言無措
> 不齊於必盡也；言多吝者不具于不言而已也。故多吝有非，無措有
> 是。然無措之所以有是，以志無所尚，心無所欲，達乎大道之情，
> 動以自然，則無道以至非也。」（〈釋私論〉）

顯情之人由於其情是智用之情，故仍有矜吝，有矜吝即是有措，故有非。唯有「志無所尚，心無所欲」的無措之人才能夠無矜吝，無矜吝故能無措而與自然之道合，此即嵇康所追求的最高人格，也就是君子，他說：

> 夫稱君子者，心無措乎是非，而行不違乎道者也。何以言之？夫氣
> 靜神虛者，心不存乎矜尚；體亮心達者，情不繫於所欲。矜尚不存
> 乎心，故能越名教而任自然，情不繫於所欲，故能審貴賤而通物情。
> 物情順通，故大道無違；越名任心，故是非無措也。（同上）

唯此君子之求得是經由一「氣靜神虛」的虛靜工夫而來，有此虛靜工夫才能使心回復其本來的虛靜狀態，有此虛靜心的回歸，使得人之情完全是性動之情，能夠不繫於所欲，心不存乎矜尚與情不繫於所欲一體呈現而無先後之別，

任自然亦兼涵此心與情而言,而非只是任自然質樸的氣性。〔註 20〕此時之君子儘可依其情而應物,名教亦可有其合理性,雖應物亦不妨礙其與物情順通而不沾滯的逍遙境界。嵇康說:

> 至人不得已臨天下,以萬物爲心,在宥群生,由身以道,與天下同於自得,穆然以無事爲業,坦爾以天下爲公。雖居君位,饗萬國,恬若素士接賓客也;雖建龍旂,服華袞,忽若布衣在身。故君臣相忘于上,蒸民家足于下,豈勸百姓之尊己,割天下以自私、以富貴爲崇高,心欲之而不已哉。(〈答難養生論〉)

「至人」雖然「居君位,饗萬國」、「建龍旂,服華袞」,卻仍然能夠「與天下同於自得」,無往不逍遙。

第四節　養心與養生

養生乃是魏晉時代的社會風氣,嵇康之前何晏等已經服食五石散以養生,《世說新語·文學》記載:「何平叔云:『服五石散,非唯治病,亦覺神明開朗。』」嵇康的養生思想主張形、神並養,他說:

> 形恃神以立,神須形以存。悟生理之易失,知一過之害生。故修性以保神,安心以全身。(〈養生論〉)

〈養生論〉及〈答難養生論〉中亦有涉及形之養者,如〈養生論〉中說:

> 且豆令人重,榆令人暝,合歡蠲忿,萱草忘憂,愚智所共知也。薰辛害目,豚魚不養,常世所識也。虱處頭而黑,麝食柏而香,頸處險而癭,齒居晉而黃,推此而言,凡所食之氣,蒸性染身,莫不相應。豈惟蒸之使重而無使輕,害之使暗而無使明,蒸之使黃而無使堅,芬之使香而無使延哉!故神農曰:「上藥養命,中藥養性」者,誠知性命之理,因輔養以通也。

〔註20〕 馮友蘭先生將嵇康〈釋私論〉的思想分爲兩個層次,他說:「第一個層次是『越名教而任自然』,第二個層次是『審貴賤而通物情』。第一個層次,是就個人與社會的關係說的……這就是說一個人應該順著他的自然本性生活下去……不要理會社會上的批評和贊揚,這就叫『心無措乎是非』。第二個層次是就人和宇宙的關係說的,人和物說的……人應該『審貴賤而通物情』能夠物情順通,就與大道無違。」見《中國哲學史新編》第四冊,頁78。個人認爲「心無措乎是非」實即同於物情順通之境界,所謂越名教而任自然,「心無措乎是非」是指心無是非之見,而非指不理會社會上的批評和贊揚。

然而嵇康養生思想所強調的並不在形軀之養，而是在於神之養。嵇康養
生思想所涉及的實多為性、情、心之理論，其養生的最終目的也不在神仙的
追求，而在於逍遙境界的追求。

嵇康認為人所以不能盡其天年，一方面是因為生理上的聲色滋味太過，
一方面則是因為心理上的喜怒、思慮等的傷害，他說：

> 世人不察，惟五穀是見，聲色是耽。目惑玄黃，耳務淫哇，滋味煎
> 其腑臟，醴醪煮其腸胃，香芳腐其骨髓，喜怒悖其正氣，思慮銷其
> 精神，哀樂殃其平粹。夫以蕞爾之軀，攻之者非一途；易竭之身，
> 而外內受敵，身非木石，其能久乎。（同上）

聲色、滋味的情欲追求及喜怒、思慮的心理作用依嵇康看來都不是人性本能的
反應，而是出於人之智用而來的情欲及思慮，故對人的生命產生了迫害，他說：

> 難曰：「感而思室，飢而求食，自然之理也。」誠哉是言！今不使不
> 室、不食，但欲令室、食得理耳。夫不慮而欲，性之動也；識而後
> 感，智之用也。性動者遇物而當，足則無餘；智用者從感而求，勌
> 而不已。故世之所患，禍之所由，常在於智用，不在於性動。今使
> 瞽者遇室，則西施與嫫母同情；聵者忘味，則糟糠與精粹等甘，豈
> 識賢愚好丑，以愛憎亂心哉。（〈答難養生論〉）

人作為一個存在物，必須有室、食之要求以維持生命，此種室、食之要求不
僅不是生命損害的禍端，相反的卻是生命得以延續的原因，此種維持生命所
必須的室、食之本能情欲只要能獲得滿足即可，故嵇康說「性動者、遇物而
當，足則無餘。」由此可知前面所說的對生命造成禍害的聲色，滋味等的追
求絕不是生命本能情欲的反映，而是出於人的智用，因而嵇康將養生之困難
全歸之於人的心智之作用，他說：

> 養生有五難：名利不滅，此一難也；喜怒不除，此二難也；聲色不
> 去，此三難也；滋味不絕，此四難也；神虛精散，此五難也。五者
> 必存，雖心希難老，口誦至言，咀嚼英華，呼吸太陽，不能不迴其
> 操，不夭其年也。五者無於胸中，則信順日濟，玄德日全，不祈喜
> 而有福，不求壽而自延，此養生大理之所效也。（同上）

名利、聲色、滋味乃起於人的心智判斷，由心智對外在事物的區別乃有名利、
好色、美味的出現，伴隨著名利、聲色、滋味的判斷而來的則是對此名利、
聲色、滋味的追求，有追求即有得失，有得失亦因而有喜怒，人的精神即在

如何獲得名利、聲色、滋味的思慮及由追求之得失而來的喜怒之傷害下而神虛精散。生命困頓的原因既在於人的智欲，因此即使有「咀嚼英華，呼吸太陽」的形軀之養，亦不能不「夭其年」。由此亦可知嵇康養生思想所偏重者是神之養，也就是心之養，而養心之道不外虛靜、寡欲，他說：

> 善養生者……清虛靜泰，少私寡欲。知名位之傷德，故忽而不營，非欲而強禁也；識厚味之害性，故棄而弗顧，非貪而後抑也。外物以累心不存，神氣以醇白獨著，曠然無憂患，寂然無思慮。又守之以一，養之以和，和理日濟，同乎大順。（〈養生論〉）

養生之道既在於養心，則養生所獲得的成果亦不僅能延壽，更能夠獲得一與自然之道合一的逍遙境界，如〈答難養生論〉所說：

> 故被天和以自言，以道德為師友，玩陰陽之變化，樂長生之永久，因自然以托身，並天地而不朽者，孰享之哉。

此即是一逍遙境界，也就是嵇康養生思想的最終目標。嵇康的養生思想「仍然是同魏晉玄學對個體理想人格的追求這一主題分不開的」。〔註21〕

第五節　嵇康人性論的特色與缺失

嵇康人性論思想的特色一如阮籍，是在於逍遙思想的提倡，如前章王弼的人性論中所說，王弼的人性論思想中已具有與天合德則能有「水火不能害，金石不能殘」的逍遙境界，然而此種逍遙境界王弼未曾多說，王弼人性論的重心所在是「性其情」的思想。此逍遙境界到了阮籍、嵇康才獲得進一步的發展，故嵇康的詩文中多表現此種思想，如：

> 絕智棄學，遊心於玄默。過而復（依殷翔、郭全芝校當作不）悔，當不自得。（〈重作六言詩十首・第五首〉）

> 至人遠鑒，歸之自然。萬物為一，四海同宅。（〈贈兄秀才入軍十八首、第十八首〉）

> 齊物養生、與道逍遙。（〈四言詩〉）

> 淵淡體至道，色化同消息。（〈五言詩〉）

> 齊萬物兮超自得，委性命兮任去留。（〈琴賦〉）

〔註21〕見李澤厚、劉綱紀主編《中國美學史》第二卷，頁202。

所謂「遊心於玄默」，即遊心於道，此時人不再對其所遇之事物有得失之分，故能「過而不悔，當不自得」，能夠視「萬物為一」故能無往而不逍遙。

嵇康的逍遙思想除了強調與道契合以外，亦隱涵了順性、安命的意思，他說：

> 故君子百行，殊塗而同致，循性而動，各附所安。（〈與山巨源絕交書〉）

「循性而動，各附所安」即是一種順性、安命之思想。

嵇康人性論的缺失在於過分強調個體自由的獲得，因而將「欲之伐善，情之違道，無所抱而不顯著」視為「公」，而將「志道存善，心無凶邪，無所懷而不匿者」視為私。認為前者優於後者。嵇康忽略了違道之情正是造成社會混亂以及生命困頓的最主要原因。「志道存善」之人則可經由此「志道存善」的工夫來節制自己的情欲，苟人人皆能做此「志道存善」的工夫，則可消泯社會混亂的情形。

第六章　張邈、向秀、裴頠的人性論

　　魏晉自正始時期的何晏、王弼至竹林時期的阮籍、嵇康都以「自然」論人性，如王弼云：「萬物以自然爲性」（《老子‧二十九章》注），嵇康云：「人性以從欲爲歡……從欲則得自然。」（〈難自然好學論〉）自然之性也就是人所稟受之本性。但是以「自然」稱謂人性實無法確切說明人的本性爲何。且以「自然」稱謂人性，由於各人對「自然」的界定不同，人性之主張乃因而有種種歧出之可能。

　　由上一章可知嵇康將「越名教而任自然」的思想與養生聯繫在一起，養生乃魏晉時代的重要論題，爲當時士人所注重，是故嵇康與阮德如有攝生之辯，〔註1〕王導過江所標三理，養生即其中之一，可知養生思想在當時的盛行。嵇康的形上思想雖不主「無生有」，然而〈養生論〉所主張的：「清虛靜泰，少私寡欲。知名位之傷德，故忽而不營……外物以累心不存，神氣以醇白獨著，曠然無憂患，寂然無思慮。又守之以一，養之以和，和理日濟，同乎大順」的思想，必然更加強了任自然的貴無思想，社會上亦形成放蕩不拘的情形。是故乃有人從人性自然的思想基礎上另立一與王弼，嵇康不同的主張，以挽救名教的危機，如張邈的〈自然好學論〉、向秀的〈難養生論〉、裴頠的〈崇有論〉皆從自然人性論的理論來證明名教的合理性。他們所謂的自然之性是偏就經驗主義的情欲之性來界定的，以下分別說明之。

〔註 1〕 嵇康與阮德如之論辯始於阮德如所作〈宅無吉凶攝生論〉，嵇康因阮文而作〈難宅無吉凶攝生論〉，二人往復答辯，阮復作〈釋難宅無吉凶攝生論〉，康又答以〈答釋難宅無吉凶攝生論〉。攝生之道竟涉及宅有無吉凶，可知當時養生之盛行。

第一節　張邈的人性論

　　張邈字叔遼，鉅鹿人，他的生卒年已無可考。據荀綽《冀州記》所載「（張邈）為人弘深有遠識，恢恢然，使求之者莫之能測也。」〔註2〕可知張邈亦是善於談論之人。其著作今日可見者僅有一篇收於《嵇康集》中的〈自然好學論〉。

　　張邈亦以「不教而能」者為人之自然之性，然而其所謂的自然之性是一由經驗認知而得的情欲之性，他說：

　　　　夫喜、怒、哀、樂、愛、惡、欲、懼，人情之有也。得意則喜，見
　　　　犯則怒，乖離則哀，聽和則樂，生育則愛，違好則惡，飢則欲食，
　　　　逼則恐懼，凡此八者，不教而能，若論所云，即自然也。

人生而有形質生命，乃有自然生理之欲望需求。有形質生命亦不能不應物，應物而情動，因而有喜、怒、哀、樂、愛、惡、欲、懼之表現。張邈既以此人之情動的表現論人性，可知張邈是採經驗認知的立場論人性，其人性論的特色即在此以情欲為人性的內容。喜、怒、哀、樂、愛、惡、欲、懼既是出於人之應物而動，亦可說是「不教而能」的，亦可稱之為自然。此亦為嵇康所承認，嵇康說：

　　　　夫喜、怒、哀、樂、愛、憎、慚、懼，凡此八者，生民所以接物傳
　　　　情，區別有屬，而不可溢者也。（〈聲無哀樂論〉）

　　然而八情之發常非只是自然應物，而是伴隨著人的智識之心，由此智識心之發用，喜、怒、哀、樂、愛、惡、欲、懼之八情即分判為兩組，喜、樂、愛、欲四者為使智識心滿足而愉悅者，怒、哀、惡、懼四者乃智識心所欲擺脫者。因而人即有追求此喜、樂、愛、欲之表現，張邈乃亦視此為自然之性，他說：

　　　　腥臊未化，飲血茹毛，以充其虛，食之始也。加之火齊，糝以蘭橘，
　　　　雖所未嘗，嘗必美之，適於口也。蕢桴土鼓，撫腹而吟，足之蹈之，
　　　　以娛其喜，樂之質也。加之管弦，雜以羽毛，雖所未聽，察之必樂，
　　　　當其心也。民生也直，聚而勿教，肆心觸意，八情必發。喜必欲與，
　　　　怒必欲罰，無爪牙以奮其威，無爵賞以稱其惠，愛無以奉，惡不能
　　　　去，有言之曰：「苴竹管蒯，所以表哀；溝池岨嶮，所以寬懼；弦木
　　　　剡金，所以解憤；豐財貨殖，所以施與。」苟有肺腸，誰不欣然貌
　　　　悅心釋哉？尚何假於食膽蜌而嗜菖蒲菹也！

────────────────

〔註2〕荀綽《冀州記》見於《三國志‧魏書‧邴原傳》裴松之之注所引。

就人之飢而求食的自然生理而言，「飲血茹毛」和「加之火齊，糝以蘭橘」雖
有精、粗之別，然而就其可以充飢這一點而言是無分別的，當人們一味追求
食蘭橘而不「遯於食膽蜌而嗜菖蒲葅」之時，已是一種成心之作用。相同的，
人之欲求「苴竹菅蒯」以表哀，「溝池岨嶮」以寬懼，「弦木剡金」以解憤，「豐
財貨殖」以施與時，也是因為人之智識心之發用而有了對喜、樂、愛、欲的
追求與對怒、哀、惡、懼的擺脫所形成的。此時人之情已不再只是應物而動，
而是一種智情，此種情欲實已成了人性之束縛。然而就經驗主義者觀之，此
亦是出於人之自身，是不學而能者，故亦可視為自然之性。既是自然之性，
即是自然合理而不可違者，張邈之論人性即採此觀點而主張一切為人之情欲
所欲求者，都屬於人性自然而無妨礙的。依此張邈乃進一步肯定名教的合理
性，他說：

> 故以為雖事以未來，而情以本應，即使六藝紛葦，名利雜詭，計而
> 後學，亦無有損於自然之好也。

「事以未來」是指非人稟質所有者，即下面所言的六藝、名利。六藝、名利
雖非人生即稟有者，但卻是人之情欲的自然欲求，故稱為「情以本應」，張邈
即因此肯定了名教的合理性。張邈與嵇康等的自然人性論差別亦在此，嵇康
所指的自然之性是指人生而稟有者，純就自身而言，一切因外物之引誘而起
的追求即是不自然，此即所謂的「嗜欲雖出於人，而非道德之正」（〈答難養
生論〉）。

張邈雖想用「情以本應」來論證名教的合理性，但是此種立論依據事實
上是非常薄弱的。人之情性雖有追求美好事物的欲望，然而事物之美醜、好
惡是可以改變的，當事物的價值改變時，原先是合於自然情欲者，可能即因
而喪失其合理性，故嵇康之駁自然好學即云：

> 今若以明堂為丙舍，以諷誦為鬼語，以六經為蕪穢，以仁義為臭腐，
> 觀文籍則目瞧，修揖讓則變傴，襲章服則轉筋，譚典禮則齒齲。於
> 是兼而棄之，與萬物為更始，則吾子雖好學不倦，猶將缺焉。（〈難
> 自然好學論〉）

當六經被視做蕪穢，仁義被視做臭腐，「譚典禮則齒齲」之時，人們對六經、
仁義即不再追求，也不譚典禮，而是「兼而棄之」。此時名教不再是自然之好，
相反的是對自然之情欲的損害。

第二節　向秀的人性論

向秀生於魏文帝黃初八年（西元 227 年）前後，卒於晉武帝咸寧三年（西元 277 年）前後。字子期，河內懷人，向秀之著作中唯一完整保存者僅有〈難養生論〉一篇收於《嵇康集》中，此外其「發明奇趣，振起玄風，讀之者超然心解」（《晉書・向秀傳》）的《莊子注》則已散佚，後人尚輯得一三八條。〔註3〕此是我們藉以了解向秀思想的主要資料。向秀之〈難養生論〉乃針對嵇康〈養生論〉的思想加以反駁，然其《莊子注》則已同於嵇康之思想，〈秀別傳〉說：〔註4〕

> 秀與嵇康、呂安為友，趣舍不同。嵇康傲世不羈，安放逸邁俗，而秀雅好讀書，二子頗以此嗤之。後秀將注莊子，先以告康、安。康、安咸曰：「此書詎復須注？徒棄人作樂事耳。」及成，以示二子，曰：「爾故復勝不？」康、安乃驚曰：「莊周不死矣。」

如上一章所言，嵇康養生思想多承襲莊子而來。秀注莊子，嵇康既稱之曰：「莊周不死」可知向秀對於養生之思想必已同於嵇康，此由現存《莊子注》佚文亦可加以證明。如〈養生主〉：「已而為知者，殆而已矣。」向秀注：「已困於智矣，又為以攻之者，又殆矣。」（《養性延命錄・教誡篇》引）又〈達生〉：「物與物何以相遠？」向秀注：「唯無心者獨遠耳。」（《列子・黃帝篇》張湛注引）實已同於嵇康所謂的「善養生者則不然矣，清虛靜泰，少私寡欲。知名位之傷德，故忽而不營」（〈養生論〉）。可知向秀之思想當有一轉變之過程。〔註5〕向秀《莊子注》之思想不僅同於嵇康，其任性當分的思想亦同於郭象，〔註6〕故本節不加以論述，本節所討論者僅就〈難養生論〉

〔註3〕此是依據蘇新鋈先生之說，見《郭象莊學平議》，頁 40。
〔註4〕見《世說新語・文學》：「初，注莊子者數十家」條劉孝標注所引。
〔註5〕向秀〈難養生論〉之作依《晉書・向秀傳》「又與康論養生，辭難往復蓋欲發康高致也」似非有意反對嵇康之思想，今人或對此說加以駁斥，如李豐楙先生言：「蓋魏晉以下，載籍既有疑於注莊之向秀，不應作此俗論，遂巧為飾說，唐修晉書乃據以撰傳，後人因得援晉書一語，為向秀開脫。見〈嵇康養生思想研究〉，《靜宜學報》，二期，頁 45，又說「向秀難養生論，即以儒道合思想為其基本觀念，引儒家名教闡明道家自然」，頁 46。湯一介先生亦主此說，並引謝靈運《辨宗論》所說「向子期以儒道為一」及《向秀別傳》所載「弱冠著《儒道論》」為證。見《郭象與魏晉玄學》，頁 54。向秀〈難養生論〉所主張者並非全是放縱之俗情，而是一種名教與自然合的思想。是故其〈難養生論〉應非只是欲發康之高致。因而其思想自作〈難養生論〉至作《莊子注》時當有一轉變之過程。
〔註6〕《世說新語・文學》「莊子逍遙篇」條劉孝標注：「向子期、郭子玄逍遙義曰：

一文討論向秀的人性論。

　　向秀認為萬物是由氣所產生，是故其言性亦屬於由氣言性。然而向秀的人性思想最為特出的則是同於先秦孟、荀言性之方式，由人、禽之辨來突顯人性之特質，他說：

> 夫人受形於造化，與萬物並存，有生之最靈者也。異於草木：不能避風雨、辭斧斤；殊於鳥獸：不能遠網羅而逃寒暑。有動以接物，有智以自輔，此有心之益，有智之功也。若閉而默之，則與無智同，何貴於有智哉？有生則有情，稱情則自得。若絕而外之，則與無生同，何貴於有生哉。（同上）

「造化」即創造化育萬物者，依向秀所言「夫人含五行而生」，可知向秀主人由五行之氣而生。推而廣之，萬物自亦是由五行之氣而生。人與萬物既皆由氣而生，自有其相同處。然而由於稟氣厚薄之不同，人與萬物亦有其差別性，此所以有草木、鳥獸、人之分別。人之所以異於草木、鳥獸者，其關鍵即在人有心智以自輔，異於草木、鳥獸之不能辭斧斤，離網羅。心智既是人與禽獸之分別所在，因而向秀論人亦著重於此心智之發用而不可絕，向秀認為若絕此智用則「與無智同」，亦即等同於草木、鳥獸之類。向秀以心區別人禽，有似於孟子所說：「人之所以異於禽獸者幾希。」（〈離婁下〉）然而孟子所強調的幾希之心是指惻隱、羞惡、辭讓、是非之心（〈告子上〉）為人之道德主體，而向秀所說的心則是一種情智之心，用以輔助生之情的追求。〔註7〕此有似荀子所謂「情然，而心為之擇」之心（〈正名〉），然而荀子對於人心主「導之以理，養之以清」（〈解蔽〉），而向秀則無此養心之工夫。向秀以心區別人、禽，而其心只是一情智之心，此或與其採客觀經驗以論人性有關，向秀說：

> 又云：「導養得理以盡性命，上獲千餘歲，下可數百年。」未盡善也。若信可然，當有得者。此人何在？目之未見，此殆影響之論，可言

夫大鵬之上九萬，尺鷃之起榆枋，小大雖差，各任其性，苟當其分，逍遙一也。然物之芸芸，同資有待，得其所待，然後逍遙耳。唯聖人與物冥而循大變，為能無待而常通。豈獨自通而已。又從有待者不失其所待，不失則同於大通矣」，劉孝標將此任性當分之思想同屬於向、郭，可知向秀之任性當分思想同於郭象。

〔註7〕李中華先生主張向秀所謂的心智為一能夠節欲之理性之心，他說：「向秀認為，人與動物所以不同，在於人有「心」「智」……正因為人有「心」「智」所以對情欲的追求總是有一定節度」，見《魏晉玄學史》，頁258。然而依向秀所言：「苟心識可欲，而不得從」、「燕婉娛心」、「約己苦心」可知向秀所謂的心智當非是一理性之心，而是一情智之心，用以輔助生之情的滿足。

　　而不得。(〈難養生論〉)

向秀以「目之未見」反對嵇康導養得理，上獲千餘歲，下可數百年的說法，即是採客觀經驗的認知態度。

　　向秀既以心智及生之情界定人性，進一步即展開其自然的人性論主張，他說：

　　　　且夫嗜欲、好榮、惡辱、好逸、惡勞，皆生於自然。(同上)

所謂的嗜欲即其所謂的「口思五味，目思五色，感而思室，飢而求食」的官能欲求，人生而有形質生命，即有各種官能欲求藉以維持此形質生命，此即所謂「有生則有情」，五味、五色、妻室正所以滿足此官能之欲求者，自古言性者無人反對此官能之自然欲求，故嵇康亦說：

　　　　難曰：「感而思室，飢而求食，自然之理」，誠哉是言。(〈答難養生論〉)

　　向秀認爲人對五色、五味的追求是自然之理，若純就官能性質而言，本亦有其合理性，然而向秀所謂的五味、五色並非只純就滿足官能性質之五色、五味而言，更是一由人之心智之判定而來的美色、甘味，他說：

　　　　今五色雖陳，目不敢視，五味雖陳，口不得嘗，以言爭而獲勝則可，

　　　　焉有芍藥爲茶蓼，西施爲嫫母，忽而不營哉？(〈難養生論〉)

人之自然思室，求食者，其目的只在充其虛，是無芍藥、茶蓼、嫫母、西施之分別的，此即嵇康所謂的「性動者，遇物而當，足則無餘」(〈答難養生論〉)。惟有當人們對此五色、五味有了心識之判定，才有美醜、精粗之別。向秀此處顯將五味、五色專指芍藥與西施，可知向秀所謂的「人思五味，目思五色，感而思室，飢而求食」之說，非純就人之官能性質而言，而是一由心智判定之情欲，是故其所謂的自然人性亦全就此心智而來之情欲而言，由此乃說「好榮、惡辱、好逸、惡勞皆生於自然」皆爲人之自然之性。向秀的人性自然之內容尚不止於此，進一步則以「天理人倫」亦爲自然，他說：

　　　　且生之爲樂，以恩愛相接，天理人倫，燕婉娛心，榮華悦志，服饗

　　　　滋味，以宣五情；納御聲色，以達性氣，此天理自然，人之所宜，

　　　　三王所不易也。(同上)

所謂「天理人倫」亦即孟子所謂：「孩提之童無不知愛其親者。及其長也，無不知敬其兄也。親親，仁也；敬長，義也」(〈盡心上〉)的愛、敬而言。就孟子對此之形容「人之所不學而能者，其良能也，所不慮而知者，其良知也」(同

上）亦可稱之爲自然。然而孟子所言的良知良能之愛敬乃是內在於人之道德理性，是「大行不加焉，雖窮居不損焉」（同上）的。而向秀則就「生之爲樂，以恩愛相接」的情欲滿足而言「天理人倫」之自然。

向秀進一步更將其所謂的自然之性與養生之思想合而論之，他說：

> 苟心識可欲，而不得從，性氣困於防閑，情志鬱而不通，而言養之
> 以和，未之聞也。（〈難養生論〉）

心識可欲所指的即前面所言的「天理人倫」、「燕婉娛心」、「服饗滋味」、「納御聲色」之情欲，向秀認爲此情欲若不得從，則「性氣困於防閑，情志鬱而不通」，人之生命即遭到損害。雖然情欲不得從，人之生命即遭受損害，然而情欲過分，形成了嵇康所謂的：「惟五穀是見，聲色是耽。目惑玄黃，耳務淫哇，滋味煎其府臟，醴醪煮其腸胃，香芳腐其骨髓，喜怒悖其正氣，思慮銷其精神，哀樂殃其平粹」（〈養生論〉）的情形時，則亦是對生命造成損害，同時也破壞了名教倫理，此亦爲向秀所反對，故向秀對五味、五色主張應當節之以禮，於富貴則主求之以道，他說：

> 又曰富與貴是人之所欲也，但當求之以道，不苟非義，在上以不驕
> 無患，持滿以損斂不溢，若此何爲其傷德邪？（〈難養生論〉）

由以上之論述可知，向秀依養生立論，雙重肯定了名教的合理性，首就人之自然生命之情欲，肯定了榮華、天理人倫之必須。其次則由名教有助於節制人之情欲以證名教之必需。因而其〈難養生論〉之作的目的正如蒙培元先生所說：

> 表面上他反對嵇康的養生之學是「悖情失性，而不本天理」，但實際
> 上他是反對嵇康越名教的思想。〔註8〕

第三節　裴頠的人性論

裴頠生於晉武帝太始三年（西元 267 年），卒於晉惠帝永康元年（西元 300 年）。字逸民，河東聞喜人。裴頠著作現存完整者僅有〈崇有論〉一篇。〔註9〕

〔註8〕參見蒙培元先生著《中國心性論》，頁207。
〔註9〕依史籍之記載，裴頠曾著〈崇有〉、〈貴無〉二論，後人對此說頗有不同之主張，或主裴頠既主崇有則不可能有貴無之論，或主裴頠雖主崇有，亦可作〈貴無論〉，個人較贊同後一說法，詳細之論辯可參考詹雅能先生《裴頠崇有論研究》，頁28～31。今人乃有主現存〈崇有論〉一篇即兼涵〈貴無論〉者，如余

依《晉諸公贊》所說：

> 自魏太常夏侯玄、步兵校尉阮籍等皆著道德論，于時，侍中樂廣、
> 吏部郎劉漢亦體道而言約。尚書令王夷甫講理而才虛，散騎常侍以
> 學道為業，後進庾敳之徒，皆希慕簡曠。顧疾世俗尚虛無之理，故
> 著崇有二論以折之。〔註10〕

可知裴頠〈崇有論〉之作乃在反對當時的虛無風氣，當時的貴無論者所強調
的是「以無為本」、「以無為用」由此以順性養生，《晉書・王衍傳》說：

> 魏正始中，何晏、王弼等祖述老莊，立論以為：「天地萬物皆以無為
> 本，無也者，開物成務，無往而不存者也。陰陽恃以化生，萬物恃
> 以成形，賢者恃以成德，不肖者恃以免身，故無之為用，無爵而貴
> 矣。」衍甚重之。

　　裴頠雖然反對貴無思想，然而裴頠仍未脫離當時玄學思潮的影響，「雖然
否定了以無為本的貴無論，但並沒有否定玄學自然論」，〔註11〕裴頠亦由人之
稟質論人性之理，仍然是企圖調和自然與名教的衝突的。〔註12〕

　　魏晉時代論及人性時，不僅僅只是說明人的自然本性為何？更進一步必
須為其所主張的自然本性思想何以是如此加以說明，如王弼云：「夫欲定物之
本者，則雖近而必自遠以證其始」（〈老子指略〉）。貴無論者強調「無」為萬
物之宗主，是故其論物之本是依其對萬物之宗主的體會而來，強調以自然為
性，無為無欲。裴頠雖反對貴無思想，但其立論體式則與貴無論者求本之思
想相同，他說：

> 夫總混群本，宗極之道。（〈崇有論〉）

詹雅能先生對此句曾有詳細之疏解，他說：

> 就文句上來說，「總」有「合」義，「混」有「同」義，而「合」萬
> 有本身之「同」者，再由這個基礎來說明事物的根源所在，如此就

嘉錫《世說新語箋疏》云：「顧貴無論即附崇有論後」，頁202～203。
〔註10〕見《世說新語・文學》「裴成公作崇有論」條劉孝標注所引。
〔註11〕同註8，頁209。
〔註12〕任繼愈先生主編之《中國哲學發展史・魏晉南北朝卷》云：「盡管王衍認為聖
教與老莊相同，樂廣認為名教內自有樂地，卻再也無法用貴無論的玄學來證
明了。玄學發展到了這個階段，必須揚棄貴無論的理論形態，構築一個新的
體系。這就是裴頠所要完成的歷史使命。」，頁190～191。裴頠的歷史使命即
是以崇有來完成王衍等貴無論所欲證明的名教與自然的調和。任先生此說實
已指出裴頠〈崇有論〉之目的。

是「建宗立極」的根本途徑。〔註13〕

可知裴頠亦有追求物之本的思想，唯裴頠追求物之本的方式與王弼所說的「自遠以證其始」，「取天地之外，以明形骸之內」（〈老子指略〉）的方式不同，裴頠主張從具體存在的萬有本身探尋物之本。此種思想轉變的關鍵在於裴頠轉換了貴無論者所主張的「無」的意義，貴無論者所主張的「無」是一「在方而法方，在圓而法圓」（《老子·二十五章》注）的無執無爲的沖虛妙用之境界，裴頠則將「無」直接視爲空無，他說：

> 生以有爲己分，則虛無是有之所謂遺者。（〈崇有論〉）

又說：

> 是以欲收重泉之鱗，非偃息之所能獲也；損高墉之禽，非靜拱之所能捷也；審投弦餌之用，非無知之所能覽也。由此觀之，濟有者皆有也，虛無奚益於已有之群生哉？（同上）

裴頠所謂的「有」是就群生而言，可知其有、無之義是就現象世界而言，就現象世界而言，「有」即存在，相對於「有」而言的「無」即是不存在，即是空無。故裴頠將「無」對比於人類行爲之偃息，靜拱，無知。「無」既只是空無，不存在之義，自然不能生物，也就不能爲物之本。萬物既非由「無」而生，那麼萬物由何而來，裴頠對此問題之解決，則是以萬物自生的理論做說明，他說：

> 夫至無者，無以能生，故始生者，自生也。自生而必體有，則有遺而生虧矣。（同上）

裴頠主張萬有始生的時候，都是自自然然地自己產生。萬物既生之後則有此「形象著分，有生之體」的具體存在，總混此具體存在之物而稱之，即稱爲「有」，此詹雅能先生有詳細之說明，茲引述於下：

> 裴頠所説的「存有」，是剋就具體的存在經驗而言的，所以可説是「因其存在而説有」。亦即是就具體物本然的存在於客觀世界中，而有能爲我們經驗所感取的表象而説的這個「有」。因此，這個「存有」只是個「實然的存有」，並不是個「抽象的存有」。它所偏重的是「存有物」的存在。〔註14〕

萬物既生之後，即以此「有」爲其憑藉之體，此即所謂「自生而必體有」。既

〔註13〕參見詹雅能先生《裴頠崇有論研究》，頁49。

〔註14〕同註13，頁51。

然萬有本身就是最終極的存在，那麼欲探討萬有之本也僅能就萬有本身加以說明，裴頠說：

> 方以族異，庶類之品也；形象著分，有生之體也；化感錯綜，理跡之原也。夫品而爲族，則所稟者偏；偏無自足，故憑乎外資。是以生而可尋，所謂理也；理之所體，所謂有也；有之所須，所謂資也；資有所合，所謂宜也；擇乎厥宜，所謂情也。識智既授，雖出處異業，默語殊塗，所以寶生存宜，其情一也。(〈崇有論〉)

就客觀認知而言，所謂生、死之斷定是在於形質生命的有無，有此形質生命的存在即稱之爲生，若無形質生命的存在即稱之爲死。貴無論者雖有其主觀的精神境界，可如嵇康所描述的「以道德爲師友，玩陰陽之變化，樂長生之永久，因自然以託身，並天地而不朽」(〈答難養生論〉)，然而落於經驗的現實世界而言，仍不得不承認有此形質生命的存在，才可言生，故王弼云：「天下之物皆以有爲生，有之所始，以無爲本，將欲全有，必反於無」(《老子·四十章》注)。全有、存生之欲乃是此形質生命之本能，裴頠既屬經驗論者，對此「寶生存宜」的人性本能自必加以肯定，故說：「識智既授，雖出處異業，默語殊塗，寶生存宜，其情一也」。此情字非情感之情，而是指人維持此生命的本能之性。〔註15〕人既有此寶生存宜之情，在當時的自然天理思想下，本即有其合理性，故裴頠亦說「生以有爲己分」，「人之既生，以保生爲全」。

保生既爲人之自然之情，進一步即可討論保生之道。裴頠認爲世界上有各種不同的族類，之所以能劃分各種族類，即因各族類之間各有其特質，亦可說是因爲萬物皆是一偏，此即「夫品而爲族，則所稟者偏」。萬物之稟質既是一偏而不能自全，自必向外追求以補其全，萬物向外追求其所需之資時，並非一味的盲取，而是有一種選擇適宜與否的本性之能的，此即「擇乎厥宜，所謂情也」。萬物之保生既有待於外資，因而乃有各種化感錯綜，然而此種化感錯綜非是一隨意而發的雜亂無章之行爲，而是有某種「理」爲其本，以此「理」爲遵循之依據的，故云「化感錯綜，理跡之原」。化感錯綜只是此「理」所藉以表現者，故稱之爲「理跡之原」，而此種「理」即裴頠所謂「總混群本」

〔註15〕 牟宗三先生對此情字之義有詳細之說解，他說：「既自然稟有覺識心智，故自能有所選擇以『寶生存宜』。此是物之情也。物之情即物之實，亦即物之性。凡物以維持其生存並改進其生存爲性。此性無超越意義，亦無道德價值上的意義。故不用「性」字，而用一較鬆泛之「情」字。此『情』亦非情感之情」見《才性與玄理》，頁363。

之本，唯此「本」是憑藉著具體存在物以表現的，故云「生而可尋，所謂理也，理之所體，所謂有也」。然而此「理」並非王弼所謂的化生萬物之至理，而只是一「萬物存在的『實然之理』，沒有形上的意義」。〔註16〕此理雖無獨立存在之可能，人們亦無法純就理之本身加以認識，必須藉由化感錯綜之行為以得知，然而此理並非不存在，故依裴頠之義，此理即可稱為「有」，他說：

> 心非事也，而制事必由心，然不可以制事以非事，謂心為無也；匠非器也，而制器必須於匠，然不可以制器以非器，謂匠非有也。（〈崇有論〉）

裴頠認為心、事雖為二，然而事之表現是以心之思考活動為其依據。匠、器雖為二，然器之完成是依工匠的製作為其依據，以此推於「理」與「化感錯綜」之關係，其模式是相同的，「理」與「化感錯綜」雖為二，然而「化感錯綜」的依據是「理」，是故此「理」亦是有，裴頠「崇有」之主張所強調的有，正是此萬物存在的實然之理，而非具體存在之萬物，他說：

> 上及造化，下被萬事，莫不貴無。所存會同，情以眾固，乃號凡有之理，皆義之卑者，薄而鄙焉，辯論人倫及經明之業，遂易門肆。
> 頠用矍然，申其所懷，而攻者盈集，或以為一時口言。（同上）

由此可知裴頠所申者即被貴無論者所視為「義之卑者」的「有之理」。此「有之理」為何？依裴頠之意即名教，他說：

> 眾理並而無害，故貴賤形焉；失得由乎所接，故吉凶兆焉。是以賢人君子，知欲不可絕而交物有會，觀乎往復，稽中定務。惟夫用天之道，分地之利，躬其力任，勞而後饗，居以仁順，守以恭儉，率以忠信，行以敬讓，志無盈求，事無過用，乃可濟乎。（同上）

人欲與外物之接觸有一定的對應關係，此即所謂「交物有會」。人欲與外物相接觸，則有得失、吉凶，吉凶之關鍵即在其化感錯綜能否合於理，合於理則欲、物相配合而得吉；不合於理則欲、物不能配合而得凶。化感錯綜不合於理，則是因為人之欲望太過。由於人之欲望只是情欲之性，若不經節制則只能順是而成縱情，此對生命而言，即是一種傷害，故裴頠說：

> 欲衍則速患，情佚則怨博，擅恣則興攻，專利則延寇，可謂以厚生失生矣。（同上）

同時萬物所以存在的實然之理亦因而隱晦不彰，裴頠說：

〔註16〕同註13。

若味近以虧業，則沈溺之釁興；懷末以忘本，則天理之真滅。(同上)
此時必有待於聖人之出現，「觀乎往復、稽中定務」以使人之化感錯綜合於理。
「往復」即是人之化感錯綜，聖人依此化感錯綜所得而稽中定務者是「生而
可尋，所謂理也」之「理」，此「理」即力任、仁順、恭儉、忠信、敬讓，也
就是名教。

　　裴頠的人性論思想除了肯定人有形質生命的情欲之性外，同時將名教與保
生思想相聯繫，以肯定名教的合理性，然而更為重要的是裴頠更將名教內在化
為萬物之理，為萬物自然之性，如此一來不僅符合了當時的自然人性論思想，
同時結合了自然與名教，使自然即名教，名教即自然，為自然與名教之衝突提
出一消弭之道。此外裴頠又將名教與人之無心、適性合而為一，他說：

　　眾之從上，猶水之居器也。故兆庶之情，信於所習。習則心服其業，
　　業服則謂之理然，是以君人必慎所教，班其政刑，一切之務，分宅
　　百姓，各授四職，能令稟命之者不肅而安，忽然忘異，莫有遷志。

所謂「忽然忘異」也就是泯除了一切彼我之差異，彼我齊平，如此一來即能
「莫有遷志」而各適其性，而此種「忽然忘異，莫有遷志」的達成是必須依
靠名教之治的。名教之治所以能使人「忽然忘異，莫有遷志」依裴頠之說乃
是因為「兆庶之情，信於所習」，一般人信從於他們所學習的東西，久而久之
即以所學者為天理自然，形成了「習則心服其業，業服則謂之理然」的情形，
當人們接受其所學即是天理自然而安心接受以後，自然形成了「莫有遷志」
的效用。名教既有此使人無心，適性的功能，自亦有其合理存在的必要。

第七章　郭象的人性論

　　郭象生於魏齊王嘉平四年（西元 252 年）前後，卒於晉懷王永嘉六年（西元 312 年）前後。字子玄，河南人。〔註1〕郭象現存的著作僅有《莊子注》及一部分《論語體略》佚文。《世說新語·文學》記載：

> 初，注莊子者數十家，莫能究其旨要。向秀於舊注外爲解義，妙析奇致，大暢玄風，唯秋水、至樂二篇未竟，而秀卒。秀子幼，義遂零落，然猶有別本。郭象者，爲人薄行，有儁才，見秀義不傳於世，遂竊以爲己注，乃自注秋水、至樂二篇，又易馬蹄一篇，其餘眾篇，或定點文句而巳。後秀義別本出，故今有向、郭二莊，其義一也。

依《世說新語》之記載，今存《莊子注》應該是向秀所作。然而《晉書·向秀傳》又記載：

> 莊周著内外數十篇，歷世才士雖有觀者，莫適論其旨統也，秀乃爲之隱解，發明奇趣，振起玄風，讀之者超然心悟，莫不自足一時也。
>
> 　惠帝之世，郭象又述而廣之，儒墨之跡見鄙，道家之言遂盛焉。

二書之記載頗有出入，因而後人對《莊子注》的作者爲郭象或向秀，多有爭論，然而由今人考據之結果可知今存《莊子注》是郭象於向秀注的基礎上「述而廣之」。〔註2〕因此今存《莊子注》一書是可以只當做郭象思想的表現的。

〔註 1〕 郭象之藉貫有不同之說法，此依林聰舜先生之考定，見《向郭莊學之研究》，頁 20。

〔註 2〕 關於《莊子注》的作者問題歷代以來探討者甚多，近人李中華先生歸納近代學者研究之成果，並分爲五點探討向、郭莊注的問題，並歸結說「今本《莊子注》乃是郭象在向秀《莊子注》的基礎上加以發展而成」，茲簡述於下，第一，秀將注《莊子》，先以告康、安……及成，示二子。這說明向秀注《莊

郭象思想的主要成就是其所主張的自生獨化、及由此自生獨化而發展出來的適性逍遙思想。

第一節 郭象人性論的理論根據

　　郭象人性論的理論根據，簡單說就是萬物自生，獨化於玄冥之境。「自生」一詞在魏晉極爲流行，王弼已主張萬有自生，然而王弼仍主張萬有之自生必須以「無」爲本。向秀繼王弼之後也講自生，張湛《列子・天瑞》注引向秀《莊子注》說：

> 吾之生也，非吾之所生，則生自生耳，生生者豈有物哉？故不生也。
> 吾之化也，非物之所化，則化自化耳。化化者豈有物哉？無物也，
> 故不化焉。若使生物者亦生，化物者亦化，則與物俱化，亦奚異於
> 物，明夫不生不化者，然後能爲生化之本也。

向秀之後裴頠亦講自生，並否定了有一萬物生化之本，然而裴頠純就現象義講自生，因而萬有皆是所稟者偏，不能自足。郭象則異於前三者之說，而另立一自足無待的自生說。〔註 3〕《莊子・齊物論》「夫吹萬不同，而使其自己

　　子》乃是全本，並非《秋水》、《至樂》二篇未竟而秀卒，故郭象只自注《秋水》、《至樂》二篇云云不能成立。第二，從東晉至隋唐就有向、郭二注並行，並且內容文字不盡相同。第三，從典籍所引向、郭注之比較可得四點結論，1.郭象對向秀注的抄襲是有所選擇而非全部竊爲己有。2.郭注確有抄襲向秀注者。3.郭注對向注有增減和損益，可說明郭注並非只是點定文句而已。4.向、郭二注有詞義全不同者，且不同之注分布於《莊子》十幾篇內，不限於《秋水》和《至樂》二篇，以此可完全說明《世說》及《晉書・郭象傳》的差誤。第四，向秀未擺脫貴無論的影響，仍承認有一個不生不化的生物之本。郭象認爲天地萬物都是自生自造，而沒有一個生生者爲萬物之本。第五，向、郭二注的同異正可說明魏晉玄學發展的歷史過程。其同表明前後繼承的關係，其異表明後者對前者的發展和揚棄。見《魏晉玄學史》，頁 313～315。

〔註 3〕 今人或認爲郭象主張自生，是一崇有論者，如湯用彤先生說：「向、郭則可謂崇有，崇有則主物之自生、自然」見《魏晉玄學論稿》，頁 52。對於此說今人余敦康先生曾加以辯駁，他說：「郭象並不是什麼崇有論者，因爲他認爲有這個範疇只概括了事物的現象，而沒有揭露事物的本體。他說：『若游有，則不能周遍咸也』。『物有際，故每相與不能冥然』。」見《中國古代著名哲學家評傳・郭象》，頁 25。余先生並提出郭象之自生說是「通過把王弼所說的有與無轉換成獨化於玄冥之境來講他的玄學的」，同上頁 22。此說大抵無誤，郭象所謂的玄冥之境的「無」，實同於王弼所說的「無」，唯王弼將無獨立於萬有之上爲萬有之本，郭象則將無渾化於萬有之中。此參見正文之論述。

也」郭象注：

> 此天籟也。夫天籟者，豈復別有一物哉？即眾竅比竹之屬，接乎有
> 生之類，會而共成一天耳。無既無矣，則不能生有；有之未生，又
> 不能為生。然則生生者誰哉？塊然而自生耳。自生耳，非我生也。
> 我既不能生物，物亦不能生我，則我自然矣。自己而然，則謂之天
> 然。天然耳，非為也，故以天言之，以天言之所以明其自然也，豈
> 蒼蒼之謂哉！而或者謂天籟役物使從己也。夫天且不能自有，況能
> 有物哉！故天者，萬物之總名也，莫適為天，誰主役物乎？故物各
> 自生而無所出焉，此天道也。

此段注文之大義可歸結為四，一、無不能生有；二、有不能生有；三、沒有
造物者的存在；四、生化之本體即在萬物之內。

裴頠〈崇有論〉說：「虛無之言，日以廣衍，眾家善起，各列其說。上及
造化，下被萬事，莫不貴無」。當時貴無論者主張萬有由「無」而生。裴頠對
此加以反對，認為「無」是空無，主張「至無者，無以能生」（〈崇有論〉）。
郭象亦繼承了此種思想，主張空無不能生萬有。《莊子・庚桑楚》「必出乎無
有，而無有一無有。」郭象注：

> 此所以明有之不能為有而自有耳，非謂無能為有也。若無能為有，
> 何謂無乎！一無有則遂無矣。無者遂無，則有自歘生明矣。

「一無有則遂無矣」，可知郭象認為與「有」相對的「無」只是空無義，空無
不能生萬有，若是能夠生萬有，則不能稱為無。

裴頠雖然反對無生有，卻主張「濟有者皆有也」（〈崇有論〉），郭象則認
為如果有是由有而生那麼即可不斷尋問最初的有是由何而生？《莊子・庚桑
楚》「有不能以有為有」郭象注：

> 夫有之未生，以何為生乎？故必自有耳，豈有之所能有乎！

此種不斷追問的結果亦必是萬有自生，《莊子・天運》「天有六極五常」郭象注：

> 夫物事之近，或知其故，然尋其原以至乎極，則無故而自爾也。自
> 爾則無所稍問其故也。但當順之。

推究到最後所得的結果亦只是自生自爾，萬有之產生既是自生自爾，則有亦
不是由有而生。

此外一般人或認為萬有的產生是由一高於萬有之上的「天」所創造的，
郭象則認為所謂的「天」並不是役物以從己者，而只是萬物之總名，事實上

也不可能有一高於萬有之上的造物者，《莊子‧齊物論》「惡識所以然，惡識所以不然」郭象注：

> 世或謂罔兩待景，景待形，形待造物者。請問：夫造物者，有耶無耶？無也？則胡能造物哉？有也？則不足以物眾形。

注文中所謂的「無」與「有」相對，也就是空無之義。造物者若是無，那麼是不可能創生萬有的。若說造物者是存在的，那麼存在即有限，有限之物是不能創生無限的萬有。無既不能生有，有也不能生有，造物者也不存在，那麼萬有只能是自生，生化的本體也就在自身之內，「自己而然」，「非為也」。

萬有既然只是自生，而沒有一「役物使從己」的造物者存在，那麼萬有之生即可以說是偶然的，並無任何目的性可說，《莊子‧大宗師》「今一犯人形，而曰人耳人耳，夫造化者必以為不祥之人。」郭象注：

> 人耳，人耳，唯願為人也。亦猶金之踊躍，世皆知金之不祥，而不能任其自化。夫變化之道，靡所不遇，今一遇人形，豈故為哉？生非故為，時自生耳。務而有之，不亦妄乎？

萬有有各種族類的不同，為金、為人，並非是為了某種目的而生的，只是自生如此而已，「非故為」也。既生之後有種種的行為，似乎是即有某種目的的存在，實際上一切萬有之化跡也都是偶然如此，並沒有任何目的的，《莊子‧寓言》「莫知其所始，若之何其有命也？有以相應也，若之何其无鬼邪？无以相應也？若之何其有鬼邪？」郭象注：

> 不知其所以然而然，謂之命，似若有意也，故又遺命之名以明其自爾，而後命理全也。理必有應，若有神靈以致之也。理自相應，相應不由於故也，則雖相應而無靈也。

萬有之生既然是沒有目的性，也沒有任何需求，因此萬有皆是一自足圓滿者，是以《莊子‧寓言》「天有歷數，地有人據，吾惡乎求之」郭象注：

> 皆己自足。

歸結以上對自生思想的論述，可知郭象自生思想可包涵三種涵義，一、萬有皆是自生而非由他生；二、萬有自生而無目的性；三、萬有自生而圓滿自足。歸結而言即是自足無待，萬有皆自足無待，進一步即可言獨化於玄冥。〈齊物論〉「惡識所以然，惡識所以不然。」郭象注：

> 故明眾形之自物而後始可與言造物耳。是以涉有物之域，雖復罔兩，未有不獨化於玄冥者也。故造物者無主，而物各自造，物各自造而

無所待焉，此天地之正也。故彼我相因，形景俱生，雖復玄合，而
非待也。明斯理也，將使萬物各反所宗於體中而不待乎外，外無所
謝而內無所矜，是以誘然皆生而不知所以生，同焉皆得而不知所以
得也。今罔兩之因景，猶云俱生而非待也，則萬物雖聚而共成乎天，
而皆歷然莫不獨見矣。故罔兩非景之所制，而景非形之所使，形非
無之所化也，則化與不化，然與不然，從人之與由己，莫不自爾，
吾安識其所以哉！故任而不助，則本末內外，暢然俱得，泯然無跡。
若乃責此近因而忘其自爾，宗物於外，喪主於內，而愛尚生矣。雖
欲推而齊之，然其所尚已存乎胸中，何夷之得有哉！

就現象界的經驗而言，有各種形體乃有影子的產生，有了影子才有罔兩的產
生，所以可說罔兩待影，而影又待形。然而從萬有自生而無所待而言，則形、
景、罔兩皆是自生而無所待的，是以形、景、罔兩三者並無時間順序上的先
後，而是一生則俱生，是一種玄合而非依待。推而廣之，一切萬有的行為動
作亦是自然而然，是根據萬有之自性而動，「化與不化，然與不然，從人之與
由己，莫不自爾」。此種自化自然即是獨化，此獨化是兼涵萬有之自生與自為
的。然而萬物之獨化則是獨化於玄冥的，何謂玄冥？《莊子‧大宗師》「於謳
聞之玄冥」郭象注：

「玄冥」者，所以名無而非無。

玄冥是一種無，然而非是空無，可知郭象《莊子注》中所用的「無」字是有兩
種不同意義的，一種是空無，一種即玄冥之無，此玄冥之無應即是「道」，《莊
子‧大宗師》「夫道，有情有信，無為無形，可傳而不可受，可得而不可見；自
本自根，未有天地，自古以固存。神鬼神帝，生天生地，在太極之先而不為高，
在六極之下而不為深，先天地生而不為久，長於上古而不為老。」郭象注：

有無情之情，故無為也；有無常之信，故無形也。古今傳而宅之，
莫能受而有之。咸得自容，而莫見其狀。明無不待有而無也。無也，
豈能生神哉？不神鬼帝而鬼帝自神，斯乃不神之神也；不生天地而
天地自生，斯乃不生之生也。故夫神之果不足以神，而不神則神矣，
功何足有，事何足恃哉！言道之無所不在也，故在高為無高，在深
為無深，在久為無久，在老為無老，無所不在，而所在皆無也。且
上下無不格者，不得以高卑稱；外內無不至者，不可以表裡名也；
與化俱移者，不得言久；終始常無者，不可謂老。

此段注文可歸結幾個重點：一、「道」是真實存在的。「道」雖然稱之為「無」，然而並不是空無，現象界的空無是與有相對並存，有「有」即有「無」，有「無」才能對顯「有」，現象界的空無是不能生「有」的。而「道」則非是與「有」相對的「無」，而是「無不待有而無」的「無」，他是能夠以「不生之生」、「不神之神」而生天地、鬼帝的，「無也，豈能生神哉」，正所以說明「道」非空無。由於道非空無，故能「古今傳而宅之」。二、「道」是遍在而永恆的。「在高為無高，在深為無深」、「內外無不至」此說明其空間的遍在性。「在久為無久、在老為無老」、「與化俱移」此說明其時間的永恆性。遍在而又永恆故能「無所不在」。三、「道」非具體之物，而是「無形無為」，是以萬有「咸得自容，而莫見其狀」。正由於道非具體之物，而只是一「無」的形態，故能所在皆無，而萬有也因此能深，能高、能久、能老。深論之，則郭象所謂的「道」只是一妙用，一境界。《莊子‧知北遊》「道不可致」郭象注：

> 道在自然，非可言致者也。

道在自然，故只是一妙用，由此妙用故能使鬼神自神，天地自生。鬼神自神，天地自生，故「道」對於天地萬物之生化亦可說是無功，〈知北遊〉「萬物皆往資焉而不匱，此其道與！」郭象注：

> 還用物，故我不匱，此明道之贍物在於不贍，不贍而物自得，故曰
> 此其道與，言至道之無功，無功乃足稱道。

萬有獨化於此玄冥之道中，然而玄冥之道並非是高於萬有之上，而是內在於萬有之中，否則萬有之獨化乃是有待，而非自足無待，〈知北遊〉「有先天地生者物邪？物物者非物。物出不得先物也，猶其有物也。猶其有物也，无已」郭象注：

> 誰得先物者乎哉？吾以陰陽為先物，而陰陽者即所謂物耳。誰又先
> 陰陽者乎？吾以自然為先之，而自然即物之自爾耳。吾以至道為先
> 之矣，而至道者乃至無也。既以無矣，又奚為先？然則先物者誰乎
> 哉？而猶有物，无已，明物之自然，非有使然也。

「至道」非獨立於物之先，而是內在於物之內也。由此可知郭象亦同於王弼強調「無」的境界，「無」的妙用。唯王弼將此妙用上提為萬有之本體，而郭象則化除王弼的形上本體，直接將之渾化於萬有之中，如此萬有之自生、獨化乃可是自足而無待。此即郭象之進於王弼者，唐君毅先生對此已有說明，他說：

> 郭象之進于王弼者，則在沿此王弼所言之自然義，而更言莊子「上

知造物無物，下知有物之自造」、「以神器獨化于玄冥之境」（〈莊子序〉）。〔註4〕

討論至此，我們亦可明瞭郭象自生思想的產生並不是以一客觀論辯所產生的，萬有的產生若是以客觀問題視之，以客觀的分解加以說明，則有種種的可能，實不必然只是自生，亦可推出有第一因的造物者，亦可是無因生。〔註5〕是以郭象的自生思想並非是由客觀論辯而來，而是一種境界形態下的自生，《莊子‧在宥》「無問其名，無闚其情，物固自生。」郭象注：

闚問則失其自生。

又《莊子‧秋水》「可以言論者，物之粗也，可以意致者，物之精也，言之所不能論，意之所不能察致者，不期精粗焉。」郭象注：

唯無而已，何精粗之有哉？夫言、意者，有也。而所言所意者，無也。故求之於言意之表，而入乎無言無意之域而後至焉。

言、意皆出於人，人有限則出於人的言、意亦是有限，而言、意所欲表達者是無限，故欲得此無限僅能「求之於言意之表，而入乎無言無意之域」。此無言無意之域即是一境界。自生、獨化只能是萬有歸於此至無的玄冥之境，既見其獨亦見萬有能脫離一切依待而自足無待，才有可能說自生。此自生之理唐君毅先生有精確的說解，茲引述於下：

此郭象之言自然自生獨化之論，非必如後之吉藏之三論玄義之意，謂此自然自生之說，即無因有果之論。此郭象之論，以今語說之，只宜說之為一種對純現象之純觀照主義。此一純觀照，使人自所遇會而呈現于前之物之象之上下四方，皆游離脫開，而此物之象，即如憑虛而在，以成一空靈之境。此非主無因有果，而是直下對其上下四方之其他之物與現象之因果相待關係，視而不見，即忘此因果相待關係，以便使此呈現之有，得浮游于一虛無面上，而亦于其自然，更不見有使之然者。于此又不以此「虛無」，能生化此有，進而亦不見此虛無，亦不以此虛無說道；而只以「此心靈與此有之冥合為一，以無此心靈與此有之相待」說道。此方為郭象之旨。〔註6〕

可知郭象的自生思想並非是由客觀論辯而來，而是一種境界形態下的自生。

〔註4〕見唐君毅先生著《中國哲學原論‧原道篇》（二），頁382。
〔註5〕此參考牟宗三先生之說，見《才性與玄理》頁199～201。
〔註6〕同註4，頁388。

第二節　郭象的性、心論及適性逍遙思想

　　魏晉人言人性，少有對「性」的意義加以確切說明的，郭象《莊子序》說莊子著書之目的在：「通天地之統，序萬物之性，達死生之變而明內聖外王之道，上知造物無物，下知有物之自造」。實則《莊子序》所說的五個目的即是郭象《莊子注》所要解決的問題，「序萬物之性」既是其中之一，是以郭象《莊子注》中多言性，並且對「性」下了定義，《莊子·山木篇》「仲尼曰：有人，天也；有天，亦天也。人之不能有天，性也。」郭象注：

> 凡所謂天，皆明不爲而自然。言自然則自然矣，人安能故有此自然哉？自然耳，故曰性。

又《莊子·則陽》「而不知其然，性也。」郭象注：

> 不知其然而自然者，非性如何！

可知郭象以「自然」界定「性」的意義，此亦同於王弼所說的「萬物以自然爲性」（《老子·二十九章》注），是指一切非出人爲而自然如此者，故說「人安能故有此自然」。郭象所說的「不知其然而自然者」有似於荀子〈正名〉所說「不事而自然之謂性」，然而荀子言性只有氣性義，而無道德主體性，郭象言性則兼涵氣性與主體性（見後面之分析）。此種人性之獲得只是偶然而沒有任何目的，然而就其內在於人之後，乃成爲人所必須者，不得不然者，所以也可以稱之爲理，《莊子·逍遙遊》「且夫水之積也不厚，則負大舟也無力。覆杯水於坳堂之上，則芥爲之舟；置杯則膠焉，水淺而舟大也」郭象注：

> 此皆明鵬之所以高飛者，翼大故耳。夫質小者所資不待大，則質大者所用不得小矣，故理有至分，物有定極，各足稱事，其濟一也。
> 若乃失乎忘生之主而營生至當之外，事不任力，動不稱情，則雖垂天之翼不能無窮，決起之飛不能無困矣。

又《莊子·大宗師》「意而子曰：『夫无莊之失其美，據梁之失其力，黃帝之亡其知，皆在鑪捶之間耳。』」郭象注：

> 言天下之物，未必皆自成也，自然之理，亦有須冶鍛而爲器者耳。
> 故此之三人，亦皆聞道而後忘其所務也。此皆寄言，以譴云爲之累。

〔註7〕

〔註7〕今人或主郭象「性」字的意義包涵一切存在的實然狀態，如林聰舜先生說：「如彼（向郭）等對『性』之內涵既無所規定，而將存在之實然狀態，舉凡欲、命、遇、能等盡皆包入」。見《向郭莊學之研究》，頁60，依據個人對郭象性、

　　郭象所用「性」字的義涵依個人之歸納亦可分爲三類：一、指人的官能之性質；二、指操行材質之性能；三、指人的虛靜之性。茲分別說明於下：

　　一、指人的官能之性質：《莊子・馬蹄》「彼民有常性，織而衣，耕而食，是謂同德。」郭象注：

> 夫民之德，小異而大同。故性之不可去者，衣食也；事之不可廢者，耕織也。此天下之所同而爲本者也。守斯道者，無爲之至也。

衣食是人出生之後即有所求的，此是人的官能欲望的追求。此種欲望的追求又是各有所宜，因其稟質之差異而有不同的，所以《莊子・徐无鬼》「子不聞夫越之流人乎？去國數日，見其所知而喜；去國旬月，見所嘗見於國中者喜；及期年也，見似人者而喜矣；不亦去人滋久，思人滋深乎？」郭象注：

> 各思其本性之所好。各得其所好則無思，無思則忘其所以喜也。

「各思其本性之所好」即說明官能欲望的追求是各有所宜的。

　　二、指操行、材質之性能：《莊子・齊物論》「如求得其情與不得，無益損乎其眞。一受其成形，不忘以待盡。」郭象注：

> 凡得眞性，用其自爲者，雖復皂隸，猶不顧毀譽而自安其業。故知與不知，皆自若也。若乃開希幸之路，以下冒上，物喪其眞，人忘其本，則毀譽之間，俯仰失錯也。性各有分，故知者守知以待終，而愚者抱愚以至死，豈有能中易其性者也。

又《莊子・駢拇》「駢拇枝指，出乎性哉！而侈於德；附贅縣疣，出乎形哉，而侈於性。」郭象注：

> 夫長者不爲有餘，短者不爲不足，此則駢贅出於形性，非假物也。然駢與不駢，其性各足，而此獨駢枝，則於眾以爲多，故曰侈耳。而惑者或云非性，因欲割而棄之，是道有所不存，德有所不載，而人有棄才，物有棄用也，豈是至治之意哉！夫物有小大，能有少多，所大即駢，所多即贅，駢贅之分，物皆有之，若莫之任，是都棄萬物之性也。

知、愚、長、短即是就人之材質之性而言，材質之性由於稟受之不同而有種種的區別。郭象所謂的氣性尚不僅就此材質而言，更將儒家視爲人性中同於

命二字之歸納分析，郭象所用性、命二字大抵是有區別的，所用性字皆指人本身所具有者，所用命字則偏指一切所遇，郭象適性思想的主張必然包含安命，能夠安命才能適性，但似不宜說郭象亦將命視爲性分之一。

天的道德理性的仁義之性亦當做氣性來處理，《莊子‧駢拇》「意仁義其非人情乎！彼仁人何其多憂也。」郭象注：

> 夫仁義自是人之情性，但當任之耳。恐仁義非人情而憂之者，眞可謂多憂也。

又《莊子‧天運》「止可以一宿而不可久處，覯而多責。」郭象注：

> 夫仁義者，人之性也。人性有變，古今不同也。故游寄而過去則冥，若滯而係於一方則見。見則偏生，偏生而責多矣。

孟子以仁義爲人的道德理性，就人之心說人的仁義之性，孟子說：「仁義禮智根於心」（〈盡心上〉），又說：「此天之所與我者」（〈告子上〉）。此仁義禮智既根於心又是源於天，是內在而又超越的，唯此道德理性只是四端，尚未充足圓滿，所以必須有一「持其志無暴其氣」（〈公孫丑〉）的擴而充之的功夫，有此功夫則能盡其心，進一步「盡其心者知其性也；知其性則知天矣」（〈盡心上〉）。由此而說仁義禮智是道德理性。而郭象則否認了仁義的擴充之必要，並把仁義視爲人之才性而分高下，全異於孟子之說。《莊子‧駢拇》「枝於仁者，握德塞性以收名聲，使天下簧鼓以奉不及之法非乎？而曾史是已。」郭象注：

> 夫曾史性長於仁耳，而性不長者橫復慕之，慕之而仁，仁已偏矣。
>
> 天下未嘗慕桀跖而必慕曾史，則曾史之簧鼓天下，使其失眞性，甚於桀跖也。

就仁之質而言，有性長者，有性不長者，此即以材性視之，並反對人對仁義的追求，可知郭象是不將仁義視爲人的道德理性，而視爲人的材性。

三、指虛靜之性：《莊子‧繕性》「古之治道者，以恬養知。」郭象注：

> 恬靜而後知不蕩，知不蕩而性不失。

莊子主張用「以恬養知」的方法來涵養內在於人之「道」，郭象亦主張以恬靜養性，可知郭象所說的「性」正同於莊子之「道」。又郭象亦同於莊子或以心言道性，〔註8〕《莊子‧德充符》「固有不言之教，无形而心成者邪」郭象注：

> 怪其形殘而心乃充足也，夫心之全也，遺身形，忘五臟，忽然獨往而天下莫能離。

〔註8〕有關郭象對於主體性的建立，廖明活先生已有說明，他說：「子玄釋『庚桑楚』中『靈臺』一辭：靈臺者，心也。清暢，故憂患不能入。他又這樣解釋『德充符』中『靈府』一辭：靈府者，精神之宅也。夫至足者，不以憂患經神，若皮外而過去。可見郭象也非完全忽視主體性的建立。」見〈莊子‧郭象與支遁之逍遙觀試析〉，頁13，註30。

此「心之全」之心即道心，道心全則人不妄做，並且能夠遺形軀而與物無不冥。道性亦是遍在於萬有之內的《莊子・知北遊》「正獲之問於監市履狶也，每下愈況。」郭象注：

> 狶，大豕也。夫監市之履狶以知其肥瘦者，愈履其難肥之處，愈知豕
>
> 肥之要。今問道之所在，而每況之於下賤，則明道之不逃物也必矣。

由「道之不逃物也必矣」可知郭象主張「道」是遍在於萬有之內，爲萬有之性的。

　　分析了郭象所用「性」字的意義之後，接著我們進一步要討論的即是郭象人性思想的重心，即適性逍遙的主張，《莊子・逍遙遊》郭象注：

> 夫小大雖殊而放於自得之場，則物任其性，事稱其能，各當其分，
>
> 逍遙一也，豈容勝負於其間哉！

又同篇「蜩與學鳩笑之曰：『我決起而飛，搶榆枋，時則不至而控於地而已矣，奚以之九萬里而南爲。』」郭象注：

> 苟足於其性，則雖大鵬無以自貴於小鳥，小鳥無羨於天池，而榮願
>
> 有餘矣。故小大雖殊，逍遙一也。

萬有既生之後即有其形質生命之情欲與小大不同的材質，此是「不可逃，不可加」，不能中易其性的，既不能消除亦不能改變。處之之道唯有安於其性，「事稱其能，各當其分」如此即是適性，此種適性亦可有其逍遙。然而純就形式上而說適性即逍遙，則適性逍遙亦可有種種的可能，一是眞能安於其本然之分者，此安於本然之分可由知其分而安之；二是主觀之界定何者爲己性，何者爲適性，此唯是一主觀之認定，實際上則是不安於其分而妄爲妄做；三是由虛心反道而來的安分適性，此時雖是安分適性，然全無知其性爲何，亦無適性的問題。只是一當下的如此即如此，而無一反省當下的如此是如此。〔註9〕郭象所主張的「物任其性，事稱其能，各當其分，逍遙一也」屬於何種類型，尚難由前面所引兩段注文做一斷定。然而郭象本身對於如何適性則多有說明，由郭象自身的說明即可幫助我們判定郭象適性思想的類型。《莊子・繕性》「知而不足以定天下。」郭象注：

> 忘知任性，斯乃定也。

又《莊子・人間世》「无聽之以耳而聽之以心，无聽之以心而聽之以氣，聽止

〔註9〕 參見楊儒賓先生著《向郭莊子注的適性說與向郭支道林對於逍遙義的爭辯》，頁103。

於耳，心止於符。氣也者，虛而待物者也。」郭象注：

> 遺耳目，去心意，而符氣性之自得，此虛以待物者也。

氣性自得即是各足於其性，而氣性之自得乃是經由遺耳目、去心意的忘知而得，可知郭象所主張的適性逍遙思想是指第三類的虛心反道而來的安分適性。〔註10〕也唯有在虛心反道的情況下才能眞正的安分適性。然而人生而有知，當此知不能虛時，人即不能故守其性分而妄做不已。此心知之動則又起於外物之引誘，《莊子・則陽》「故一形有失其形者，退而自責。」郭象注：

> 夫物之形性何爲而失哉！皆由人君撓之以至斯患耳，故自責。

形性之失乃起因於人君之撓、形性失則知起，知起則喜怒得失亦隨之而起，人即因此而失性，《莊子・在宥》「人大喜邪？毗於陽；大怒邪？毗於陰。陰陽並毗，四時不至，寒暑之和不成，其反傷人之形乎！使人喜怒失位，居處無常，思慮不自得，中道不成章。」郭象注：

> 此皆堯桀之流，使物喜怒太過，以致斯患也。人在天地之中，最能以靈知喜怒擾亂群生而振蕩陰陽也。故得失之間，喜怒集乎百姓之懷，則寒暑之和敗，四時之節差，百度昏亡，萬事失落也。

有此靈知之擾亂，人即因此而有好惡，有好惡即有得失，有得失進而即有喜怒，此時人人皆成一有待，而不能有無窮之逍遙，《莊子・逍遙遊》「夫列子御風而行，泠然善也，旬有五日而後返。」郭象注：

> 泠然，輕妙之貌，苟有待焉，則雖御風而行，不能以一時而周也。

「不能以一時而周」即是不能無窮，而必有所止。消除此由智識而來之有待，其根本之道即在化除智識而減於冥極，《莊子・養生主》「而知也无涯」郭象注：

> 夫擧重攜輕而神氣自若，此力之所限也。而尙名好勝者，雖復絕瘢，猶未足以慊其願，此知之無涯也。故知之爲名，生於失當而減於冥極。冥極者，任其至分而無毫銖之加。是故雖負萬鈞，苟當其所能，則忽然不知重之在身；雖應萬機，泯然不覺事之在己。此養生之主也。

萬物能各守其分而無分外之追求，即能適性，唯此「減於冥極」即含一工夫過程，此工夫過程可由人本身的自覺其失性而做，亦可奠基於聖人之功化，然而一般人大抵不能有此自覺，故此工夫過程多奠基於聖人之功化，郭象亦

〔註10〕今人或以郭象的適性逍遙爲主觀認定者，如王淮先生說：「原來在郭象的意識中，基本上他是以主觀的『適性』爲『逍遙』之定義」，見《郭象莊子注之檢討》，頁66。依上文之分析可知此說實有待商榷。

將此歸之於聖人。《莊子・逍遙遊》「若夫乘天地之正，而御六氣之辯，以遊無窮者，彼且惡乎待哉」郭象注：

> 天地者，萬物之總名也。天地以萬物爲體，而萬物必以自然爲正，自然者，不爲而自然者也。故大鵬之能高，斥鷃之能下，椿木之能長，朝菌之能短，凡此皆自然之所能也。不爲而自能，所以爲正也。故乘天地之正者，即是順萬物之性也；御六氣之辯者，即是遊變化之塗也；如斯以往，則何往而有窮哉！所遇斯乘，又將惡乎待哉！此乃至德之人玄同彼我者之逍遙也。苟有待焉，則雖列子之輕妙，猶不能以無風而行，故必得其所待，然後逍遙耳，而況大鵬乎！夫唯與物冥而循大變者，爲能無待而常通，豈獨自通而已哉！又順有待者，使不失其所待，所待不失，則同於大通矣。故有待無待，吾所不能齊也；至於各安其性，天機自張，受而不知，則吾所不能殊也。夫無待猶不足以殊有待，況有待者之巨細乎？

此段注文所牽涉的義理主要有三：一是無待者的特質爲何？二是有待者之所待者爲何？三是有待、無待的不齊與不殊。由有待者之所待者的論述，可解決上面所說郭象的適性是滅於冥極及將滅於冥極之工夫過程歸於聖人之化。由有待、無待的不齊與不殊之論述，則可知道郭象「逍遙」之義所隱涵的層次。

一、就無待者之特質而言：所謂無待並不是空無依待之義，空無依待者只是一飄浮虛懸而已。郭象所謂的無待是能夠「順萬物之性」、「遊變化之塗」的聖人，由此「順萬物」、「遊變化」而言其無窮，無待。聖人所以能夠無待則是因爲聖人能「玄同彼我」，玄同彼我則無物我之分別。

二、就有待者之所待而言：聖人之使有待者得其所待，並不是就現象而言，不是列子待風即供給列子風，斥鷃能槍榆枋即供給斥鷃榆枋，而是能夠使萬物各歸其本性，化除一切知爲喜怒，使有待者「天機自張，受而不知」。有待者之所待是指此不知、自張的境界而言，聖人使有待者得其所待亦就不知、自張的境界而言。

三、就有待與無待的不齊與不殊而言：不齊乃就現象界而言，就現象界說適性亦不免有種種「不知所以知而自知」、「不知所以生而自生」的表現，此就客觀而言盡可有其大、小之差別，是故雖是適性之逍遙仍可有差別，此亦是郭象所承認的，《莊子・刻意》「刻意尚行，離世異俗，高論怨誹，爲亢

而已矣。此山谷之士，非世之人，枯槁赴淵者之所好也……吹呴呼吸，吐故納新，熊經鳥申，爲壽而已矣。此道引之士，養形之人，彭祖壽考者之所好也。」郭象注：

> 此數子者，所好不同，恣其所好，各之其方，亦所以爲逍遙也。然此僅各自得，焉能靡所不樹哉！若夫使萬物各得其分而不自失者，故當付之無所執爲。

此數子之「恣其所好，各之其方」的自得即是適性，山谷之士、導引之士皆是適性逍遙，然此數子卻不能「靡所不樹」。靡所不樹而「無所執爲」之人是無待之聖人。此數子與聖人對比，即刻見其有小大之別而不能齊。不殊則是就境界而言，由聖人之功化而「萬物各返所宗於體中」，由此而呈現一無待之境界。在此無待之境界下，聖人亦是一獨化，有待亦是一獨化，同是獨化即同是無待，《莊子・寓言》「火與日，吾屯也；陰與夜，吾代也。彼吾所以有待邪？而況乎以無有待者乎！」郭象注：

> 推而極之，則今之有待者卒至於無待，而獨化之理彰。

牟宗三先生曾分析郭象之逍遙思想爲三層，「一是從理上一般說，二是分別說，三是融化說。」〔註11〕此說確當無誤。當郭象將有待、無待，有待之大小齊平視之的時候，是從第三層的融化說而言，而不是就現象界的一般說而言。就現象界而言，仍有大小之別，有有待之逍遙與無待之逍遙的差別，《莊子・大宗師》「故曰：天之小人，人之君子；人之君子，天之小人也」郭象注：

> 以自然言之，則人無小大；以人理言之，則伴於天者可謂君子矣。

自然即是無人爲的造作、心知在裡面，一切皆是自己如此而不知有此如此。人歸之於自然，道性即顯，此即郭象所說「道在自然」，此時一切的知爲皆只是自知自爲，一切人爲的知爲，名稱不起，故同篇「知天之所爲者，天而生」郭象注：

> 天者，自然之謂也。夫爲爲者不能爲，而爲自爲耳；爲知者不能知，而知自知耳。自知耳，不知也，不知也則知出於不知矣；自爲耳，不爲也，不爲也則爲出於不爲矣。爲出於不爲，故以不爲爲主；知出於不知，故以不知爲宗。是故眞人遺知而知，不爲而爲，自然而生，坐忘而得，故知稱絕而爲名去也。

此時萬有之一切作爲皆只是自然與物化耳，而內心則爲一不化之道心的存

〔註11〕同註5，頁184。

在。《莊子‧知北遊》「與物化者，一不化者也。」郭象注：

> 常无心，故一不化，一不化方能與物化。

「常无心」即是以虛靜之工夫化除一切由外物而起的心知，能化除一切心知，則能保持靈明之道心，能保持靈明之道心即「一不化」，同時由此靈明之道心的保持而起一不執滯的隨物而化之境界。

第三節　郭象聖人思想及自然與名教的會通

聖人人格與自然名教的會通乃魏晉時代的重要課題，此課題發展至郭象時已有進一步的發展，聖人人格正在始時期爲有情、無情之辯，此時則著重聖人治、不治世。名教與自然在正始時期雖已主張名教與自然之性相合，然而仍偏重於如何保存自然之性，強調「崇本舉末」。此時則更著重於說明名教即自然之性，名教與自然爲一。《莊子‧逍遙遊》「子治天下，天下既已治也。」郭象注：

> 夫能令天下治，不治天下者也。故堯以不治治之，非治之而治者也。今許由方明既治，則無所代之，而治實由堯也。故有子治之言，宜忘言以尋其所況。而或者遂云：「治之而治者，堯也；不治而堯得以治者，許由也。」斯失之遠矣。夫治之由乎不治，爲之出乎無爲也，取於堯而足，豈借之許由哉！若謂拱默乎山林之中而後得稱無爲者，此莊老之談所以見棄於當塗。當塗者自必於有爲之域而不反者，斯之由也。

此中所牽涉的義理主要有二，一是聖人是治世者或拱默於山林者？二是聖人治世之道爲何？依郭象之說，聖人乃是治世者，是堯而非許由，許由之拱默山林實只是一偏，只能爲堯之外臣，故「而我猶代子，吾將爲名乎？名者實之賓也，吾將爲賓乎？」（同上）郭象注云：「若獨亢然立乎高山之頂，非夫人有情於自守，守一家之偏尚，何得專此，此故俗中之一物，而爲堯之外臣耳」。一偏之人不能無待而常通，此即其所以不足稱聖的原故。聖人治世之道則是以「不治治之」、「無爲爲之」，所謂的「無爲」並非是無所做爲，若此則堯亦同於許由爲俗中之一物，《莊子‧天道》「上必无爲而用天下，下必有爲爲天下用，此不易之道也。」郭象注：

> 無爲之言，不可不察也。夫用天下者，亦有用之爲耳。然自得此爲，率性而動，故謂之無爲也。今之爲天下用者，亦自得耳。但居下者

> 親事，故雖舜、禹爲臣，猶稱有爲。故對上下，則君靜而臣動；比
> 古今，則堯、舜無爲而湯、武有事。然各用其性而天機玄發，則古
> 今上下無爲，誰有爲也！

所謂「無爲」並不是無所做爲，而是「率性而動」，一切出於自知、自爲。率性而動則堯舜無爲與湯武有事，雖表現不同而仍同屬無爲。且任何存在的事物，皆不可能孤立於萬有之中，故必有應、有感，有應、有感即有爲，此皆是不可避免者，故《莊子・山木》「吾命有在外者也。」郭象注：

> 人之生必外有接物之命，非如瓦石止於形質而已。

正因爲有此接物之應感，才使得人能區別於瓦石，否則人與瓦石同而無異。聖人與凡人雖有不同，然就其形質生命之存在而言，則聖人亦不能脫離此紛雜之世界而不應物，《莊子・大宗師》「孔子曰：『丘，天之戮民也』」郭象注：

> 以方內爲桎梏，明所貴在方外也。夫遊外者依內，離人者合俗，故
> 有天下者無以天下爲也。是以遺物而後能入群，坐忘而後能應務，
> 愈遺之，愈得之。苟居斯極，則雖欲釋之而理固自來，斯乃天人之
> 所不赦者也。

既爲一存在物，則雖聖人亦不能化除此形質生命；既有其聖人之質，亦不能不應世而治之。此是理所固有者，是自然而然者。就其不可避免而說，即「天人之所不赦」。唯聖人之治全出於其性之玄發，以無爲爲之，故雖應物亦無滯於物，其心仍可是逍遙而無累。《莊子・逍遙遊》「藐姑射之山，有神人居焉，肌膚若冰雪，淖約若處子」郭象注：

> 此皆寄言耳。夫神人即今之所謂聖人也。聖人雖在廟堂之上，然其
> 心無異於山林之中，世豈識之哉！徒見其戴黃屋，佩玉璽，便謂足
> 以纓紱其心矣；見其歷山川，同民事，便謂足以憔悴其神矣；豈知
> 至至者之不虧哉！今言王德之人而寄之此山，將明世所無由識，故
> 乃託之於絕垠之外而推之於視聽之表耳。

世人只見聖人之應物無窮，「戴黃屋」、「佩玉璽」、「歷山川」、「同民事」，即認爲聖人「足以憔悴其神」，而不知聖人之應物皆只是以無爲應之，只是率性而動，故其心仍「無異於山林之中」，亦是逍遙而無待。唯此聖人既應物，則有種種之行爲動作，此亦是不可避免，而聖人之行爲動作所成之化跡即是名教、六經。《莊子・天運》「老子曰：『幸矣子之不遇治世之君也！夫六經先王之陳跡也，豈其所以跡哉！今子之所言，猶跡也。夫跡，履之所出，而跡豈

履哉！』」郭象注：

> 所以跡者，眞性也。夫任物之眞性者，其跡則六經也。況今之人事，
> 則以自然爲履，六經爲跡。

六經只是聖人任物而來之跡，此是自然而然的，並非是聖人有意爲之而得，故《莊子・繕性》「德无不容，仁也；道无不理，義也；義明而物親，忠也；中純實而反乎情，樂也；信行容體而順乎文，禮也」郭象注：

> 無不容者，非爲仁也，而仁跡行焉。無不理者，非爲義也，而義功
> 著焉。若夫義明而不由忠，則物愈疏。仁義發中，而還任本懷，則
> 志得，志得矣，其跡則樂也。信行容體而順乎自然之節文者，其跡
> 則禮也。

然而此六經名教之跡是聖人之跡亦是常人之跡，聖人以其無爲任物而使物容、物理、順乎自然之節文，此是聖人之跡，而常人亦因此聖人之任物而得以發用其仁義之性，故亦有其仁義之跡。此全是一圓融無礙，聖人之名教正所以成就常人之性。名教出於自然，跡出於所以跡，故名教即是自然。名教之跡雖出於所以跡之自然，然而時異事變，則名教之跡不滯於一方，故名教之跡亦不可執，若執名教以爲制，則名教反成民之妖，不僅民失其性，且所謂的仁義禮等名教亦是假仁、假義、假禮。《莊子・大宗師》「二人相視而笑曰：『是惡知禮意。』」郭象注：

> 夫知禮意者，必遊外以經內，守母以存子，稱情而直往也。若乃矜
> 乎名聲，牽乎形制，則孝不任誠，慈不任實，父子兄弟，懷情相欺，
> 豈禮之大意哉！

「矜乎名聲、牽乎形制」即是滯執於名教，因而形成了「孝不任誠、慈不任實」的假慈。是故名教不可滯執。

第四節　郭象人性論的特色與缺失

　　郭象的適性遙思想及無爲而自爲的人性思想，其主要成就可分別爲二點加以說明：

　　一、可免除生命的奔騖與困頓：人生於世，由於智識心的作用因而有種種的價值判斷，進而有大、小、優、劣之分，伴隨此認識心而起的即是各種的智情。有智情，則人常感覺自己之不足，因而不斷的向外追求，企圖滿足

個人無限的欲望。然而人生而有各種不可避免與不可轉化的限制，是故欲望多有求而不能得者。人之性命即在此追求與不能得的雙重損害下形成一困頓的生命。然而人若能安於其性，自足於其性分中則可解除生命的奔驁與困頓，而郭象所說的「夫小大雖殊而放於自得之場，則物任其性，事稱其能，各當其分，逍遙一也，豈容勝負於其間哉」的適性逍遙思想，正有助於人們泯除情欲追求的困頓。

二、可凸顯個人的價值性：現實世界中人們常持一固定的價值標準來要求個人，並以此判定人格的高下，郭象則化除此外在的價值標準，強調物各有性，若能足於其性即是人格的完成，雖然性分各有不同，然能各足其性則亦無高下之別。《莊子‧徐无鬼》「无以巧勝人，无以謀勝人。」郭象注：

守其朴而朴各有所能則平，率其眞知而知各有所表則均。

又《莊子‧駢拇》「是故鳧脛雖短，續之則憂；鶴脛雖長，斷之則悲。」郭象注：

各自有正，不可以此正彼而損益之。

不以此正彼，則一切外在的價值規範完全取消，個人即可依其所稟之能、眞知以發用，如此則個體之價值完全顯現，此重獨性、重個性的適性思想正是郭象人性思想的特色，〔註12〕同時也是整個魏晉時代的普遍思想。

郭象人性論的缺失在於他所說的適性逍遙之思想亦可成爲妄爲造做者的藉口。

適性逍遙之境界乃聖人經由一「若一志，无聽之以耳而聽之以心，无聽之以心而聽之以氣；聽止於耳，心止於符。氣也者，虛而待物者也。唯道集虛。虛者，心齋也」（〈人間世〉）的遮撥工夫所達到的境界，在此境界中唯是道心之發用，故能所遇斯乘，無所不安，「登高不慄、入水不濡，入火不熱。是知之能登假於道者也若此」（〈大宗師〉），由此道心之貞定進而轉化一切妄爲妄做。郭象對此逍遙之境界多能契悟，然而郭象對此逍遙境界非眞能體致，而只是一智悟，智悟則非能透顯此道心顯現時的眞正境界，只能契及無心而所遇斯乘的逍遙形式義。只要是無心而所遇斯乘，不論其所遇所乘者爲何，郭象皆認爲無礙其成爲無待逍遙之人。人所遇所乘者不外性與命，則無待之逍遙所呈現的即是適性、安命，因而愚者師其自得之成心，郭象即認爲亦是「付之而自當」。《莊子‧齊物論》「夫隨其成心而師之，誰獨且無師乎？奚必

知代而心自取者有之，愚者與有焉。」郭象注：

> 夫心之足以制一身之用者，謂之「成心」。人自師其成心，則人各自
> 有師矣。人各自有師，故付之而自當。夫以成代不成，非知也，心
> 自得耳。故愚者亦師其成心，未肯用其所謂短而舍其所謂長者也。

郭象所謂的「成心」是指一自得之心，而非同於莊子所說由認知而來的成心。
愚者師其自得之成心，也就是無心而所遇斯乘，故能「付之而自當」。郭象更
進而認爲信偏見者只要其本性是如此，則信偏見亦是適性而不可悲，「與物相
刃相靡，其行盡如馳而莫之能止，不亦悲乎。」（同上）郭象注：

> 群品云云，逆順相交，各信其偏見而恣其所行，莫能自反，此比於
> 眾人之所悲者，亦可悲矣，而眾人未嘗以此爲悲者，性然故也。物
> 各性然，又何物足悲哉。

如此一來本爲明至人之心的無待逍遙，反可成爲各信偏見而妄爲妄做者藉以
掩飾其行爲的藉口。〔註13〕

〔註13〕郭象此種思想形成的原因，牟宗三先生認爲此乃因爲郭象缺乏生命存在的悲
　　　　感意識。見《才性與玄理》，頁 196。黃師錦鋐則主張郭象此種適性逍遙思想
　　　　是爲了解決自己行爲的矛盾，他說：「郭象的意思，只要『適性』的話，大小
　　　　都是一樣的逍遙因此他一邊研究老莊，一邊任職當權，也是「適性」。見《郭
　　　　象》，頁 13。又陳寅恪先生則認爲此種思想或受有當時人物才性思想的影響，他說：
　　　　「故疑向子期之解逍遙遊不能不受當時人物才性論之影響」，《陳寅恪全集》，
　　　　頁 1351。

第八章 張湛的人性論

　　張湛字處度，東晉高平人，他的生卒年不詳。〔註1〕現存的著作僅有《列子注》。玄學發展至東晉的時候已逐漸與佛學合流，張湛的思想中也受有佛學的影響。〔註2〕然而張湛《列子注》所討論的仍以玄學思潮所探討的「有」、「無」及「自然」與「名教」等問題為主。

第一節 張湛人性論的理論根據

　　張湛人性論的理論根據為「有之為有，恃無以生。」（《列子・天瑞》注）此有似於王弼所主張的「有之所始，以無為本。」（《老子・四十章》注）然而張湛對於「有」的物質來源及「有」如何恃「無」而生則有比王弼更詳細的說明。張湛認為萬有之形質都是元氣分化而形成的，《列子・天瑞》「長廬子聞而笑之曰：『虹蜺也，雲霧也，風雨也，四時也，此積氣之成乎天者也。山岳也，河海也，金石也，火木也，此積氣之成乎地者也。知積氣也，知積塊也，奚謂不壞。』」張湛注：

　　　夫混然未判，則天地一氣，萬物一形，分而為天地，散而為萬物，

〔註1〕容肇祖先生考證張湛的生年約在西元三三○年以後，見《魏晉的自然主義》，頁66。

〔註2〕如《列子・說符》：「是故賢者慎所出」張湛注：「善者則吉應，惡積則禍臻」，又「關尹子謂子列子曰：言美則響美。言惡則響惡。身長則影長，身短則影短。名也者，響也。身也者，影也」張湛注：「夫美惡報應譬之影響，理無差焉」。依任繼愈先生之說：「『報應』一詞係佛家語」見《中國哲學發展史・魏晉南北朝》，頁292。

此蓋離合之殊異，形色之虛實。

張湛認爲宇宙最初是一渾沌未判之氣，後來元氣乃分散而有天地和萬物。元氣之分散爲天地和萬物並無任何的目的，也沒有一主使者，一切只是自然而然。《列子‧周穆王》「造物者其巧妙，其功深，固難窮難終。」張湛注：

> 造物者豈有心哉？自然似妙耳。夫氣質憤薄，結而成形。隨化而往，
> 故未即消滅。

造物者即「氣質憤薄」之元氣，元氣憤薄，結成萬有只是自然而然，因而張湛亦視萬有之形成只是自生。《列子‧天瑞》「天地安從生？」張湛注：

> 天地無所從生而自然生。

「自然生」即自生。〔註3〕萬有雖是由氣之自然分化而來，然而張湛仍主張萬有之生化必恃「無」以生。《列子‧天瑞》「無動不生無而生有。」張氏注說：

> 有之爲有，恃無以生。言生必由無，而無不生有。此運通之功，必
> 賴於無，故生動之稱，因事而立耳。

既說「有之爲有，恃無以生。」又說「言生必由無，而無不生有。」二者似乎是相互矛盾，何以張湛將二者合而並論？其中的關鍵在於「生」字的解釋，張湛主張「生動之稱，因事而立耳。」即「生」字的意義是隨其所在的地方不同而可有不同的解釋的。張湛認爲「恃無以生」的「生」字意義並非是一般所說的創生，產生的涵義，而是「運通」之義，「有之爲有，恃無以生」只是說有的形成是依靠「無」的運通之功，而非由「無」產生，因而亦可說是「無不生有」。元氣之分散化成萬有必須憑藉「無」的運通之功，因此「無」乃成爲萬有之本。

〔註3〕張湛的思想中似乎乃承襲有郭象的自生無待思想如《列子‧湯問》：「夏革曰：然則亦有不待神靈而生，不待陰陽而形，不待日月而明」張湛注：「夫生者自生，形者自形，明者自明，忽然自爾，固無所因假也」。此與郭象所說：「誰得先物者乎哉？吾以陰陽爲先物，而陰陽者，即所謂物耳。誰又先陰陽者乎？吾以自然爲先之，而自然者，即物之自爾耳。吾以至道爲先之矣，而至道者乃至無也。既以無矣，又奚爲先？然則先物者誰乎哉？而猶有物，無已，明物之自然，非有使然」（〈知北遊〉注）相同。然而郭象的思想中否定造物者的存在，張湛則承認有一造物者的氣的存在、故張湛是偏就於氣來講萬物自生的，此亦可由〈天瑞注〉獲得證明，「視之不見，聽之不聞，循之不得，故曰易也。易無形埒。易變而爲一」注：「老子曰：視之不見名曰希，而此曰易，易亦希簡之別稱也。太易之義如此，故能爲萬化宗主，冥一而不變者也。所謂易者，窈冥惚恍，不可變也；一氣之而化，故寄名變耳」。一氣恃之而化即張湛所說「有之爲有，恃無以生」之意，可知張湛偏就於氣來講萬物自生。

張湛所說的「無」亦非是現實存在之物。《列子‧天瑞》「故有生者，有生生者；有形者，有形形者；有聲者，有聲聲者；有色者，有色色者；有味者，有味味者。」張湛注：

> 形聲色味，皆忽爾而生，不能自生者也。不能自生，則無爲之本。
> 無爲之本，則無留於一象，無係於一味，故能爲形氣之主，動必由
> 之者也。

現實之物爲此則不能爲彼，以象稱之只是一象，以味稱之只是一味，一象、一味皆只是有限之物，故不能爲萬物之宗主，是以爲萬物之宗主的「無」非現實存在之物，此爲萬物之宗主的「無」實際上只是一境界之妙用，是一虛的境界之妙用。張湛〈列子序〉說：

> 其書大略明群有以至虛爲宗，萬品以終滅爲驗。

爲群有之宗的「至虛」也就是「無」，可知張湛所說的「無」亦只是一境界形態，而非一實體。〔註4〕

第二節　張湛的性、情、心論及順性逍遙思想

張湛所用「性」字的意義依個人之分析可歸爲三類：一、指人的官能之性質；二、指人的材質之性能；三、指人的虛靜之本性。茲分別說明於下，

一、指官能之性質，如《列子‧楊朱》篇名張湛注：

> 夫生者，一氣之蹔聚，一物之蹔靈。蹔聚者終散，蹔靈者歸虛。而
> 好逸惡勞，物之常性。故當生之所樂者，厚味、美服、好色，音聲
> 而已耳。

所謂「物之常性」即是指此好逸惡勞及對厚味、美服、好色、音聲的追求的官能之性質而言。對於此種生物本能的情欲之性，張湛主張應該順任之，《列子‧楊朱》「去廢虐之主，熙熙然以俟死，一日、一月、一年、十年，吾所謂養。」張湛注：

> 任情盡性，窮歡盡娛，雖近期促年，且得盡當生之樂也。

然而張湛所主張的「任情盡性」並不是對情欲採取一種放縱的態度，〔註5〕

〔註4〕湯一介先生認爲張湛所說的至無、至虛乃元氣之別名，他說：「所謂『元氣』者實即『至虛』之別名」，見《郭象與魏晉玄學》，頁316。由前注所引〈天瑞注〉的例子可知張湛的元氣並不等於至虛，否則「一氣恃之而化」即不可理解。

〔註5〕褚柏思先生認爲張湛所主張的「任情適性，窮歡盡娛」爲快樂論或放縱主義。

對於官能的情欲若是加以放縱，不僅無法求得當生之樂，相反的反成爲生命困頓的原因。《列子・楊朱》「桀藉累世之資，居南面之尊，智足以距群下，威足以震海內；恣耳目之所娛，窮意慮之所爲，熙熙然以至於死，此天民之逸蕩者也」張湛注：

> 盡驕奢之極，恣無厭之性，雖養以四海，未始愜其心。此乃憂苦窮
> 年也。

人的官能情欲依張湛看來是永遠無法滿足的，是故，若是放縱此情欲之性，雖「養以四海」也無法滿足，不能滿足則必定「憂苦窮年」。因此張湛所主張的「任情盡性」並不是放縱情欲，他所說的「任情盡性」的眞正意義在使人的性情能夠獲得合理的滿足。一般人常常爲了追求世俗的名譽而不惜壓抑情欲的合理需求，張湛的「任情盡性」之主張正是針對這種情形而提出的，《列子・楊朱》篇名張湛注：

> 不能肆性情之所安，耳目之所娛，以仁義爲關鍵，用禮教爲矜帶，
> 自枯槁於當年，求餘名於後世者，是不達生生之趣也。

張湛雖然認爲人之所以不能安於性情乃是因爲世人「以仁義爲關鍵，用禮教爲矜帶」所造成的，然而他並非反對名教，張湛反對的是人們對仁義的標榜以及因標榜仁義而形成的對仁義之滯執。《列子・仲尼》「詩書、禮樂，何棄之有？革之何爲？」張湛注：

> 若欲捐詩書、易治術者，豈救弊之道？即而不去，爲而不恃，物自
> 全矣。

詩書、禮樂爲救弊之道，可知名教不可捐棄，然而對詩書、禮樂之制則必須採取「即而不去，爲而不恃。」的方法，也就是不滯執。

二、指材質之性能，如《列子・天瑞》「太素者，質之始也」張湛注：

> 質，性也。既爲物矣，則方員剛柔、靜躁沈浮，各有其性。

萬物稟氣而生，由於所稟氣性剛柔及厚薄不同，因而有「方員剛柔，靜躁沈浮」等不同的材質，材質既然不同，則由材質而來的材能亦有不同，材能不同則各有其所適宜處理的事情，《列子・天瑞》「故天職覆生，地職形載，聖職教化，物職所宜」張湛注說：

> 職，主也。生各有性，性各有所宜者也。

對於此種各有所宜的材質之性，張湛亦採取一種品鑑的態度。《列子・周

見《中國哲學史新義》，頁124。

穆王》「東極之北隅有國曰阜落之國。其土氣常燠，日月餘光之照。其土不生嘉苗。其民食草根木實，不知火食，性剛悍，彊弱相藉，貴勝而不尙義；多馳步，少休息，常覺而不眠。」張湛注：

> 方俗之異，猶覺夢反用，動寢殊性，各適一方，未足相非者也。

萬物要能「未足相非」，唯在於觀照萬物者能泯除一切美醜、優劣之分判，無此美醜，優劣之分判，則萬物皆有其美，皆有其可用之處。觀照萬物者要能泯除一切美醜、優劣之分判，則必須對萬物採取品鑑的態度。

　　三、指虛靜之本性，如《列子・天瑞》「莫如靜、莫如虛。靜也虛也，得其居矣；取也與也，失其所矣。」張湛注：

> 夫虛靜之理，非心慮之表，形骸之外，求而得之，即我之性。內安諸己，則自然眞全矣。故物所以全者，皆由虛靜，故得其所安；所以敗者，皆由動求，故失其所處。

此虛靜之性是人性所本有的，非外求而得，此虛靜之性亦即是心之性，《列子・仲尼》「有意不心。」張湛注：

> 夫心寂然無想者也，若橫生意慮，則失心之本矣。

所謂「寂然無想」也就是虛靜。張湛認爲人若能保全其虛靜之性則能夠得其所安。張湛所說的虛靜實際上乃是一種境界，是一種無彼我之分的無心境界。《列子・天瑞》「列子曰：虛者無貴也。」張湛注：

> 凡貴名之所以生，必謂去彼而取此，是我而非物。今有無兩忘，萬異冥一，故謂之一。虛既虛矣，貴賤之名，將何所生。

張湛認爲「虛」就是「有無兩忘，萬異冥一」，此即是一心靈境界，人能不喪失心之本也就不會喪失虛靜之境界，在此境界的呈現下，既無物、我之分別，自然能夠不起美醜、優劣之分，物物齊平，因而能夠不沾滯，能不沾滯，則能肆其性情所安。肆性情之所安，則能夠無往不適，也就能夠逍遙，《列子・黃帝》篇名張湛注：

> 稟生之質謂之性，得性之極謂之和。故應理處順，則所適常通；任情背道，則遇物斯滯。

又〈列子序〉說：

> 順性則所之皆適，火水可蹈；忘懷則無幽不照。

然而世人多不能順性，應理，其中之關鍵在於心除了具有虛靜之性外，更有一能判斷美惡的知的存在。《列子・仲尼》「凡此眾疾，爵賞不能勸，刑罰不

能威，盛衰、利害不能易，哀樂不能移。」張湛注：

> 夫人所以受制於物者，以心有美惡，體有利害。苟能以萬殊爲一貫，
> 其視萬物，豈覺有無之異？

有美惡之心即是一智識心，當此智識心發用之時，人立刻喪失其「萬殊爲一貫」、「有無兩忘」的精神境界，此時所見的各種事物不再齊平無別，而是有美惡、貴賤的分別，人心進而滯執於此美惡、貴賤的分別而不能順性。因此重情欲者乃「盡驕奢之極、恣無厭之性。」重名者乃「以仁義爲關鍵，用禮教爲矜帶，自枯槁於當年，求餘名於後世。」生命即因此而困頓。因此人若想要順性逍遙，則必須有修養工夫以消解造成生命困頓的智識心，此修養工夫即是虛靜、坐忘。《列子‧仲尼》「亢倉子曰：『我體合於心，心合於氣，氣合於神，神合於無。』」張湛注：

> 此形智不相違者也。此又遠其形智之用，任其泊然之氣也。此寂然
> 不動，都忘其智。智而都忘，則神理獨運，感無不通矣。同無則神
> 矣，同神則無矣。二者豈有形乎？直有其智者不得不親無以自通，
> 忘其心者則與無而爲一也。

能夠忘其心智則「與無而爲一」，與無爲一也就是天人合一，天人合一即是聖人、至人，故能無往而不適，無往而不逍遙。

第三節　張湛人性論的特色與缺失

張湛人性論的特色可從兩方面加以說明：

一、張湛所主張的「動寢殊性，各適一方，未足相非。」的思想，同於王弼、嵇康、郭象等人共有的重人物的個性的思想。

二、張湛所主張的「順性則所之皆適」的思想有助於人們免除生命的奔鶩與困頓。

至於張湛人性論的缺失亦可從兩方面加以說明：

一、張湛所說的順性逍遙亦同於郭象，僅能理解逍遙的形式義，以順性，安於所遇即逍遙，故本爲人之妄做妄爲所形成的結果，張湛亦以爲是生命所固有。《列子‧仲尼》「有所用而死者亦謂之道，用道而得死者亦謂之常」張湛注：

> 乘凶危之理，以害其身，亦道之常也。

「道之常」是人所不能逃避的，然而「乘凶危之理，以害其身。」乃是人之妄為妄做所造成的，而非「道之常」。

　　二、張湛亦主張名教不可廢，然而張湛不能承繼王弼、嵇康、郭象等人將仁義視為人的本性。張湛僅將名教視為治世之工具，《列子・仲尼》「魯之君臣日失其序，仁義益衰，情性益薄。此道不行一國與當年，其如天下與來世矣」張湛注：

　　　　治世之術實須仁義。世既治矣，則所用之術宜廢。

僅將名教視為治世之工具，則名教對於人而說，只是一外在的行為規範，只是一妨礙人性的自由發展的束縛。

第九章　結　論

　　以上各章是分別依人論述其人性論，此章則就魏晉人性論做一通盤的觀察，並就史的方面及人性的類別兩方面加以說明。茲先就類別方面加以說明：

　　就人性的類別而言（此處類別之區分是依照各家對人性的內容所討論的重心而區分）可分為三類。第一類所討論的人性內容偏就材質之性立論，此以劉劭為代表，《人物志》一書因政治上的實用目的而偏就材質之性區分類別，他於〈九徵〉篇中區分人之材質為「兼德而至」的中庸之質，「具體而微」的德行之質，「一至」的偏材之質，「一徵」的依似之質，「一至一違」的間雜之質等五類。於〈體別〉篇將材性區分為「屬直剛毅」、「柔順安恕」、「雄悍傑健」、「精良畏慎」、「彊楷堅勁」、「論辯理繹」、「普博周給」、「清介廉潔」、「休動磊落」、「沈靜機密」、「樸露徑盡」、「多智韜情」等十二類。於〈材理〉篇將人的材性區分為「道理」、「事理」、「義理」、「情理」四家。於〈英雄〉篇將人的材性區分為英、雄兩類。劉劭雖然區別材性之類別，然而並不判定其高下，而是偏就個人之材質指出其優劣，說明其所宜，對人之材性採取一種品鑑的態度。

　　第二類所討論的人性內容偏就「虛靜心」以立論，此以王弼、阮籍、嵇康、郭象、張湛為代表。此類承認人性中有其形質生命所具有的官能性質及材質性能的人性本質，並主張使官能性質能得其自然之需求，材質性能獲得所宜適任之職。同時對人的材質之性採取一種品鑑的態度。然而他們更進一步則主張人要能安於其本身的官能性質及材質性能，必先保持其虛靜無為之本心。若不能保持其虛靜無為之本心，而順任心智的欲求，則失其性，生命即因此困頓不已。化解生命之困頓，則必須有一虛靜之工夫，由虛靜蕩除一

切外在的引誘，此時人即回歸於本性之自我，並由於虛靜心之獲得使得人不滯執於現象界的事務，而獲得一「不避物而處，所睹則寧；不以物爲累，所遹則成，彷徉足以舒其意，浮騰足以逞其情。故至人無宅，天地爲客；至人無主，天地爲所；至人無事，天地爲故。無是非之別，無善惡之異，故天不被其澤，而萬物所以熾」（〈大人先生傳〉）的逍遙境界。

第三類所討論的人性內容則偏就情欲之性以立論，此類以張邈、向秀及裴頠爲代表。此類採經驗認知的態度來觀察人性，是故其論人性已多非就人的本質加以論述，而是以經由外物之引誘而起的智識心之發用爲人的本質。如張邈所說「得意則喜，見犯則怒，乖離則哀，聽和則樂，生育則愛，違好則惡，飢則欲食，逼則恐懼，凡此八者，不教而能，若論所云，即自然也」（〈自然好學論〉）。得意、見犯等非人性本質所起的判斷，而是出於人的智識心的判斷之後而來的。

以上所述爲魏晉時代對於人性內容的探討的三大類別。接著再就史的方面來說魏晉人性論在魏晉時代的發展及其對先秦兩漢的人性論的承繼與開創，茲先論述魏晉時代的人性論發展。

魏晉時代人性論的發展趨勢爲氣化決定論的思想趨於衰微，而道家的虛靜本性獲得進一步發展。魏初劉劭雖以材質之性爲討論的重心，然已摻雜道家人性論的思想，如其〈九徵〉篇所說的「中和之質，必平淡無味，故能調成五材，變化應節，是故觀人察質，必先察其平淡」。「平淡」之說即來自道家。正始時期何晏的《論語集解》雖仍受有氣化宇宙論思想的影響，然而其區分人性的等級則依道家的有情、無情思想爲標準，把人區分爲無情之聖人、以情任道的賢人、任情違理的凡人三等。到了王弼則扭轉了氣化宇宙論的思想，採取了老子以「無」爲本的本體論思想及老子道、德的人性論思想，主張爲萬物本體之「無」亦內在於人，爲人之性，故說「凡有皆始於無，故未形無名之時，則爲萬物之始。及其有形有名之時，則長之、育之、亭之、毒之，爲其母也」（《老子‧一章注》）。王弼以「無」爲本的思想的提出雖然未能完全代替氣化宇宙論的思想，然而老莊所強調的任自然之性及虛靜無爲之心則愈趨流行。如阮籍、嵇康仍承繼了氣化論的思想，然而論及人性時則主張人心本爲虛靜無爲之心。到了郭象則更承繼莊子將本爲獨立於萬有之上的「道」加以渾化，提倡萬物自生自足。

魏晉時代人性論的發展又可由自然與名教之爭的演變加以說明。自然與

名教之爭始於何晏、王弼，王弼對於出於人爲的名教採取一種否定的態度，他說「自然已足，爲則敗也」（《老子‧二章注》）。然而王弼亦認爲人之自然之性中即有仁義之行，他說「自然親愛爲孝，推愛及物爲仁」（《論語‧學而》注）。王弼試圖由「崇本舉末」，「聖人體無而有情」的思想來調和自然與名教，尙未對名教加以嚴厲的批判。到了嵇康、阮籍則對名教加以嚴厲批判，強調仁義名分及六經是對人性的損害，嵇康說「推其原也，六經以抑引爲主，人性以從欲爲歡。抑引則違其願，從欲則得自然」（〈難自然好學論〉）。同時嵇康又將「越名教而任自然」的思想與養生聯繫在一起，更加強了當時任自然而反名教的思想。是故張邈、向秀、裴頠乃提出另一種自然人性思想以證明名教合乎人的自然之性。張邈認爲人的自然之性即是求欲望之滿足，而名教正符合此種自然之性的要求。向秀進一步由養生之觀點來論證名教的合理性，向秀首就人的自然生命的情欲肯定榮華、天理人倫之必須。其次則由名教有助於節制人的情欲以證名教之必須。裴頠亦將名教與保生思想相結合以論證名教的合理性，然而裴頠更將名教內在化爲萬物之理，爲萬物之性。認爲力任、仁順、恭儉、忠信、敬讓皆是「生而可尋」的自然之理。裴頠之後郭象亦從人的自然之性論證名教爲人性所本有，認爲「仁義自是人之性情，但當任之耳……恐仁義非人情而憂之者，眞可謂多憂也」（〈駢拇〉注）。然而郭象則認爲名教不可制定爲一套形式，否則「先王典禮，所以適時用也。時過而不棄，即爲民妖，所以興矯效之端也」（〈天運〉注）。

就魏晉人性論與先秦兩漢人性論加以比較亦可發現其承繼的同時亦有所開創。

劉邵採取陰陽、五行的氣化思想以論人性，嵇康、阮籍亦採氣化思想論人性，此皆承繼了兩漢以來的氣化人性思想。然而兩漢的氣化人性思想偏就善惡之觀點立論，而魏晉時代劉邵、嵇康則由氣化思想論人的材質之性的差異。阮籍則以氣化思想論證萬物爲一體。

王弼、阮籍、嵇康、郭象、張湛等人的人性論大抵繼承了先秦道家的思想，主張人性自然和諧，人之本心虛靜無爲，禮教、仁義爲破壞人性的因素，強調人應以虛靜的工夫保持其虛靜之本心，同時在此虛靜心的發用下，即可獲得一逍遙之境界。

張邈、向秀、裴頠多採取經驗認知的方式說人性，向秀、裴頠亦從人欲必須節制以論證名教、禮制的合理性，此皆與荀子相似。然此僅止於相似，

應不是承繼荀子思想而來。將他們的思想與荀子做比較亦可發現其相異之處。如張邈以名教符合情欲之追求。承認名教的合理性。荀子則以自然情欲之性順是則爲惡，主張必須有禮法之節制。向秀強調心智的認知作用，卻偏就養生而說。荀子則偏就涵養人心使知「道」，行「道」以立論。

主要參考書目

一、典籍類

1. 《周易》，十三經注疏本，藝文印書館，民國 70 年。
2. 《易緯乾鑿度》，叢書集成初編本，商務印書館，民國 28 年。
3. 《論語》，十三經注疏本，藝文印書館，民國 70 年。
4. 《論語集解義疏》，何晏集解、皇侃疏，叢書集成初編本，商務印書館，民國 28 年。
5. 《論語正義》，劉寶楠，世界書局，民國 72 年。
6. 《孟子》，十三經注疏本，藝文印書館，民國 70 年。
7. 《四書集注》，朱熹，世界書局，民國 41 年。
8. 《後漢書》，范曄，鼎文書局，民國 64 年。
9. 《三國志》，陳壽，鼎文書局，民國 65 年。
10. 《晉書》，房玄齡，鼎文書局，民國 65 年。
11. 《南齊書》，蕭子顯，鼎文書局，民國 63 年。
12. 《南史》，李延壽，鼎文書局，民國 65 年。
13. 《廿二史箚記》，趙翼，華世出版社，民國 66 年。
14. 《老子周易王弼注校釋》，樓宇烈，華正書局，民國 72 年。
15. 《列子注》，張湛，世界書局，民國 58 年。
16. 《列子集釋》，楊伯峻，華正書局，民國 76 年。
17. 《莊子注》，郭象，藝文印書館，民國 72 年。
18. 《莊子集釋》，郭慶藩，華正書局，民國 74 年。
19. 《荀子集解》，王先謙，世界書局，民國 67 年。

20. 《春秋繁露》，董仲舒，臺灣中華書局四部備要本，民國 71 年。

21. 《白虎通義》，班固，國學基本叢書四百種，臺灣商務印書館，民國 57 年。

22. 《法言》，揚雄，臺灣中華書局四部備要本，民國 72 年。

23. 《論衡校釋》，黃暉，臺灣商務印書館，民國 72 年。

24. 《人物志》，劉劭，臺灣中華書局四部備要本，民國 72 年。

25. 《阮籍集校注》，陳伯君，北京中華書局，1987 年。

26. 《嵇康集校注》，戴明揚，河洛圖書公司，民國 67 年。

27. 《嵇康集注》，殷翔、郭全芝，黃山書社，1986 年。

28. 《抱朴子》，葛洪，臺灣商務印書館，民國 68 年。

29. 《世說新語校箋》，楊勇，文光出版社，民國 62 年。

30. 《世說新語箋疏》，余嘉錫，華正書局，民國 73 年。

31. 《文選》，蕭統撰，李善注，藝文印書館，民國 44 年。

32. 《全上古三代秦漢三國六朝文》，嚴可均，中文出版社，民國 61 年。

二、近人專著

1. 《人物志講義》，程兆熊，鵝湖學誌，民國 53 年。

2. 《漢末人倫鑑識之總理則——劉劭人物志研究》，江建俊，文史哲出版社，民國 72 年。

3. 《王弼》，林麗真，東大圖書公司，民國 70 年。

4. 《嵇康年譜》，莊萬壽，三民書局，民國 70 年。

5. 《嵇康研究論文集》，楊國娟，光啟出版社，民國 71 年。

6. 《中國歷代思想家（一六）》，郭象，黃錦鋐，臺灣商務印書館，民國 76 年。

7. 《向郭莊學之研究》，林聰舜，文史哲出版社，民國 70 年。

8. 《向郭莊學平議》，蘇新鋈，學生書局，民國 69 年。

9. 《郭象與魏晉玄學》，湯一介，谷風出版社，民國 76 年。

10. 《才性與玄理》，牟宗三，學生書局，民國 74 年。

11. 《正始玄學》，王葆玹，齊魯書社，1987 年。

12. 《魏晉玄學論稿》，湯用彤，里仁書局，民國 73 年。

13. 《魏晉的自然主義》，容肇祖，里仁書局，民國 73 年。

14. 《魏晉清談思想初論》，賀昌群，里仁書局，民國 73 年。

15. 《魏晉思想論》，劉大杰，里仁書局，民國 73 年。

16. 《魏晉玄學史》，許抗生等著，陝西師範大學出版社，1989 年。

17. 《魏晉清談述論》，周紹賢，臺灣商務印書倌，民國 76 年。

18. 《魏晉思想與談風》，何啓民，學生書局，民國 71 年。

19. 《竹林七賢研究》，何啓民，學生書局，民國 66 年。

20. 《魏晉自然思想》，盧建榮，聯鳴文化有限公司，民國 70 年。

21. 《魏晉南北朝史論叢》，唐長孺，坊間本。

22. 《魏晉南北朝史》，王仲犖，谷風出版社，民國 76 年。

23. 《漢晉學術編年》，劉汝霖，長安出版社，民國 68 年。

24. 《東晉南北朝學術編年》，劉汝霖，長安出版社，民國 68 年。

25. 《自然與名教——漢晉思想的轉折》，丘爲君，木鐸出版社，民國 70 年。

26. 《漢魏兩晉南北朝佛教史》，湯錫子，鼎文書局，民國 74 年。

27. 《兩漢魏晉之道家思想》，陶建國，文津出版社，民國 75 年。

28. 《中國心性論》，蒙培元，學生書局，民國 79 年。

29. 《中國人性論》，臺大哲學系主編，東大圖書公司，民國 79 年。

30. 《中國人性論史·先秦篇》，徐復觀，臺灣商務印書館，民國 77 年。

31. 《人性論》，張松禮，幼獅文化事業公司，民國 65 年。

32. 《中國哲學原論·原性篇》，唐君毅，學生書局，民國 73 年。

33. 《中國哲學原論·導論篇》，民國 75 年。

34. 《中國哲學原論·原道篇卷二》，民國 75 年。

35. 《中國哲學發展史·魏晉南北朝》，任繼愈編，人民出版社，1988 年。

36. 《中國哲學史新編·第四冊》，馮友蘭，人民出版社，1986 年。

37. 《新編中國哲學史（二）》，勞思光，三民書局，民國 77 年。

38. 《中國哲學史新義》，褚柏思，黎明文化事業公司，民國 67 年。

39. 《中國哲學十九講》，牟宗三，學生書局，民國 75 年。

40. 《中國學術思想論叢（三）》，錢穆，東大圖書公司，民國 74 年。

41. 《中國思想通史·第三卷》，侯外廬主編人民出版社，1957 年。

42. 《中國思想史》，韋政通，水牛出版社，民國 75 年。

43. 《中國哲學思想批判》，韋政通，水牛出版社，民國 60 年。

44. 《中國古代著名哲學家評傳》，辛冠潔、丁健生、蒙登進主編，齊魯書社，1981 年。

45. 《中國古代著名哲學家評傳續編》，辛冠潔、丁健生、蒙登進主編，齊魯書社，1982 年。

46. 《新原道》，馮友蘭，明倫出版社，未詳。

47. 《先秦道家與玄學佛學》，方穎嫻，學生書局，民國 75 年。

48. 《中國古代知識階層史論》，余英時，聯經出版事業公司，民國 73 年。

49. 《中國美學史第二卷》，李澤厚、劉綱紀主編，谷風出版社，民國 76 年。

50. 《易傳之形成及其中心思想》，戴璉璋，文津出版社，民國 78 年。

51. 《孔孟荀哲學》，蔡仁厚，學生書局，民國 73 年。

52. 《儒學探源》，周群振，鵝湖出版社，民國 73 年。

53. 《中庸誠的哲學》，吳怡，東大圖書公司，民國 65 年。

54. 《老子的哲學》，王邦雄，東大圖書公司，民國 79 年。

55. 《列子辯誣及其中心思想》，嚴靈峰，時報出版公司，民國 72 年。

56. 《列子探微》，蕭登福，文津出版社，民國 79 年。

57. 《莊老通辨》，錢穆，自印本。

58. 《莊子及其文學》，黃錦鋐，東大圖書公司，民國 73 年。

59. 《莊子讀本》，黃錦鋐，三民書局，民國 72 年。

60. 《逍遙的莊子》，吳怡，東大圖書公司，民國 75 年。

61. 《董仲舒》，韋政通，東大圖書公司，民國 75 年。

62. 《王充思想析論》，田鳳臺，文津出版社，民國 77 年。

63. 《兩漢思想史卷二》，徐復觀，學生書局，民國 74 年。

64. 《心體與性體（一）》，牟宗三，正中書局，民國 78 年。

65. 《陳寅恪全集》，陳寅恪，里仁書局，民國 68 年。

66. 《歷代哲學文選》，兩漢隋唐，木鐸出版社，民國 69 年。

三、論文期刊

1. 《人物志在人性學上的價值》，顏承繁，師範大學國研所 67 年碩士論文。

2. 《王弼及其易學》，林麗眞，臺灣大學中研所 62 年碩士論文。

3. 《阮籍研究》，徐麗霞，師範大學國研所 68 年碩士論文。

4. 《嵇康研究》，蕭登福，政治大學中研所 65 年碩士論文。

5. 《裴頠崇有論研究》，詹雅能，師範大學國研所 78 年碩士論文。

6. 《郭象莊子注之檢討》，王淮，國科會輔助論文 60 年度。

7. 《魏晉清談主題之研究》，林麗眞，臺灣大學中研所 67 年博士論文。

8. 《魏晉清談及其名題之研究》，林顯庭，文化大學哲研所 72 年博士論文。

9. 《魏晉玄理與玄風研究》，江建俊，文化大學中研所 75 年博士論文。

10. 《魏晉儒道論爭》，朴敬姬，政治大學中研所 77 年博士論文。

11. 《魏晉儒道會通思想研究》，顏國明，師範大學國研所 77 年碩士論文。

12. 《魏晉玄論思想之研究》，劉瑞琳，東吳大學中研所 73 年碩士論文。

13. 《漢晉人物品鑑研究》，張蓓蓓，臺灣大學中研所 72 年博士論文。

14. 《從災異到玄學》，謝大寧，師範大學國研所 78 年博士論文。

15. 《言意之辯與魏晉名理》，吳明，新亞研究所 72 年碩士論文。

16. 《莊子與郭象思想之比較研究──以逍遙義爲中心》，鍾竹連，高雄師範學院國研所 75 年碩士論文。

17. 《讀人物志》，林麗眞，書目季刊，九卷二期，民國 64 年九月。

18. 《才性四本論測義》，朱曉海，東方文化十八卷一期，民國 69 年 12 月。

19. 《魏晉「四本才性」之辯述略》，田文棠、劉學智，陝西師大學報（哲學社會科學版），1989 年第三期。

20. 《何晏玄學論略》，章應洲，中國文學系年刊第一期，民國 52 年。

21. 《從論語集解看何晏的玄學思想》，簡淑慧，孔孟月刊第二十六卷第九期，民國 77 年 5 月。

22. 《論何晏的玄學思想》，曹伯言，華東師大學報（哲學社會科學版）1990 第四期。

23. 《王弼何晏的經學》，戴君仁，孔孟學報第二十期，民國 59 年 9 月。

24. 《王弼易學的玄思》，戴璉璋，中央研究院中國文哲研究所集刊創刊號，民國 80 年 3 月。

25. 《王弼聖人有情無情論初探》，曾春海，哲學與文化第十六卷第九期，民國 78 年 9 月。

26. 《阮籍和他的達莊論》，黃錦鋐，師大學報二十二期上，民國 66 年 6 月。

27. 《嵇康養生思想研究》，李豐楙，靜宜女子文理學院學報二期，民國 68 年 6 月。

28. 《嵇康明膽論測義》，馮承基，書目季刊八卷四期，64 年 3 月。

29. 《論莊子與嵇康的養生論》，高柏園，鵝湖一七二期，民國 78 年 10 月。

30. 《裴頠「崇有論」探微》，江建俊，中華文化復興月刊第二十一卷第一期，民國 77 年 1 月。

31. 《莊子、郭象與支遁之逍遙觀試析》，廖明活，鵝湖一○一期，民國 72 年 11 月。

32. 《向郭莊子注的適性說與向郭支道林對於逍遙義的爭辯》，楊儒賓，史學評論第九期，民國 74 年 1 月。

33. 《齊物論郭注平議》，唐端正，鵝湖第九十二期，民國 72 年 2 月。

34. 《魏晉玄學與個人意識覺醒的關係》，逯耀東，史原第二期，民國 60 年 10 月。

35. 《玄學主體思維散論》，蒙培元，收入《魏晉南北朝文學與思想研討會論文》初稿本，民國 79 年。

36. 《論魏晉玄學中的內在性與超越性的問題》，湯一介，收入《魏晉南北朝文學與思想研討會論文》，初稿本，民國 79 年。

37. 《「名教」一詞的產生及其相關問題》，張蓓蓓，收入《文史論文集》臺灣商務印書館，民國 74 年。

38. 《呈顯光明·蘊藏奧祕——中國思想中的人性論》，曾昭旭，收入《中國文化新論·理想與現實》聯經出版事業公司，民國 71 年。

39. 《莊子及其哲學》，韋政通，收入《中國哲學思想論集·先秦篇》，牧童出版社，民國 65 年 10 月。

王弼與郭象之聖人論

盧桂珍　著

作者簡介

盧桂珍，國立臺灣大學中文研究所博士，現為國立臺灣大學中文系副教授。著有《慧遠僧肇聖人學研究》，以及多篇與魏晉思想、文學相關的論文。

提　　要

　　魏晉時期儒道思想交融，此一學術現象在玄思者的聖人論中尤為顯著，再加上魏晉玄學的特殊論題「有無」、「本末」、「迹冥」等，使得思想家的聖人論別樹一格。本論文以王弼與郭象為研析對象，期能體現魏晉聖人論在思想史上的意義與價值。

　　王弼自「貴無」的本體論展開，聖人者神明茂，與道同體，故能體沖和以通無，成就「體無言有」的聖人範式。故雖應物有情，卻因契悟萬有之根本在無，而能圓足地應世，終無滯累而化成天下。

　　郭象則是由「崇有」的本體論觀點展開，否定「有生於無」的看法，建立自生獨化論。強調並不存著一個外於具體事物的本體「無」，萬有之「自性」即是生命之實踐與完成的根據。郭象所形塑的聖人適性逍遙，玄同彼我而同於大通，呈顯「迹冥圓融」的生命境界。

目

次

前　言

　　「聖人」觀念在歷來的經、史、子、集等文獻資料中，大量地被運用爲最理想的人格型態之代稱，代表論述者自身認爲現實人生所可能到達的最圓滿、最完足的生命境界。換言之，就是論述者的學說體系中，人生論的總成。因此「聖人」觀點受論述者的思想內涵及學說背景的影響很大。故而「聖人」觀念在中國思想史上，充滿了多義性與複雜性，使得「聖人」觀點的發展如同一個有機的生命體，會隨著時代思潮的改變而改變，從素樸的古義，〔註1〕逐漸孳長、衍伸。甚至於在相同的時代中，也會因不同學派思想的附麗，而產生不同的論點。「聖人」觀念的延續，實爲一個不斷變動發展的歷程。因此研究某個學派或某位思想家的「聖人論」就具有相當重要的意義，就整個思想史而言，對「聖人」觀念的研究有助於正確地掌握時代思潮的特質，提供思想史研究的方法。

　　兩漢學術以經學爲主流，但是隨著漢帝國的沒落，經學亦漸衰退，道家學說代之而興，取代了儒家所居的學術主導地位，因而出現儒、道合流的趨勢，一般學者對儒家在學術上的正統地位仍予尊重，但是實際上卻是崇尚老莊的學說。在這種陽奉儒說陰崇道學的思想風氣之下，當代學者對於「聖人面相」的塑造，就呈顯出儒道融合的特色。筆者原擬對魏晉的「聖人」觀點進行研究，以深入瞭解魏晉時代儒道合流的現象，但是基於玄學實以注《老》的王弼與注《莊》的郭象爲其中之翹楚，故而以王、郭二人之聖人論爲本文的研究內容。二人皆以孔子爲聖，但是卻賦予道家義理爲內涵，塑成老莊化

〔註 1〕關於「聖」字古義的研究，可參看秦家懿所著〈「聖」在中國思想史內的多重意義〉的單篇論文，刊載於《清華學報》。

的儒聖。

再者從《詩經》、《尚書》的時代開始，德配天地之人一直是人們心目中最完美的理想人物，這點正顯示出人們希望社會、人生的狀態，能夠同於宇宙、自然的和諧與圓滿，因此知識階層一直致力於構築一種可以囊括宇宙與人生、統貫天道與人道的學說體系。而「聖人」即是此天人合一學說的實現者，他可以上契天道之幽微，成其內聖之圓足；下則據其對天道的理解運用於人事，力圖改變現實的生活，成就合理完善的社會，此其外王之功化。「聖人」觀念所蘊涵這種理想與期望，以儒家所倡綜合內在修養與外在事功的聖人型態，發揮得最淋漓盡致。宋明理學以儒學為正宗，對此「內聖外王」的聖人觀點也做了深刻的闡述。然而一般人卻忽略了魏晉這個時期，也曾對聖人觀念有精彩的繼承與創新，因為一般人會認為魏晉玄學盛行，以老莊思想為思潮的主流，而忽略了這段時期的王弼與郭象二家雖宗道家之學，卻是對於儒家綜合內外的「內聖外王」之道有一番特殊的見解，因為王、郭二人將「無為」的道家宗旨與「有為」的儒家學說融合在一起，藉由聖人之生命型態來呈顯，成為極具特色的聖人論。

王弼的聖人論，自其「貴無而不賤有」的本體論觀點展開。他藉著對「本」與「末」、「有」與「無」之間的討論以申述本體與現象之間的關聯性，得出「體用如一」的主張。進而由此展開對人生論的探討，提出「體無言有」的聖人理論。他認為聖人乃是「與道同體」者，因為聖人天生之「神明茂」，得以掌握常道之至理，契悟萬物之本根在「無」，而具有沖和虛無的玄德。聖人透過此內聖之圓足以應世、成化，則雖應物而有情，卻仍然能夠不執著於事迹，無所滯累其心性，終得神全而保真，雖天下而為治，卻能則天地化育之德，達自然之性，暢萬物之情，因而不為，順而不失，盛德大業，由是而至。

郭象的聖人論，則是自其「崇有」的本體論觀點展開。他極力否定王弼「以無為本」的看法，藉由對「有生於無」觀點的批判，建立其自生獨化論，強調除了具體存在的事物之外，並沒有另一獨立存在的本體，就人的存而而言，「自性」才是人實踐活動的根據。因此聖人理想人格的呈顯，所依據的原則與本根，並非在其自身的存在之外，而是依其自性之內容為憑據。聖人之自性為何？郭象以為聖人特稟自然之鍾氣，其完足的聖性是天生的。以內在修養而言，聖人獨具齊物、達命之心靈特質，而能無心以任化；就外在事功而言，聖人不得已以臨天下，率物性而動，任才使能，與物無對而化成天下。

郭象所描述的聖人，不僅是適性自足的逍遙，而是能玄同彼我、與物冥極，並且更進一步放物於自得之場，使物我皆同於大通，正所謂「迹冥圓融」的聖人境界。

　　本文擬將王弼與郭象的聖人論，獨立爲甲、乙兩編，以利分別論列說明，同時也可保留二人聖人論的完整性。再於末尾簡扼地綜論王弼與郭象聖人論的共同特色與相異之處。希望本文能彰顯出王、郭二人聖人論的特色，並且能藉由另一個角度重新審視王弼與郭象玄化儒理的創見，以及明瞭二人對時代問題的回應，而能對於二者在中國思想史上的地位有一番新的體認。

甲編、王弼之聖人論

　　聖人論在魏晉玄學裡，是一個非常重要的課題。在當時興盛的清談風氣中，有關聖人的議題屢屢成為談座上玄學家論議的焦點，可以證明聖人論在魏晉玄學中，有相當深刻的重要性。〔註1〕這是因為聖人論本身的發展到魏晉時，與取代兩漢宇宙生成論而為學術主流的本體論之間，有著邏輯上的內在關聯。

　　「以無為本」的本體論命題的出現，與漢儒對宇宙起源的看法有關。漢儒質實的思維方式，將先秦思想家關於宇宙起源的哲學命題，例如《易傳》言「易有太極，是生兩儀，兩儀生四象，四象生八卦」，以及老子所謂「道生一，一生二，二生三，三生萬物」之說，以形象比附的方式，做了極繁複的發揮，舉二例明之：

> 天地未分之前，有太易。元氣始萌，謂之太初。氣形之端，謂之太始。形變有質，謂之太素。質形已具，謂之太極。（《孝經鉤命訣》）

> 夫有形生於無形，乾坤安從生？故曰：有太易，有太始，有太素也。太易者，未見氣也。太始者，形之始也。太素者，質之始也。氣形質具而未離，故曰渾淪。渾淪者，言萬物相渾成而未相離。（《周易乾鑿度》）

漢人按照經驗準則，將先秦諸子所提的各種對抽象本根流衍生成萬物的概述，進一步加以具體化和形象化。將本根的抽象觀念指實的說成是「元氣」，

〔註1〕林麗真先生曾著《魏晉清談主題之研究》，文中對清談的內容與主題進行整理分析，其中有一類專門探討理想人物的典型風格的談題，師謂之「聖賢高士論」。此類談題的主要內容包括：(1) 聖賢有情無情論，(2) 聖賢隱顯之道論，(3) 聖賢致太平論。文中有許多引自《魏書》、《世說新語》、《全晉文》、《廣弘明集》等史傳、文集的資料，由此可證聖人論在當世的清談界所受的重視。

而萬物的生成過程，則依元氣演化在不同階段所形成的不同狀態來說明，於是漢儒建立了一套以氣化來解釋的宇宙發生說。在這套宇宙生成論中有一基本模式，就是用無形和有形來表述宇宙的根本與萬物，並且以「無形」做為一個基準，愈具有具象形質的物體，愈是遠離「無形」這個本根。因此漢儒雖依形象的劃分，建立了一套看似複雜的宇宙生成論模式，事實上卻隱含著簡化的可能性，可推繹出「宇宙之本根是無形」這樣一個簡單的命題，這即是玄學「以無爲本」的哲學命題的前身。

《老子》第四十章已出現「有生於無」的命題，在歷經兩漢繁複化之後，到了漢魏之際又回到無生有的簡單命題上。但是至此並不只是對《老子》原義的重複，而有了更豐富的內涵，王弼就以此命題建立了他個人的哲學體系。「以無爲本」這個命題的簡化與提出，就已是向本體論概念的建立跨出一大步。聖人論哲學層次的深化，與此又有何種內在關聯呢？這點必須從曹魏初期盛行的人物品鑑的學術風氣開始談起。

漢魏之際有關人物品鑑的作品不少，但今僅存劉劭《人物志》一書，《人物志》的內容已經不像漢末的「月旦評」，不再那麼直接地就具體的人物進行評論，〔註2〕而是進一步對評論人物的品鑑標準及原則加以探討，就哲學層面來說，較具抽象思維及辨名析理的水平。劉劭認爲「凡有血氣者，莫不含元一以爲質，稟陰陽以立性，體五行以著形。苟有形質，猶可既而求之。」（〈九徵〉）他將人材理論建立在元一、陰陽五行說的基礎上。人因所稟陰陽之氣有偏重，乃顯性之或動或靜；因所體五行之多寡有不同，可使儀態容止之德有偏至。但是這只是指凡人而言，在劉劭心目中的人品層級中最崇高的聖人，卻不在此限。他說：「三度不同，其德異稱。故偏至之材以自名，兼才之人以德爲目，兼德之人更爲美號。是故兼德而至，謂之中庸。中庸也者，聖人之目也。」（〈九徵〉）他將人分成偏至、兼材、兼德三度，聖人最崇高的兼德之至者，劉劭以「中庸」名之。何以謂之「中庸」？仍是扣著他人材的理論而言。也就是說，聖人在元一、陰陽五行的稟受上，皆有著「中庸」的特質。〔註3〕

〔註2〕 漢末許劭頗具知人之鑒，與族兄靖避地江東。二許覈論鄉黨人物，每月輒更其品題（見《後漢書》卷六八），人稱「汝南月旦評」。所謂品題，力求出語儁雅，精當簡捷。每每品語一出，即傳誦眾口。自「汝南月旦評」以來，人倫品鑒之風大盛，直至魏晉猶未衰，著名的品語劉義慶收於《世說新語》的〈識鑒〉、〈賞譽〉、〈品藻〉三篇，多達二百七十餘條。

〔註3〕 劉劭既是以元一、陰陽、五行之質素說人物之形成，如此則天生稟受質素的

在〈九徵篇〉中，劉劭說：

> 凡人之質量，中和者最貴矣。中和之質，必平淡無味。故能調成五材，
> 變化應節。

> 陰陽清和，則中叡外明，聖人淳耀，能兼二美，知微知章，自非聖人莫
> 能兩遂。

> 五常既備，包以澹味，五質内充，五精外章，是以目彩五輝之光也。

劉劭主張聖人所稟受的陰陽五行之氣亦是以中和為特徵。聖人的質性蘊涵了
各類材質，且都能中和均勻，不偏不倚。因為所稟受之氣均勻，因此聖人所
表現出來的人格樣態，是平淡無味的，他說：「夫中庸之德，其質無名。故鹹
而不鹼，淡而不䬞；質而不縵，文而不績；能威能懷，能辯能訥；變化無方，
以達為節。」（〈體別〉）在這裡劉劭同時借用了儒家「中庸」與道家「無名」
二說來形容聖人的材質。其中「中庸」一詞已無儒家經典中的道德意涵，僅
表達聖人材質所呈顯的一種均衡勻當的狀態；「無名」一詞則承繼思想家以形
名角度論宇宙本根「道」的思維模式，表述聖人各種質素的全面平衡，一種
無可言詮的境界。〔註4〕

以「無名」說論聖人材質的觀念形成，與宇宙本根是無形的本體論命題，
皆是由形名角度來立論，同在表述一種不可表詮、形容的狀態。自先秦以來，
「天人合一」一直是思想家藉由各種學說極欲論證的哲學命題，漢儒以粗略、
質實的天人感應論來立說，〔註5〕直到劉劭以聖人材質為「無名」的新說成立，

分劑多寡有不同，便生成各種各式不同的人物。勞思光先生評劉劭對於人品
層級的劃分，說道：「觀此種分劃，劉劭顯然假定一『量意義』之標準：蓋中
庸重在『兼』與『至』，即各面同得圓滿。」（參見《中國哲學史》卷二，第
160頁）

〔註4〕 牟宗三先生評劉劭之聖人論，言道：「《人物志》是從才性來了解聖人。其言
中和、中庸，亦是材質的。此非《中庸》言中庸、中和之本義。」，並且認為
既是順才性論聖人，則不能開出超越的領域，「故亦不能建立成德之學」，「成
德之學既開不出，則對於聖人亦不能有恰當相應之了解」，這是牟先生對劉劭
聖人論的總評。請詳見《才性與玄理》第二章〈人物志系統的解析〉第七節。

〔註5〕 徐復觀先生對於董仲舒論證「天人一也」的方法，有詳細的分析，共分成六
點說明。簡述如下：第一，以目之所「見」、心之所「論」為主論的基礎。第
二，以「類感」方式言天人是同類。第三，更進一步把天貫通到政治人生的
各方面，以要求天道在政治人生上的實踐。第四，提出「數」的觀念，以補
助類的觀念。第五，不論是由人類推於天，或由天類推於人，其間都沒有邏
輯中的含蘊關係，只是出於想像。第六，董氏的基本立足點仍是在人而不是
在天，因此他的哲學系統中，仍是以具體而真實的事物作基礎。故而，可知

才在人的內在本質處找到與宇宙本根通同的依據。隨著「以無爲本」的本體論日益成爲玄學的主流思想的同時，因爲聖人的內在與道本同，聖人的人格境界乃成爲道本在人世最具體而微的展現，使得聖人論成爲玄學家表述「貴無」的本體論時的力證之一，乃得以使聖人論與本體論在玄學體系中齊頭並進，並且使得玄學成爲一種兼顧著「現實」（人生論）與「超現實」（本體論）的哲學體系。

　　從正始時代的王弼開始，聖人人格的內涵、境界與道本「無」的關係，一直是玄學的重要談題之一。何晏《無名論》言：「無譽、無名者。若夫聖人，名無名，譽無譽。」以及王弼與裴徽之間一場著名的辯證，都是以此爲討論的焦點。尤其是王弼「聖人體無」的聖人論命題，將「以無爲本」的本體論主張表達得淋漓盡致，聖人論因此不僅是對理想人格的表述，其對玄學思想發展史上的意義與價值，有著相當深刻的重要性。王弼心目中的聖人，是否擁有著一些異於常人的特殊稟賦？若果答案是肯定的，其特殊稟賦又爲何？又聖人是最理想的人格境界，其生命必然呈顯著最完滿的境界，其境界之內涵爲何？王弼對此等問題均有說明。

　　董氏對天人關係的比附是質實而粗略的。關於徐復觀先生的看法，詳見《兩漢思想史》卷二，〈董氏的天的哲學〉之一、之二、之三。

第一章　神明茂

在王弼的思想體系中，聖人是唯一可以體現道體「無」的境界者。聖人所以能有如此特殊的生命，皆肇因於聖人的「神明」茂於人。因此，欲論述王弼所言聖人，首先必須析解「神明茂」的意涵。神明茂，是指聖人質性的內涵異於凡人，可以知悉並掌握「常道」的意涵，於是能體現沖和的人格境界，進而通同於道本的「無」境。這是就著聖人質性的殊異，順說聖人體無的生命境界。

一、知常曰明

「明」字原本是指一種認知能力，王弼於其上加一個「神」字專以稱述聖人。王弼解「神」字義為：「神，無形無方也。」（《老子注》第二十九章），意指某種不歸屬於任何形類，也不能以任何形類描況的特殊狀態。又《周易·繫辭傳》云：「陰陽不測之謂神」，因此所謂「神」，就是指不被因果序列所限，也不為任何概念所圍的情態。聖人之「明」以「神」況述之，即是說明聖人具有一種極特殊的認知能力。

欲對聖人之「神明」有確切且相應的了解，首先必須對凡人的「明」進行討論。凡人所謂「明」，應當指的就是一般人所從事的認知活動。狹義的「認知」，是指表達解悟的命題與判斷；廣義的「認知」，則還包括非命題的解悟，譬如知覺、記憶、反省等功能。此種「認知」活動以經驗性事物為對象，活動的進行就在於對經驗與件進行知覺、記憶，以及分析、歸納等整理功夫，形成我們所謂的「知識」。科學上的分析、邏輯上的思辯都屬此類。但是現象界中經驗性的事物，都是流變不定，沒有絕對的意義，誠如《老子》第二章

所云：「有無相生，難易相成，長短相較，高下相傾，音聲相和，前後相隨。」老子之言在於說明事物的相對性，《莊子‧齊物論》更不遺餘力的破除人們對一切相對待的事物或概念的執著。經驗性事物既是如此的不確定，由之建構的認知活動，包括各種知覺的解悟與架構的思辯，都將永遠有增訂、修正的可能，無法具有絕對性。

　　道家學說一向反對心知，《莊子‧人間世》云：「夫何徇於耳目內通，而外於心知，鬼神將來舍，而況人乎？」莊子所以反對心知，是因爲他認爲「知」的作用只會擾亂自己，不符養生之道，並且還會擾亂社會，成爲大亂之源。〔註1〕凡人之「明」正是莊子所否定的「心知」。在王弼的著作中，所提到的「明」，多半也是屬於此種認知的「明」，並且常常用在形容君王駕馭臣民的權術上。例如他說：「害之大也，莫大於用其明矣。」（《老子注》第四十九章），此「明」指的就是君王「行術用明」，用此「明」則天下百姓將同作僞以求避禍而免禍。王弼對此察察之明是採取否定的態度，就如同莊子之反對心知，但是任何超越性的追求，與精神境界的企慕，仍然必需是自「心」上用力才有可能。因爲「心」才能是存有實現的主體，故而在一般的心知之外，必定還有某種性質的「知」，可供人做爲超越性追求的主體。聖人的「神明」正是這種勝義的心知能力。

　　「神明」的內涵與凡人的「明」之間的差異處，是由二者所認知的對象處顯其不同。「神明」當即是《老子》所言「知常日明」的這種特殊的玄知，王弼注云：

> 常之爲物，不偏不彰，無曒昧之狀，溫涼之象，故日「知常日能」也。……失此以往，則邪入乎分，則物離其分，故日不知常妄作凶也。（《老子注》第十六章）

此所謂「明」當即是聖人之「神明」，其所掌握體認的對象是「常」。何謂「常」？王弼形容它「不偏不彰，無曒昧之狀，溫涼之象」，即是「道」。萬有的存在，不論是具象或抽象的，皆可藉由一定的概念去指示稱述它，例如使用質名、量名或關係名等稱謂。就如王弼所言「形必有所分，聲必有所屬」，但凡經驗界的物質性存有，皆能以一定的概念將之圍限。而「常」道則是超乎視、聽、

〔註1〕《莊子‧養生主》云：「吾生也有涯，而知也无涯。以有涯隨无涯，殆已；已而爲知者，殆而已矣。」又〈胠篋〉云：「故天下每每大亂，罪在於好知。」是以莊子以爲知的作用，一則失己性，不合養生之道；一則擾亂社會。故而主張外於心知」。

味、觸等感官知覺之上，其混成也無形，希聲而無呈，不溫不涼，不宮不商，無所偏倚於任何物質性的分類與屬性中。此道所以曰「常」，正因其能夠不繫屬於任何一種由相對而顯的質性，如長短、高下之名，皆由於對顯，故而不絕對。所有人們運用的質名、量名、關係名的訂定，都是在二種相對的事物間進行評比衡量，由此真能獲得客觀的標準嗎？答案是否定的，誠如《莊子·齊物論》所言「天下莫大於秋毫之末，而大山為小；莫壽於殤子，而彭祖為夭」，時空的短長、大小的認定，基本上都是無謂的分辨。凡人所從事的認知活動，所獲得的正是這些分辨形成的知識，所見者皆只是一曲一偏，未見天地之純全，即莊子所謂的「小成」。「小成」代表的只是部分的真，殘缺的實；道的本身才是「大成」，代表著終極的真與最高的實，是永恆不變的真理，此即是「常」也。

《老子指略》中的一段話，說明了「常」道的永存與遍在性：

> 雖古今不同，時移俗易，此不變也，所謂「自古及今，其名不去」者也。
> 天不以此，則物不生，治不以此，則功不成。故古今通，終始同；執古可以御今，證今可以知古始；此所謂「常」者也。

此「常」道並且是「苞通天地，靡使不經」的「品物之宗主」，若能體悟掌握之，則宇宙萬象的變化生長，皆可瞭然於胸，即如王弼答荀融之書所言：「明足以尋極幽微」。因此聖人之「神明」足可觀天地之大全，反觀凡人之認知活動，所從事的思考言辯並不能直透事物的終極與最後的真相，反而容易誤導人們陷溺於一曲之偏見，未見終極的至道。心既愚蔽，行必妄執，故而王弼謂凡俗之知曰「失此（常）以往，則邪入乎分，則物離其分，故曰不知常則妄作凶」。由於所掌握體認的對象不同，使得聖人之「神明」與凡人之「明」分屬優、劣義，而有高低層次之別。

二、虛靜觀復以知常

聖人之「神明」意指可以知常的玄悟能力，而此超異於凡俗的玄知，則表現在「以虛靜觀其反復」的工夫、境界上。《老子注》第十六章王弼云：

> 以虛靜觀其反復。凡有起於虛，動起於靜，故萬物雖並動作，卒復歸於虛靜，是物之極篤也。各返其所始也。歸根則靜，故曰「靜」。靜則復命，故曰「復命」也。復命則得性命之常，故曰「常」也。

文中指出，所謂「知常」就是透過虛靜的心靈境界的觀照，以返歸物之本始，

而得性命之常道。換言之，聖人之神明茂，所指就是聖人得以虛靜觀復而知常，凡人無此能力行至此工夫、境界。

首先，來談聖人用以觀復的虛靜心靈。這點可以藉王弼在《老子》第十章注文中的三項聖人特質來說明：

1. 抱一清神

> 營魄，人之常居處也。一，人之眞也。言人能處常居之宅，抱一清神能常無離乎？

句中的第一人稱，應該就是指聖人，唯聖人能有此番修養工夫。所謂「處常居之宅」，當即是處「常」的意思。「常」在前文已經詳述過，是指永恆不變的至道。「一」，王弼解爲「人之眞」，即「樸」也，皆道之別名。「處常」與「抱一」，都是說明聖人能夠體認至道，抱樸守眞。既得守眞，則能清靜其神，不爲物欲所累害，使眞、樸常無離其自己。

2. 任自然、致柔和

> 言任自然之氣，致至柔之和，能若嬰孩之無所欲乎？

嬰孩，在道家而言，往住用作自然、天眞的比喻，王弼注《老子》第五十五章云：「赤子，無求無欲，不犯眾物，故毒蟲之物無犯之人也。含德之厚，不犯於物，故無物以損其全」，「言含德之厚者，無物可以損其德、渝其眞。柔弱不爭而不摧折，皆若此也。」歸納「嬰孩」的重要象徵意義有二：一是「無求無欲」，赤子不知不識，於意欲無所求，能全神而忘機，故而入獸不亂群，入鳥不亂行，物不犯而無傷。此皆因赤子不染一絲嗜欲機心，其心渾樸而眞全，精神純粹而清澈。一是「柔弱不爭」，嬰孩任自然之至柔，其不用情，不動心，成人多汲汲於榮利，形憔體悴，枯槁無神，皆爭贏逐勝之故。唯嬰孩能秉至柔之和，神全而精純。況且「知和則得常」，嬰孩之任至柔而不爭，即常道的呈現。赤子這種純淨清澈、柔和恬靜的生命樣態，正是道家的理想，聖人是唯一懂得任自然之氣、致至柔之和，體現如同嬰孩般柔、靜的心靈境界。

3. 滌除邪飾，至於極覽

> 言能滌除邪飾，至於極覽，能不以物介其明，疵其神乎？

覽、鑒古通用，《莊子·天道篇》云：「聖人之心，靜乎天地之鑑，萬物之鏡也。」即是以心譬鏡。「極覽」，意指極清明澄澈之心體。心本然是虛靜的，但是由於外物所牽引而暫離其本然，逐欲奔馳，反而掩沒其本眞。「滌除

邪飾」指的即是去除使物失眞的情欲、意知、施爲等末飾之華，而朗現清明虛靜的心靈境界。

聖人有著上述所言抱一清神、自然柔和、至於極覽的大清明的虛靜心靈，就可「觀復」以知常了。何謂「復」？王弼在《周易・復卦》的象辭注中，有清楚的解說：

> 復者，反本之謂也。天地以本爲心者也。凡動息則靜，靜非對動者也；語息則默，默非對語者也。然則天地雖大，富有萬物，雷動風行，運化萬變，寂然至无是其本矣。故動息地中，乃天地之心見也。若其以有爲心，則異類未獲具存矣。

他認爲萬物的本體是虛無而靜篤的，「反」與「復」即使萬物復歸于虛靜之本。就如他在《老子注》第十六章注文中所說：「有起於虛，動起於靜，故萬物雖並動作，卒復歸於虛靜，是物之極篤也。」，雖然事物的運動變化可以至「巧歷不能定其算數，聖明不能爲之典要；法制所不能齊，度量所不能均」的地步。(《周易略例・明爻通變》)他仍然認爲「反」、「復」於虛靜，乃是萬物自然而然的一種歸趨。因爲王弼認爲「守靜」才是物之眞正，物事的運動變化都只是現象，虛靜的本體才是眞實的，事物最終極的根本還是在於「寂然至无」的至道。聖人就是能夠以虛靜的心靈，觀悟變動的物事必然歸反於虛靜之本根的至理。並且明白萬物的復歸其根，只是向自身存在根源的回歸，並不是向高一層發展。因爲至靜的本體，並非是在萬物之上（之外），另一獨立存在的實體，如同靜、默不與動、語相對立，「動息則靜」只是在表達「靜」才能包統諸「動」，虛靜才是萬物運動的終極歸宿。聖人之「神明」，指的就是能夠透過虛靜的心靈境界觀照萬物，而能不拘執於事物具體運動的表象上，明瞭萬物終將復歸於虛靜之大本。

眾生在世不必皆能有覺，萬物亦不必皆能有情。唯聖人得以超拔獨立於萬物之上，其精神涵蓋一切物相，能觀照宇宙萬象。聖人「神明」之用爲何，即此「觀照」是也。蓋萬物存有實現的過程中，雖是紛紜多變的，然而在其活動的軌跡中，仍俱有一種普遍而共通的法則可循。聖人「神明」茂，足可運用明鏡般的虛靜心靈予以觀照，使存有的眞相顯露，此心逐可獲得超經驗的理解。凡人的認知活動，因其耽於對經驗性事物的理解，建構的只能是囿於封域的理論，縱使其系統能如何的龐大複雜，只因植根的是會流變的事物，仍將陷於畛域。聖人之「神明」可以將經驗性事物提昇至「道」的層次來思

考，明白萬物只有流變，沒有是非、成毀的對立，且流變的只是表象，根本的至理未曾改變。聖人之「神明」就是這樣一種異於分析的思辯，一種超越性的玄解觀悟能力。由此而得的「玄知」才是充分的，依賴認知活動所累積的知識，永遠是瑣屑而不能充分、圓滿的。聖人超越性的觀悟，能憑直覺之發用直接的契悟天道之大全，可免於淪陷於封域所限的一曲一偏中。

第二章　與道同體

　　王弼是一位智悟型的思想家，他對人生哲學的建構，是立基於對宇宙本體的詮解上，這種思維方式，簡言之，就是將對宇宙萬物本體的理解，作爲存有者本身活動時的指向。王弼費心詮解的本體論，相較於實然的存有活動，可以是「虛說」的，其建構本體論的最大意義，當即是在於以它作爲人此一存有活動時的指向。此處所謂「指向」，並不是意謂著宇宙論式的流衍生成，也不是硬性的規範指定，而是藉由對形上實體的內涵與特質的確立，指出人生活動所能呈顯的最圓滿、最完足的境界與方向。因此，若是評斷王弼學說僅限於對形上觀念的建構，全然未及人生自我實現的部分，是有欠公允的。〔註1〕雖然王弼是以智解的方式，直契道體呈顯的客觀眞理，卻未停滯在此層次，繼而將此外在化的眞理，下落於實存的現實活動上，作爲存有活動的指向。這即是我們所謂的「天人之學」，此說的背後是將世界的統一性看作是一個自明之理，「天道」意謂著首出的、終極的規律，只要掌握此規律的本根，進而指導人事，複雜紛紜的人事就會歸於有序的軌道。這種藉由天道的探索，對自然、社會、人生進行的整體性把握，是一種囊括宇宙、統貫天人的完整體系。《世說新語‧文學篇》就曾如是記述：

> 何平叔注《老子》始成，詣王輔嗣，見王注精奇，迺神伏曰：「若斯人，可與論天人之際矣！」

顯然當時學者已注意到王弼的學說中，有統貫天人的特色。天人之學包含著

〔註1〕勞思光《中國哲學史》第二卷，第二章中評王弼之《易》、《老》二注：「即宗老子觀念之形上學理論而已」並且認爲「王注則全不接觸『自我』問題，故一涉及價值觀念，即濫詞浮議，全無是處。」

理論的建議與工夫的實踐兩方面，理論的建構即是指對天道的認識與掌握，工夫的實踐則是指將對天道的理解，實踐發揮於人事之上。王弼學說中的本體論部分，正是對天道理論的建構；聖人論部分，就是他認為人在實踐自我的過程中，所得到達的最完美境界。因此，聖人應當是最能體道、修道、證道的人，在他注《老子》第七十三章中，曾說道：「言誰能知天意邪？其唯聖人。」，〔註2〕「天」在此並沒有人格神的意義，而是指超越的自然之理，即是「道」也。知天意，就是能夠領悟體會天理的內涵，聖人就是唯一可以體會天理內涵的人，並且能夠進一步從事於天理的修養與證驗，進而與道合一，做為天道的具體化呈顯。故而其云聖人「與道同體」（《老子注》第二十三章），所謂「同體」是指聖人體性之內涵與道性相同。王弼學說的思想脈絡，是自形上學（天道觀）的建立為始，推論演繹出實踐哲學（人道觀），聖人既是人道的極致表現，當與自然無為的天道合一玄同。故而聖性即是道性，聖境亦即是道境，聖人實為道體在人世最具體而微的展現。

事實上在儒家哲學中，天人關係一直是核心問題，《易傳·乾文言》曾云：「夫大人者，與天地合其德，與日月合其明，與四時合其序，與鬼神合其吉凶。」此處所言大人，即是聖人，其具有與天地相合之至德，並且可以「贊天地之化育」、「與天地同參」（《中庸》第二十二章），此儒家所推崇的「天人合一」境界也。王弼所言聖人「與道同體」，同樣也是一種天人合一的境界，只是因為他對天道的內容作了新的詮釋，於是而能開展出新風貌的天人之學與聖人之論來。

一、以「無」論道本

王弼所言的「天道」究竟內涵為何呢？老子所言的「道體」，乃是指不可道、不可名的「常道常名」，王弼承此說，並且進一步利用當世因人物品鑑之風而盛行的形名學，加強深化道體無可名道的特點。《老子》第一章開宗明義曰：「道可道，非常道；名可名，非常名。」王弼注云：

> 可道之道，可名之名，指事造形，其非常也。故不可道，不可名也。

王弼的注充分運用言說的有限性來對顯「道體」的無限內涵。通常可名可道者，皆有事或形可資言詮。指事者，即因事而指謂，因事而指，就必然有一有限的對象，可用某概念或稱謂來指陳，並有相當的相應之處。造形者，則

〔註2〕本文句是據《列子·力命篇》張湛注引，校改。

是指有一定的形象物體，可供循訪。〔註3〕既然有事可指則限於事，有形可造則限於形，皆爲有一定的形態，佔一定的時空，可被視、聽、味、嗅等官能所察覺的有限事物。凡是有限的事物，都不能是貫通萬物的本體，「道體」是形而上超越形名的終極存有，其窈冥不可以知解，王弼只有就形名之有限，否定一切有形有名者爲道體。《老子注》第四十一章云：「有形則有分，有分者，不溫則涼，不炎則寒，故象而形者，非大象也。」、「有聲則有分，有分則不宮而商矣。分則不能統眾，故有聲者非大者音也。」有形有象的事物總是具體的、有限的，總是有溫涼、宮商、炎寒之別，因而不能成爲萬物的統宗。況且有形有名之物即使再大，也有窮盡之時，所謂「可道之盛，未足以官天地；有形之極，未足以府萬物。」（《老子指略》）有形有名的事物即使再大，也只是偏，只是部分，只有無形無名者，沒有任何物質屬性與內容，才是全，正如《老子注》第四十章所言：「將欲全有，必反於無。」因此「道體」應該是無形無名。《老子指略》裡的一段話，將這個道理闡述的非常清楚：

> 無形無名者，萬物之宗也。不溫不涼，不宮不商。聽之不可得而聞，視之不可得而彰，體之不可得而知，味之不可得而嘗。故其爲物也則混成，爲象也則無形，爲音也則希聲，爲味也則無呈。故能爲品物之宗主，苞通天地，靡使不經也。

「道體」既是無形無名，王弼就以「無」直接作爲「道體」之內涵。「無」原本是指死滅與不存在，所表達的正是澈底、最純粹的無形無名，王弼以之稱「道體」是可以理解的。老子也用「無」說「道體」，但是他還兼言「道」之「有」性，「無」與「有」是道的雙重特性，老子言此二者「同出而異名，同謂之玄。玄之又玄，眾妙之門。」（《老子》第一章）。老子認爲「道」的具體性與眞實性，就是由此「有」、「無」渾化爲一的「玄」來展現。王弼對「道體」的掌握，則明顯的偏向執「無」，往往直接以「無」詮解「道」：

1. 《老子》第四十二章曰：「道生一，一生二，二生三，三生萬物。」

王弼注云：「萬物萬形，其歸一也。何由致一？由於無也。」

2. 《論語・述而篇》子曰：「志於道，據其德，依於仁，游其藝。」

王弼釋疑云：「道者，無之稱也，無不通也，無不由也。況之曰道，寂然無體，不可爲象。」

〔註 3〕造者，訪也，詢也，問也。引申之，尋也，循也，順也。造形者即是尋形，循形之謂。參見牟宗三先生《才性與玄理》第五章〈王弼之老學〉。

王弼形上學思路的開展，雖是承於老子，但是在對「道體」的陳述上，王弼較爲明確的以「無」爲「道體」，老子只是用模稜含糊的點描方式來況述之，例如「視之不見，名曰夷；聽之不見，名曰希；搏之不見，名曰微……是謂無狀之狀。」（十四章），不若王弼所言「至眞之極，不可得名。無名，則是其名。」（二十一章）其實王弼以「無」言「道」，並未異於老子，老子亦復以谷神、橐籥釋「道」之「無」性，其中差別僅在王弼似乎有意地將「無」自萬有中提昇到形上終極的高度，超越一切的有或有名而偏執於無或無名。

雖然王弼也談「有」，但是他所言的「有」往往下滑至與萬物同層級。「有」具有二義，一是動詞的「有」，代表本體生化的作用，老子以此言道之「有」性，王弼則將之與作爲本體的「無」對舉，以「無」爲體，以「有」爲用，一旦落於體用關係這對形上學範疇，「無」相對於「有」而言，就居於形上學之優位。「有」的另一義，是狀詞的「有」，代表萬物之統稱，依形上學之判分，當屬形下層級，老子並不如是談「有」，但是王弼卻有意借此將「有」下落至形下位階。對比《老子》第一章原文與注文，最能將此歧異顯現：

《老子》曰：「無名天地之始，有名萬物之母。」

王弼注云：「凡有皆始於無，故未形無名之時，則爲萬物之始。及其有形有名之時，則長之、育之、亭之、毒之，爲其母也。言道以無形無名始成萬物，以始以成而不知其所以，玄之又玄也。」

老子原義是就天地向後返本，在此言「無」說「始」；倘若關聯著萬物向前看，則見個物之生成實現，在此可言「有」說「母」，老子由是而言道之雙重性。王弼卻不如是言「有」，他將「有」解釋成萬有之意，即萬物也，將原文中的「無名」、「有名」說成是「有」的兩種狀態。一是萬物未形無名之時，「無」爲其始；一是萬物有形有名之時，「無」爲其母。王弼在「道」與「物」關係中，僅抽離出「無」與「有」兩種概念層次，各自代表著本體與作用，或形上與形下。若由此而言王弼的哲學思想有「貴無論」之傾向，是合理的。王弼既是以「無」來言道本，再加上他認爲聖人「與道同體」的主張，因此自然以「聖人體無」做爲聖人人格境界的總述。

史傳載王弼曾與當時名士裴徽，就「有」「無」的問題進行論辯時，他便表明「聖人體無」的觀點，抄錄如下：

弼幼而察惠，年十餘，好老氏，通辯能言。父業，爲尚書郎。時裴徽爲吏部郎，弼未弱冠，往造焉。徽一見而異之，問弼曰：「夫無者誠萬物之所資也，然聖人莫肯致言，而老子申之無已者何？」弼曰：「聖人體

無，無又不可以訓，故不說也；老子是有者也，故恆言無所不足。」尋
亦爲傅嘏所知。──《魏志》卷二十八〈鍾會傳〉注引何劭〈王弼傳〉

（王）輔嗣弱冠詣裴徽，徽問曰：「夫無者，誠萬物之所資，聖人莫肯
致言，而老子申之無已，何邪？」弼曰：「聖人體無，無又不可以訓，
故言必及有。老莊未免於有，恆訓其所不足。」──《世說新語》卷二
〈文學篇〉

王弼與裴徽的這段論辯中，首先彰顯的仍舊是「以無爲本」的玄學基本命題，
其次是王弼與裴徽對孰爲聖人的認定，從二者言下之意看來，似乎皆是主張
孔子爲聖，而老之境界不及聖人，並且王弼以「聖人體無」做爲理由。但是
孔聖重仁義、言人事，老莊則尙自然、談玄虛，已是不爭的事實，關於玄學
貴尙之虛無，均罕見於儒經，反而是老子所反復致意者。其間確乎存在著扞
格難解的矛盾與衝突，可是王弼依舊認爲孔子本是眞正能體現「無」的境界
者，因此以孔子爲聖人。

南北朝時期的人，就曾追述王弼、何晏對孔、老二人的評次：

王、何舊說，皆云老不及聖。(《弘明集》卷六載南齊周顒《重答張長史
書》)

何晏、王弼或云，老未及聖。(《廣弘明集》卷八載道安《二教論》)

事實上王弼崇孔抑老的主張其來有自，如東漢班固作《漢書‧古今人表》，就
以孔子爲上上等的聖人，老子則列居第四等的中上位次，至多只是「中賢」
之品。〔註4〕在儒學居學術主導地位的漢代，班固尊孔抑老是可以理解的，然
而在老莊學說興盛的魏晉時代，王弼仍舊尊孔爲聖，有其學術上的重要意義。
究其原因，當與魏晉學者的基本心態有關，雖說儒學在魏晉已然沒落，然而
崇孔聖、尊儒經的態度未曾動搖，學術的傳承，仍是士人不變的使命。但是
當時局勢紊亂，民生疾苦，人心普遍尋求解脫。儒家化聖人型態，講求仁義
生命的踐履與完成；道家化聖人型態，則標舉自在逍遙，絕塵遁隱。前者是
迎向生命的負擔，後者則是抛卻各式負擔，無所掛搭。以當世時局而言，生
命的艱苦若是，道家崇尚逍遙自在的生命型態，自然較易引起共鳴。如此一
來，一方面是孔聖在學統上的地位必須維持，另一方面又需兼顧對老莊思想
的企慕。基於這樣的矛盾與衝突，王弼在論聖人時，不單是從先秦儒、道二

〔註4〕班固《漢書‧古今人表》，將上古至先秦的歷史人物分爲九等之序，依次爲上
上、上中、上下、中上、中中、中下、下上、下中、下下，並且特別標明上
上爲聖人，上中爲仁人，上下爲智人，下下爲愚人。

家所標舉的聖人類型中，擇一從之，而是必須分別自孔、老二人成就的不同境界中，截取相容的菁華，成就合乎時代需求的聖人典範。〔註5〕

因此，在讀王弼「老不及聖」的主張，切莫一廂情願的解釋成王弼貴孔賤老，而必須更進一步地分疏王弼心目中孔聖與老子二人的內涵與境界，方才能夠眞正了解王弼所主張的「老不及聖」其中蘊涵的眞義。就如王弼之爲《易》作注，爲《論語》作釋疑，看似於儒學頗爲用心。事實上，王弼思想的深層結構裡，卻是以孔子所言性與天道視爲玄虛之學，主張儒、道二家性道之學可以併談。而《易》經原本就以明人事之吉凶與闡天道之變化爲二大端，王弼《周易注》中，屢以老學中的天道觀詮解《易》之天道、本體，又將貴柔不爭、主靜反躁之見詮釋人事之吉凶。至於《論語》所載者多關乎人事，原與《老》、《易》之大談天道不相侔，王弼於是對《論語》立下新解，作成《論語釋疑》，其重要性不只是解窒釋難，更在於其附會大義，使之與玄理契合。〔註6〕王弼的聖人論亦復如是，他雖推尊孔子爲理想人格的典範，卻以孔聖之學玄合虛無之理，（此點詳見後文）無怪乎後人多評斷其爲陽尊孔聖，陰崇道術。王弼聖人論即是在融合儒、道的基調中展開，深具魏晉學術的特色，在聖人論的發展史上，獨樹一幟。

〔註5〕關於「玄學」思想產生的原因，歷來學者的說明不勝枚舉。然而各家說法不外乎從二角度探討：一是就歷史演變的源流而言，以揚雄、王充、張衡等兩漢的道家學說爲遠因，又以荊州新學的蓬勃發展爲近因。此說以湯用彤先生爲代表，請參考《魏晉玄學論稿·魏晉玄學流別略論》。二是就現實因素的促成而言，有以玄學爲才性名理論抽象化轉進而來，此說仍可以湯用彤先生爲代表，其子湯一介承之，請參見《魏晉玄學論稿·言意之辨》。也有以爲玄學之興盛，在於爲政治上避禍的手段，此說以陳寅恪先生爲代表，請參見《陶淵明之思想與清談之關係》。或以爲玄學的產生，主要在於救世之弊，意欲破除漢世天人災異的迷信，此說以容肇祖先生爲代表，請參見《魏晉的自然主義》。前人論疏頗多，茲不再述。

〔註6〕所謂「釋疑」之名，蓋對《論語》書中的疑難滯義別有新解，《四庫提要》曾說王弼的《易注》特色是：「乘其敝而攻之，遂能排擊漢儒，自標新學。」事實上，王弼的《論語釋疑》亦復是其「自標新學」的成果之一。湯用彤先生就曾言：「王弼所以好論儒道，蓋主孔子之性與天道，本爲玄虛之學。夫孔聖言行見之《論語》，而《論語》所載，多關人事，與《老》《易》之談天道者，似不相侔。則欲發明聖道，與五千言相通與不相伐者，非對《論語》下新解不可。然則《論語釋疑》之作，其重要又不專在解滯釋難，而更在其附會大義，使與玄理契合。」可見《論語釋疑》一書，王弼將得自《易》《老》之學的觀點攪入其中，正是其調合儒道的一貫作風。湯氏之言，見於《魏晉玄學論稿·王弼之周易論語新義》一文。

二、以「崇本息末」爲原則

在王弼本體論的基本主張中，是以「至無」之道爲「本」，以有形有名的實際「存有」爲「末」。大體而言，「本」「末」就相當於「體」「用」與「無」「有」之義。王弼曾言《老子》五千言「一言以蔽之，噫！崇本息末而已矣。」（《老子指略》），「崇本息末」代表王弼研治《老子》的心得，這是他個人思想體系與治學要領，同時也是他解決儒道有無之爭，所提出的一個融通的新觀點。有關「崇本息末」義的內涵，絕不單單只是貴本而賤末，而是具有極精緻的哲學內涵。林麗眞先生在所論著的《王弼老、易、論語三注分析》中，就曾詳細的分析「崇本息末」義，指出王弼是經由「體用關係」、「相對關係」、「統合關係」三個層次的論證，才架構出「崇本息末」的原則。〔註7〕

「崇本息末」義的開展，是就著本與末之間關係的變動，而對待本與末的態度亦隨之有異。「崇本息末」義的第一層是自道體之本始言體用一如、本末不離。弼以四象五音爲例，四象五音代表著現象界的有形有聲之物，即是「有」，是「末」；大象大音則是無形無聲的至道，即是「無」，是「本」。王弼一方面說此至道「爲品物之宗主，苞通天地，靡使不經也」，一方面則言「然則四象不形，則大象無以暢；五音不聲，則大音無以至」（《老子指略》）是謂沖虛玄妙的大象大音是四象五音的形上本體；但是若無四象五音，則大象大音的作用便無從顯現。因此可知無形無聲之道本與有形有聲之末用之間，是呈現著交互依存的作用，可「舉終以證始，本始以盡終」（《老子指略》）。足見其所抱持的是即體顯用、即用顯體的觀點，本末之間存在著本末不離的關係，此時所謂的「崇本息末」，就當是指掌握了本體，也就是掌握了現象，即王弼所言「守母以存其子，崇本以舉其末」（《老子注》第三十八章）

第二層是落在道用的現象界立說，一般而言，在形下的事物中，本末、母子的意義通常還隱含著主次、先後、重輕等意義。這種立說的角度與在觀照心靈中談本末、母子的關係，有著很大的差異，因爲若是從純粹觀照的角度來談「末」與「子」，並未有著價值性的劣義在其中，「本」與「母」只是較「末」與「子」在形上學的位階中具有優位，彼此卻都擁有絕對的存在價

〔註 7〕林師麗眞先生言：「故『崇本息末』一語，看似簡單，其實則蘊含著極豐富的內涵：首先他由『本末如一』的觀點，論到『本末相離』的情況；再由『本末相離』的情況，論到『本末統合的境界』。」詳細的論述內容，請參見《王弼老、易、論語三注分析》中的第二章第二節〈崇本息末義〉裡的第三點，論「崇本」與「息末」。

值，但是一旦離開觀照心的絕對境界，而落在形下的現象思考，「本」與「母」意指本質、本根，「末」與「子」則代表枝節、流變。以人事為例，「本」與「母」是指自然之本性，「末」與「子」便是指人為的造作。因此往往「本」與「母」較「末」與「子」具有價值上的勝義，於是而有「止末」、「抑末」之說。〔註8〕

　　事實上王弼所以言「崇本抑末」，都是在末學不識本根而流蕩失真的情況下提出的，他真正的目的是在於表明現象界中「末用」對生命本質的無益，於是不得不申言崇本必須抑末，反對舍本以逐末。因為王弼深諳於人們時常會眩惑於表象的作用，而不識於作用的本體、偏執於形下的現象，終致愈來愈遠離形上的本體真義。他所言「息末」的用義，只是在於避免「末用」對「本體」產生干擾與蒙蔽，換言之，「息末」的工夫仍要建立在「崇本」的心境上。以治道為例，若能「鎮之以素樸」，則「聖明」、「智慮」皆無用。因此只要能「崇本」，則「末」也無須刻意去禁止，就讓「本」與「末」各居其位。故而「崇本息末」的真義，在於「得本以知末，不舍本以逐末也。」（《老子注》第五十二章）。也就是說「用有」與「存末」必須以「體無」與「崇本」為先決條件，倘若對「末有」的重視超過「本無」之時，人心勢必隨物欲而遷，日趨末流。反之，若能謹守「崇本」、「體無」的原則，必然可以達到本崇而末存，體立而用暢的境界。

　　第三層則是辯證的融合階段。王弼一度自流變的現象界，將本末說成是相對、違離的，至此又再度申言本末不相違離，以「統之有宗，會之有元」的宗統關係加以統攝。據錢穆先生的研究指出，王弼是中國思想史上最早重視「理」字的人，在其《周易注》、《老子注》、《論語釋疑》之中，往往平添「理」字以為說。〔註9〕筆者並且進一步認為王弼已然精緻地分疏出「理」有不同的層次，他發現宇宙萬象繁複流變的背後，存在著宗極根本的「至道」，

〔註8〕 在王弼之前，東漢末年已有思想家將本末這對哲學範疇，應用在闡述社會政治生活的問題上，並提出「崇本抑末」之說。茲舉二例：王符《潛夫論·務本》云：「故明君蒞國，必崇本抑末，以過亂危之萌。此減治亂之漸，不可不察也。」；又徐幹《中論·務本》亦言：「道有本末，事有輕重，聖人之異乎人者無他焉，蓋如此而已矣。」由此可見，王弼學說是有所承的，但是自王弼開始，這些哲學範疇才大量的用在討論宇宙本根的本體論上，這點是王弼創造性的繼承。

〔註9〕 錢穆先生《莊老通辨·王弼、郭象注易、老、莊、用理字條例》，341 至 353 頁。

現象界中事物本身具有的個別之「理」，是「道」在不同時位的展現，總束此殊相之理，即宗統之「至道」。王弼云：

> 至睽將合，至殊將通，恢詭譎怪，道將爲一。（《周易注・睽卦》上九注）
>
> 夫事有歸，理有會。故得其歸，事雖殷大，可以一名舉；總其會，理雖博，可以至約窮也。譬猶以君御民，執一統眾之道也。（《論語釋疑・里仁篇》）

王弼在抽象的思維中，發現看似雜亂無序的萬事萬物，實有一個同殊途、合百慮的宗主於其中，即是至簡不二的至道。此「至道」對萬物之殊「理」而言，不僅是萬物生化之本源，也是所有運動變化的根本律則。因此只要懂得把握此宗極之「道」，就等於把握住殊異的事理，進而可由殊異的事理掌握各別的現象。反之，殊異之事理與各別的現象都涵攝在至極的「道」中，則天下萬象便皆可觀照而會通起來，此即是「執一統眾」之方。王弼對此「執一統眾」之道有進一步的說明，他認爲「夫眾不能治眾，治眾者，至寡者也。夫動不能制動，制天下之動，貞夫一者也。故眾之所以得咸存者，主必致一也；動之所以得咸運者，原必无二也。」（《周易略例・明象篇》）因此而知眾物必因至極之「道」而得存，百事必也因至極之「道」而變化生。唯有「統之以宗，會之有元」，宇宙萬象方才得以顯現出「繁而不亂，眾而不惑」的秩序。故而就宗統關係而言，只要掌握住統宗會元的至道，則無往不順，無物不存，由此而可歸納出「以本統末」、「以末歸本」的形上律則。王弼這種「執一統眾」、「以簡馭繁」的觀點，強調了本與末的統攝，以及末對本的會歸，簡言之，是「以本統末」、「體用一如」的主張。

　　經過以上三個層次的論證，顯示出王弼「崇本息末」義的豐富意涵，他藉由「體」「用」間的諸種關係，表現出不同層次的思想論證。總束此中觀點，歸結爲「體用如一」、「本末不離」、「有無並觀」的結論。

三、貴無而不賤有

　　聖人論是王弼哲學體系中，集人生論之大成者。而儘管王弼很重視對本體存有的論證，但也不是孤懸著本體來談，終以人生該當如何把握本體律則以應世的問題爲依歸。因此當他以「崇本息末」義論證宇宙本體與現象間的關係時，得知本末、體用、無有之間並非存在著對立相反的關係，便以此理轉而從人生論的角度，談「崇本息末」的生命境界，而聖人即是實現此理想

生命境界的人。「神明茂」所言就是指聖人具有知常的特殊玄悟能力，常道即是指虛無至寂的道體，亦即是一切存在事物的本體，因此聖人的「知常」就是「崇本」，既能「崇本」也就能「息末」。

「崇本息末」義對聖人人生論的影響，最直截的反應在聖人「貴無而不賤有」的人格境界上。王弼以三種角度來呈現聖人「有無並觀」的境界：

（一）「有情」而「無累」

王弼不把聖人絕對化，塑造成空無冷寂的個體，反而是將之塑成有喜、怒、哀、樂、欲五情的一個有情有感的人。「情」基本上是主體的某一客體，所引發的應感作用。何晏、鍾會等人，將聖人的「體無」說看成是無寂無感的境界。王弼則不然，他認為聖人同於凡者俱有五情之應感，只是聖人能知本、崇本，不逐末而遷流，因此言聖人「有情」而「無累」。詳細分析，請見第三章。

（二）「體無」而「言有」

當裴徽考問王弼關於「無」與「有」的問題時，他提出「聖人體無」、「言必及有」的看法。因為王弼認為孔子是真正能在生命中，體現「無」的境界。對孔子而言，「無」並不是一個掛空的概念，非智及可得，必須是自實際的存有中，體而實有之。老子《道德經》叨叨以五千言以說明「無」，顯然他仍處於「有」境，渾化不去「有」「無」相對的心。聖人的「體無」是因「神明茂」之故，得以返本歸源，把握道本，然後落實下來，自世事的應對處，顯現其無執無累的清淨面相。此即王弼所言「神明茂，故能體沖和以通無」之理。聖人既然具有此種「無執」的心靈境界，自然能夠優遊於刑名禮教的領域，這就是他認為孔子「體無」而好言有的原因。因此在他的觀念中，儒道兩家非但不相抵觸，反倒可以相融為一。至於聖人如何的「體無言有」，請詳見第四章之說明。

此外，關於「言有」還關涉到另一個問題，就是聖人對於言說的態度。基本上「意」是本，「言」則「末」。聖人有言無言，同樣也代表著聖人對本末持有的態度。在《論語·陽貨篇》中，孔子曾說：「予欲無言」，王弼釋之曰：

> 「予欲無言」，蓋欲明本。舉本統末，而示物於極者也。夫立言垂教，
> 將以通性，而弊至於湮；寄旨傳辭，將以正邪，而勢至於繁。既求道中，
> 不可勝御，是以修本廢言，則天而行化。

他以為孔子所以說「予欲無言」的話，最主要是因為世人往往不知聖人所立

之言只是「末」，而逐此「末」以求通性、正邪之利，然而時日一久，大多數的人都拘滯於名言而不知返其本意，終致湮、繁等弊端，因此孔子才會興起「予欲無言」之慨。事實上，言與意的關係，意是立言之「本」，言是表意之「末」，言、意當如「崇本舉末」的原則一般，必須以「崇本」為先，「本」既已立，則不妨其「舉末」、「用末」。他在《周易略例・明象篇》中所言的「得意忘言」說，正是這看法的延展。

《周易・明象篇》王弼云：

> 夫象者，出意者也。言者，明象者也。盡意莫若象，盡象莫若言。言生於象，故可尋言以觀象；象生於意，故可尋象以觀意。意以象盡，象以言著。故言者所以明象，得象而忘言；象者，所以存意，得意而忘象。猶蹄者所以在兔，得兔而忘蹄；筌者所以在魚，得魚而忘筌也。然則，言者，象之蹄也；象者，意之筌也。是故，存言者，非得象者也；存象者，非得意者也。象生於意而存象焉，則所存者乃非其象也；言生於象而存言焉，則所存者乃非其言也。然則，忘象者，乃得意者也；忘言者，乃得象者也。得意在忘象，得象在忘言。故立象以盡意，而象可忘也；重畫以盡情，而畫可忘也。

因為《周易》本身即是畫象以表意之書，所以王弼對言意的討論，擴展為言、象、意三個方面進行析解。《明象篇》這一大段話，可分成三個層次來說明：

（1）王弼從順逆二個方向來描述言、象、意三者的關係：從言、象、意的發生順序而言，言、象是本於作者內心的情意，然後再假藉著形畫、象喻、文字、語言將之表現出來，即王弼所言「言生於象」、「象生於意」。反之，從讀者理解的途徑言，就必須先通過文字，徵象，然後才能得到作者的本意，因為「盡象莫若言」、「盡意莫若象」，所以必須「尋言以觀象」、「尋象以觀意」。換言之，言與象只是作者為求「達意」，讀者為求「得意」必然使用的工具。故而聖人立言、畫卦以明意。

（2）王弼所言「象以言著，意以象盡」，似乎與「言盡意論」〔註10〕的主張相同，若是細加分疏仍會發現二者有別。事實上王弼所言的「盡」，是涵著「不盡之盡」的意思。他所說「象生於意而存象焉，則所存者乃非其象也；言生於象而存言焉，則所存者乃非其言也」，意思是指言與象只是「達意」的工具，因此不應停留在言、象本身。所謂「存言者，非得象者也；存象者，

〔註10〕魏晉主張言可盡意者，以晉歐陽建《言盡意論》為代表，見於《藝文類聚》第十九。

非得意者也」，言、象雖可用來「達意」，卻不能與意劃上等號，箇中原委主要是在於王弼所謂的「意」並不屬於現象世界或可道世界，在本質上是無法由概念窮盡其全部內容，這一類的名言，牟宗三先生稱之為「內容眞理」，其所指涉的對象是超現象的精神境界、價值領域中之物。相對於此類名言的是「外延眞理」，所指涉的對象則是客觀世界中具體指實的事物。這兩類眞理如以語言表達，則「外延眞理」類似維根斯坦所謂的「科學語言」，是可以藉由概念透過邏輯程序以表達清楚，它可以成為客觀的認知。「內容眞理」則如牟先生所謂的「啓發語言」，是概念所無法窮盡其內容的。主張「言盡意論」者，應當僅限於「外延眞理」，而不能擴至於「內容眞理」的範圍。王弼明白有不能指實言說的「意」，因此並未將「盡」字講死，其所謂「盡」，只意味著啓發指點的功用可盡，非一一對應指實的「盡」意。〔註11〕

　　（3）對於不能指實言盡的「意」，只有在辯證的歷程中方能呈顯，必須透過一「忘卻」的歷程才能掌握，即王弼所謂「得意在忘象」，「得象在忘言」的「忘」。此「忘」的目的並不是在消極的解消，而是積極的在祛執達理，遮形通微，撥封域畛界以通於一，超形名的「至道」可由此顯。此「忘卻」的歷程，只是作用的揚棄，卻仍作境界的保存。王弼舉《莊子·外物篇》的比喻，說明言、象譬若筌、蹄，筌是捕魚的器具，蹄是得兔的憑係，魚、兔既已獲，則筌當忘，蹄亦當捨。言、象啓發指點的功能已盡，則自須將言、象忘卻，不再受其轄制影響。反之，若拘執於言、象，則本意大失矣。故而王弼言「忘象者，乃得意者也；忘言者，乃得象者也。」

　　王弼「得意忘言」的主張，所極力標舉的是「得意」、「崇本」的重要，卻也不抹煞言、象的功效，並不因崇本而廢末用。因此，聖人不必以無言為最高境界，亦可立言、畫卦以達己意。聖人即是這樣一位不捨離「有」境，卻能於流變的現象中，把握本體，體現沖虛玄妙的「無」境。

〔註11〕關於名言之盡與不盡的問題，牟宗三先生在《才性與玄理》中，第七章第四節〈名言能盡意而不能盡意之辨之義理的疏解〉一文，有詳細的解析。

第三章　應物而無累

何晏以為聖人無喜怒哀樂，其論甚精，鍾會等述之。弼與不同，以為聖
人茂於人者神明也，同於人者五情也。神明茂，故能體沖和以通無；五
情同，故不能無哀樂以應物。然則，聖人之情，應物而無累於物者也。
今以其無累，便謂不復應物，失之多矣。——《魏志》卷二十八〈鍾會
傳〉注引何劭〈王弼傳〉

神明茂，而能體沖和以通無，是從聖人心靈的特殊活動來談聖人「體無」
的條件與原則，這是自聖人的本質上順說。王弼繼而言，聖人之同於人者五
情，卻能應物而無累，是從聖人五情之發顯來談聖人能不黏著、不沾滯於物
的「無」的工夫與境界，這是從聖人的作用上反溯。王弼藉由順說與反溯二
種方式，說明聖人基於本質與心性之異，得有超於凡人的涵養工夫，而能有
五情之發顯，卻依舊無累無滯的玄同於無境。

從何劭《王弼傳》中所述的情形看來，聖人有情與否是當世學者共同關
注的話題，其中又分別相反的二種意見，一派主張聖人無情，何晏、鍾會主
之；一派主張聖人有情，王弼屬之。但是現代學者王葆玹在所著的《正始玄
學》中表示，王弼因替《易》、《老》作注，不得不受儒道思想影響，故而在
先注《老》後注《易》的情況下，論情欲而有無情、有情之歧異。〔註1〕筆者
則認為雖然人的思想可能在不同的年歲裡會有轉進或異化，但是一來王弼之
生年僅二十餘，二來性與情等概念，在哲學體系中是屬於架構的底層。以王

〔註1〕　王葆玹《正始玄學》第九章述「王弼易老的兩注論情欲的歧異」，他說：「王
　　　　弼是先注《老子》，認為聖人无情无欲，主張凡庶止欲；後注《周易》，轉而
　　　　贊同聖人有情，承認情欲在自然界與社會中的重要性。」這段文字見該書 383
　　　　頁。

弼天人學貫的思想體系，很難置信他在短暫的數年中，就將其思想架構底層的基礎概念予以動搖，乃至轉移到對立面的論點。我寧可從其思想的內在理路著手分析研究，證明王弼精細地掌握「情」的各種意涵，並且在他的思想體系中，有充分的理論推演出他對有情與否的主張。

第一節　五情同

一、「性」與「情」的解析

　　先秦哲學隨著人文精神的高度發展，對於人的本質、本性的探索也愈趨精細。在先秦，性與情是同質且常常互用的二個名詞，就像一株樹，根部是性，向上生長的枝幹是情，雖部位不同，本質則一。〔註2〕只是孟子將一般人等稱於性的耳目情欲，以其求之在外，寧謂之命，反而將一般人等稱爲命的仁義禮智，以其求之於內，寧謂之性，由是人性的道德的形上意義因此開展，孟子對性之內容賦予新的限定。反觀荀子卻強調性、情、欲三者同質且同位，他說「情者性之質也」（《正名篇》），以情欲爲性，正是他性論的特色，並由情欲的流弊來說明性惡的主張。或許正因爲情欲之弊逐漸引起人們的警戒，性情分而爲人性中相對待的二端，春秋戰國時期的道家就以動靜分說情性，在《莊子》外篇中這類說法蔚爲主流。《莊子・庚桑楚》：「性者生之質也，性之動謂之爲，爲之僞謂之失。」，這種以性爲靜爲眞，相對而言情爲動爲僞的看法，持續到漢初的道家，例如《淮南子・原道訓》云：「人生而靜，天之性也，感而後動，性之害也。」、「嗜欲者性之累也」，《淮南子》也是認爲人性本靜，動才產生情欲，情欲太過則累性。這種素樸的人性論，發展到漢代因受盛行的陰陽五行說強烈的衝擊，性與情二端遂與陰陽二元比附，而成陽性陰情的學說，主要創始人是董仲舒，他說：「身之有性情也，若天之有陰陽也。言人之質而無其情，猶言天之陽而無其陰也。」，「天兩有陰陽之施，身亦有貪仁之性。天有陰陽（劉師培：陽衍文）禁，身有情欲桎，與天道一也。是以陰之情不得于春夏，而月之魄常壓於日光，乍全乍傷。天之禁陰如此，安得不損其欲而輟其情以應天？」（《春秋繁露・深察名號篇》）。董氏除了以陰陽比附情性之外，還加上陽善陰惡的學說，遂使對性與情關係的解說，成爲

性是陽、是善，情是陰、是惡的。其後劉向對董說進行調整，引入道家性靜情動之說，王充《論衡》說：「劉子政曰：性生而然者也，在於身而不發。情接於物然者也，出形於外。形外則謂之陽，不發則謂之陰。」他認爲性陰情陽，這固然是與陰靜陽動之說相合，卻與陰惡陽善之說相背，於是引發兼顧陰陽的趨勢。〔註3〕

　　從現有資料看來，無法確知何晏對漢代儒家以陰陽、善惡論性情之說有否繼承，倒是在《論語集解》中，屢以「虛中」、「深微」之詞況述人性，〔註4〕似乎承襲了道家以動靜論性情之說。在何劭《王弼傳》中，得知何晏主張聖人無喜怒哀樂，如此則聖人之性至靜，無絲毫情動，依此推測何晏尚且繼承道家以性本靜，性動則爲情僞，僞生則累性的觀念。況且當世學風自然天道觀大行其道，天理是純乎自然，聖人與天地合德，行止動作當然皆順乎自然，純理任性而無喜怒哀樂之情夾雜其中。他曾評述漢人公認的「亞聖」或「大賢」的顏淵：「凡人任情，喜怒違理，顏回任道，怒不過分。遷者移也，怒當其理，不移易也。」（《集解・雍也篇》）凡人任情，賢人之情合理，聖人則未嘗有情。由此可知，何晏以聖人之性是純然的合乎天理，僅可以「自然」稱述，不可論之以善惡。至於何晏對情的看法，亦無所謂善惡，善是就合度於理而言，惡是就過逾其分來說。聖人無情僞之動，只有純然合乎天理的至靜自然之性。

　　何晏的看法很不近人情，他將聖人塑造成絕遠於人群的孤獨體，當世還頗有一些人與之應和，〔註5〕王弼則力主聖人有情說，除了前面已引述其駁何晏聖人無情說之外，在他與荀融書中，再次抒發其聖人有情的主張，他說：

〔註3〕劉向以性爲靜、爲陰，以情爲動、爲陽。若以性爲陰，則基於陰惡陽善之說，性善說在此不再適用。以情爲陽，情欲之惡也發生動搖。故而他用一種含混的說法：「性情相應，性不獨善，情不獨惡。……性善情惡，是桀紂無性而堯舜無情也，性善惡皆渾，是上智懷善而下愚挾善也。」（《申鑒》卷五）。此外，揚雄亦言人性善惡混，王充則主張聖人性善，下愚性惡，中人性善惡混。王充還說：「夫人情性同生於陰陽。其生於陰陽，有渥有泊；玉生於石，有純有駁。情性生於陰陽，安能純善？」（《論衡・本性》）因此兩漢從董仲舒至王充的人性論發展，呈顯出兼顧陰陽、善惡的趨勢。

〔註4〕何晏在《論語集解・先進篇》中，形容顏回「其於庶幾每能虛中者，唯回懷道深遠。」以及在〈公冶長篇〉中，解說「性者，人之所受以生也；天道者，元亨日新之道。深微，故不可得而聞也。」

〔註5〕聖人無情說在魏晉之際爲顯說，《世說新語・傷逝》記述王戎喪子悲不自勝，山簡謂其：「孩抱中物，何至於此？」，王戎對曰：「聖人忘情，最下不及情；情之所鍾，正在我輩。」其餘則有鍾會等人述何晏之說。

> 夫明足以尋極幽微，而不能去自然之性。顏子之量，孔父之所預在。然
> 遇之不能無樂，喪之不能無哀。又常狹斯人，以爲未能以情從理者也。
> 而今乃知自然之不可革。……

這裡的「明足以尋極幽微」，即是聖人茂於人者的「神明」；不能去的「自然之性」，即是聖人同於人者的「五情」。王弼認爲聖人與凡人同樣具有自然之情，臨事應物有喜怒哀樂的發顯，但是若對王弼所論聖人的性與情詳加分析，就會發現因爲他對聖人「性」的內涵有極深刻的界定，致使聖人之「情」與凡俗之情同而未全同。

首先，進行對王弼所言「性」字內涵的解析。他的看法近於《莊子‧庚桑楚》中所云：「性者，生之質也」，以性爲生命的本質。既是生命的本質，就不能離乎形而言，卻又不僅僅是形而已。可以《莊子‧天地篇》中的一段話將王弼所承的道家學說對性的基本看法清楚的呈現，〈天地篇〉云：

> 泰初有无，无有无名。一之所起，有一而未形。物得以生，謂之德。未
> 形者有分，且然无間，謂之命。留（流）動而生物，物成生理，謂之形；
> 形體保神，各有儀則，謂之性。性脩反德，德至同於初。

這段話是道家典型的宇宙創生論，就創生的歷程來說，泰初有「无」，即道也，也即是老子所謂「天得一以清」的「一」。「一」是從無到有的中間狀態，尚無分別相，故謂之「未形」。「德」是將形未形之時，然而已經是從「一」分化爲多，故言「有分」。以德之未形言，是同於「一」；以「已有分」這點來看，德已經較「一」更向下落。而每一物之分得如此，就是如此，無可議處，此即是「命」。德是從「一」分化而爲多，即是「生」的作用，生之成就即是「物」。「流動」所形容的就是分化而生物的過程中的活動情形。物成之後就具有生命與條理，此即是物「形」。至此未形之德已具體實現而爲有形之物，此有形雖與未形已有距離、間隔，卻不是完全脫離未形之德而獨立存在，而是在形體之中，仍然保有著「精神」的作用，這種「精神」作用是有儀有則的，此即是「性」。所以「性」是道在分化成物之後，依然保持在物的形體以內的種子，是客觀的「道」內在化於形體之中。「儀則」所講的就是每一生物生存之合理性，此合理性是超越的、客觀的「道」下落分化而來，由「道」爲其終極的來源。莊子此說是將「道」由無形無質下落至有形有質的過程，予以分解式說明，事實上在老子學說中，已有言「德者得也」（第六章）、「道生之，德蓄之，物形之，勢成之」（第五十一章），表明「德」是「道」的分化，萬物得道之一體以成形，此道之一體即內在於物中，而成物之所以爲物

的根源；各物之根源，老子稱之爲「德」，即所謂「性」。老子未曾直接用「性」一字，但是其所謂「德」，其實就是「性」。王弼《老子注》第六章注云：「道者物之所由也。德者物之所得也」，他對「性」的基本預設，當與老莊看法相同，雖然他並未專文探討「性」之始源，但可由其對「性」的敘述中窺知。

（1）《老子》第十二章曰：「五色令人目盲，五音令人耳聾，五味令人口爽，馳騁畋獵令人心發狂。」

王弼注云：「夫耳、目、口、心，皆順其性也。不以順性命，反以傷自然，故曰盲、聾、爽、狂也。」

按：王弼所舉的耳、目、口、心四者，是指人的四種官覺及能力。其中耳、目、口三者，屬於人的外感官，職司接收聲、色、味等外界刺激，這種能力是與生俱來的，荀子謂之「天官」。〔註6〕所言「心」則當屬內感官，它可以使人因爲美名榮利、馳騁畋獵等外物刺激，而產生喜悅、希望、恐懼、悲傷等情緒，而有爭取、逃避等意欲。此「心」也是與生俱來的本能，仍屬於荀子所謂之「天官」。王弼的「心」明顯地是由情欲的角度來詮解，雖在其他章節注文中王弼曾言心有分別剖析的能力（《老子注》第二十章），卻未能成爲一道德性上宰。更遑論談及像宋明理學中的胡五峰、劉蕺山與陸九淵、王陽明二系的共同主張——心即理。〔註7〕王弼以耳、目、口、心四種官能說「性」，顯然他所說的「性」是剋就形體之實展開，但是他也並不僅是限於形體或官能來說「性」，畢竟「性」意謂生命的本質，生命的本質不離乎形而言，但是也不僅僅是形，若僅是形，則質字就沒有意義可言。因此王弼最可能的說法，仍是繼承老莊「道」之淪降分化而爲「德」之說，「德」具象而爲「物」，「物」之所得「道」的精神、儀則而成「性」，並且每一人或物所得之「道」多寡有定，厚薄有分，「性命」之義即在此。故而每一人的性命不同，順之而足即可，若過之則累患其身、心，而導致盲、聾、爽、狂等過失。此處指出「順性命」即不傷自然，「性」與「自然」關係爲何？需做進一步分疏。

（2）《老子》第二十五章曰：「人法地，地法天，天法道，道法自然。」

王弼注云：「法，謂法則也。人不違地，乃得全安，法地也。地不違天

〔註6〕《荀子・天論》云：「耳、目、鼻、口、形，能各有接而不相能也，夫是之謂天官。」

〔註7〕胡五峰、劉蕺山所繼承的濂溪—橫渠—明道這一系，主張心性分設，而有「盡心成性」之說。但是仍然認爲「心即理」，其中雖有「以心著性」此一迴環，最後仍與陸王「即存有即活動」的宗旨完全合一。

乃得全載，法天也。天不違道，乃得全覆，法道也。道不違自然，乃得
其性。法自然者，在方而法方，在圓而法圓，於自然無所違也。自然者，
無稱之言，窮極之辭也。用智不及無知，而形魄不及精象，精象不及無
形，有儀不及無儀，故轉相法也。道法自然，天故資焉。天法於道，地
故則焉。地法於天，人故象焉。」

（3）《老子》第二十九章曰：「爲者敗之，執者失之。」王弼注云：「萬
物以自然爲性，故可因不可爲也，可通而不可執也。」

「道」即是「無」，無形無名，無分別相。其秉「不塞其原，不禁其性」的方
法化成萬物，即以「自然無爲」爲原則。所謂「在方而法方，在圓而法圓」，
任物之本質而不禁不塞，因無違於自然，故能全「道」之「無」性，由是可
知「道」即自然也。而人或物之「性」乃是得之於「道」之下落分化而成，
故言「萬物以自然爲性」。雖然從著作中，找不到王弼是否贊成「道」之分化
爲「德」，流動以生物的證據，以他儘量減少《老子》書中宇宙創生論的色彩
而言，〔註8〕王弼是不大可能指實的說「性」是「道」流衍分化的結果。但是
他卻以另一種方式，說明道才是全，是一，人之性僅只是分，是多。他以用
智與否，表示人較地更向下落實一層；以形魄有無，判定天之高於地；以精
象的不及無形，言道比天爲高；以儀之有無，推崇自然猶高於道。於是形成
這樣的一個層級序列：自然——道——天——地——人，人所以居於最下，
是因爲人往往在後天繁衍出許多不是「性」的東西來，而障礙了「性」的發
顯。因此必須時時以較高層級爲法則，以期回復「性」自然的狀態，並且回
復的工夫，必須是以「可因而不可爲、可通而不可執」的方式爲原則。總括
來說，王弼對「性」的基本看法是採道家之說，主張「性」與「道」之間，
僅有全與分之別，而沒有本質上的差別，同樣是無善無惡，無分別相，但是
卻因所得於「道」之分不同，而有濃薄多寡之別，此人人之有定限，無可議
處之餘。

王弼所謂「情」，就如他在《論語釋疑・泰伯篇》中的注解，他說：「夫
喜、怒、哀、樂，民之自然，應感而動，則發乎聲歌。」這裡指出喜、怒、

〔註 8〕 就像王弼在《老子注》第四十二章注解老子所言：「道生一，一生二，二生三，
三生萬物。」莊子的〈齊物論〉說解之：「萬物萬形，其歸一也。何由致一？
由於無也。由無乃一，可謂無已。謂之一，豈得無言乎？有言有一，非二如
何？有一有二，遂生乎三。從無之有，數盡乎斯，過此以往，非道之流。」
王弼此比附是謬誤的，曲解老子本義，他有意的減低宇宙創生論的色彩由此
可證。

哀樂之情，乃是人之所共有，且是自然而生的。「應感而動」是情發生的肇端，然而究爲何者「應感而動」，是「性」也。前面曾講述過王弼以耳、目、口、心爲「性」，其中耳、目、口三種外感官職司五色、五音、五味等外界刺激的接收，此即所謂與外界事物之「應」。「心」這個內感官在外感官接受外界的刺激之後，立即因爲這些經驗與件之進入產生某種訊息，而有所「感」，繼而「動」之爲喜、怒、哀、樂等「情」。因爲耳、目、口、心是人天生自然而有的官覺能力，由是而生的「情」也應該是自然而然的，無所謂善惡。仔細審視王弼所使用的「情」字，大略可分成三種類別：

（1）情實之「情」。這種用法無甚獨立的意義，例如他敘述橐籥的中間空洞無物，故而成其大用。他說：「橐籥之中空洞，無情無爲，故虛而不得窮屈，動而不可竭盡也。」（《老子注》第五章），他以情與虛對舉，由此可證此「情」當解爲「實」。

（2）與性字的內涵與用法無異的「情」。例如他在《老子注》第二十九章中所言：「聖人達自然之至，暢萬物之情，故因而不爲，順而不施。」這裡所用的「情」字可以作「性」字解，所言「暢萬物之情」就是不塞不禁萬物自然之本性，因順而不施爲，如此萬物之性則暢矣。由此可知「情」與「性」可以是共通的。

（3）情欲之「情」。例如他形容絕愚之人「心無所別析，意無所好欲，猶然其情不可覩」（《老子注》第二十章），此處他以心之有知有識與意之有好有欲，作爲導致是非、美惡之情發生的肇因，王弼與道家立場相同，對人之智識、好欲所採的是否定的態度，對由此產生的「情」，也同樣是採否定的態度。在王弼的文章中，可以用「性」字作解的「情」字用法較爲普遍，而情欲之「情」則多數以意、欲、惑、迷等字替代。經過此番對王弼所講「情」字的析解，可知他所謂的「情」有時同於「性」字的意涵，具有正面的勝義；有時又意謂著滋生是非之情欲，代表著負面的劣義。

綜合以上結論，王弼認爲人的「性」是得之於「道」的分化，因而與「道」的質性相同，皆爲無善無惡，無分別相，眞純而質樸。但是由於是自「道」分化而得，當然未若「道」之渾全，每一人或物的「性」各有濃薄、多寡之定分。所謂「聖」當是所秉「道」性濃純者，所謂「凡」自是「道」性較爲薄寡之人。至於人的「情」，則有二種狀態，一是與「性」同爲無善無惡，皆是人自然無爲的本質；此時的「性」與「情」之間的關係，可藉由「動」「靜」

以釋之。王弼《周易・復卦象傳》注云：「凡動息則靜，靜非對動者也；語息則默，默非對語者也。」從這段注解中，顯然王弼已注意到動靜不是對立的關係，而是體用的關係。靜是「體」，動是「用」，動起於靜，且一切動終將復歸於靜。相應於人性而言，因情發自性，故性靜而情動。則性之於情，亦非相對的概念，性是情的本體，情是性的作用，二者原不相妨礙。一是與「欲」結合的情，會隨物流轉，而生善惡與是非。這二種「情」中，前者是指「情」的本然，當與「性」無異，皆是人自然具有的本質；後者是指後天與「欲」結合的情偽之變，會逐欲流轉，其中關鍵何在，即是下文討論的重點。而聖人之情是與「性」同為人之自然本質，凡人之情則與欲遷，王弼於是而有聖凡之五情同，卻有聖人無累於物與凡人累於物之別的結論。

二、性其情

筆者以上對王弼所言性、情的推論，在他的《論語釋疑・陽貨篇》對子曰「性相近，習相遠」一語所作的解析裡，可一一獲得印證。多數《論語》的注釋者對孔子的這二句話未能予以重視，與王弼同時的何晏在其《論語集解》中，僅注云「孔曰君子慎其習」；程、朱二家皆以此處所言「性」為氣質之性，因習染之故，而有善惡的分別，是以云遠。諸位注家都將孔子此言，解作氣質之性與習染之間的關係，王弼則云為「性」與「情」的關係，並且詳作說明，而成其特有的人性論。本文為能便利解析王弼深意，特將這段注文打散成三個段落來看，並在次序上予以更動：

（1）又知其有濃薄者。孔子曰：性相近也。若全同也，相近之辭不生；若全異也，相近之辭亦不得立。今云近者，有同有異，取其共是。無善無惡則同也，有濃有薄則異也，雖異而未相遠，故曰近也。

首先，王弼依孔子「性相近」一語，進一步推論眾人的「性」必然不能是全同或全異，而是部分相同且有部分相異。相同的部分，在於每一個人的「性」都是無善無惡的，這點印證了前面我對王弼言「性」所作的推論。相異的部分，則在於有些人稟性較濃，有些人稟性較薄。所稟者何？我認為是「道」的精神、儀則。雖然檢視王弼著作未曾對「性」的始源做說明，但是從他的本體論是依老子的形上學與宇宙論做為基本架構這點事實來推測，他的人性論也應該如同老子學說，是自本體論的立說中推演而來。王弼之前的漢魏之際學者劉劭，他在所著《人物志》中云：「凡有血氣者，莫不含元一以

爲質，稟陰陽以立性，體五行以著形。」，〔註9〕他是以元氣做爲宇宙萬物的根本，下委於個體而生成人，其中陰陽二氣立人之性，五行之質著人之形。這是兩漢流行一時的「氣化的宇宙論」，此說法是將先秦道家所言的創生原理──「道」，講實成物質性的「氣」，人的質性與體貌都是此「氣」流衍下落具象而塑成。從抽象的「道」轉換成物質性的「氣」，這是形上思想的退墮，筆者認爲學說特質爲專擅抽象思辯的王弼，是不會採這種立場解說「性」的始源，可能性較大的是他採用了《莊子・天地篇》中的說法，以「性」乃得之於「道」的分化，而「道」的本質是無善無惡，以自然爲內涵與原則。這樣就同時可以解釋何以「性」是無善無惡的，所謂「形體保神，各有儀則」，人之「性」既爲「道」分派於人身的代表，當然同於「道」無善無惡的特質。並且王弼認爲雖說眾人稟性有濃薄之異，卻是相異而未相遠，此所以孔子言「性相近」之理。聖凡二者在此是相異而未全異也，聖人的「神明茂」指的就是虛靜的大清明之心，它使得聖人獨獨具有玄悟與證驗道體的能力，以至於聖人之性能更趨近於道性。

> （2）不性其情，焉能久行其正，此是情之正也。若心好流蕩失眞，此
> 是情之邪也。若以情近性，故云性其情，情近性者，何妨是有欲。若逐
> 欲遷，故云遠也；若欲而不遷，故曰近。

在這段話中，王弼將情的發顯分成正、邪二種，「正」、「邪」二字並非是道德性的判語，「正」代表眞正的，當該的，不歧出的；「邪」即是指不正的，不當該的，歧出的。因此，「情之正」者，就是說情的發顯合乎其當該的本分；「情之邪」者，則是指情的發顯有所偏邪歧出，逾越了當該的本分。什麼才是情當該的本分？應該就是與「性」通同，亦是無善無惡、自然無爲的情，此情即是聖人之情。又聖人之情何能久行其正？因爲聖人能做到「性其情」的工夫。王弼所創設的「性其情」一詞，是將人性論之二端「性」與「情」關涉串連起來，其意涵爲何？幸得他自己隨後說明「若以情近性，故云性其情」，也就是說若能使其「情」的發顯合乎無善無惡的眞樸之「性」，則可致使人之情能夠常久的合其當該的本分。此「情」即是與「性」之質同，是正面勝義的「情」。前文已談過「情」的發生，是由於「心」這個內感官受外界刺激而生感應，搖動發顯而爲「情」。「性」是人得於「道」之一體，是人存

〔註9〕此段文字見於劉劭《人物志・九徵篇》。深究其中意涵，可參見牟宗三《才性與玄理》第二章〈人物志之系統的解析〉。（台灣學生書局印行）

有的原理、原質，是靜態的精神、儀則，似乎並不能存有實現的活動能力。因此若要以情近性，背後應該要有一個推動、揀擇如是或非如是的動力，一般而言，「心」才是一個能動者，是實現存有的能力。「心」的活動，在孔子學說中尚未突顯，一直到孟子之時，主張「盡心知性」，才開始視「心」為人的道德主體。老莊學說一向對於心所引發的情欲和智識深具警惕，認為情欲和智識對本眞的生命而言，都是駢枝與作偽，唯有斬截而後才能保性命之眞樸與自然。因此在以老莊為中心的道家學說，根本不曾有過縱情任欲的思想，而是主張外於心知與情欲。但是道家追求的生命，也不只是塊然地、生理地存在，而是一種精神生活的極度境界，這種追求是不能落在純然的形體之上，仍是要收納在人的心上才能完成。因此必然要在「心」的功能上另闢蹊境，主張另有一種異於情欲與智識的「心知」，其知不同於分解性的認知之知，而是能使人直接的發出一種玄知觀悟的能力，足以掌握存有的眞實原理，不隨物欲遷流，呈顯出虛靜的精神境界。此種直覺的玄知之心，自然是比凡人共有的智識之心的層級為高，是勝義的「心知」，具有達成人最完滿之精神生命的能力。

聖人的「神明茂」，所言者正是聖人擁有高於凡人智識能力的玄知能力，「神明」指的就是一虛靜清明的心體，它藉由「觀復」的工夫，玄悟萬物的根本是「無」，進而掌握道體之「常」，是無形無名，無分別相。反身照鑑萬物，則能站在「道」的層次來審視，超越一切的對立，涵融萬有的殊別。聖人既有是心，深具體道證道的能力，對於人「性」之本質亦當格外能夠掌握。「性」既是得之於「道」的一體，是「道」派在人身上的代表，因此「性」即是「道」。所以「道」本是無，「性」本亦當是無；「道」派生萬物是秉無為清淨為原則，「性」也同以無為清靜為儀則。聖人既明此性理，於搆接外在事物之際，就能發顯出合乎理分之「情」，這正是聖人能夠「性其情」或「以情從理」的理由。因此「性其情」的首要關鍵，就是必須要有一虛靜清明的心體，能明白「道」與「性」之本質是一，皆以無為虛靜為本，故能不逐外物奔馳，不使生命離其自己，避免發散而不知收歛返本。「性其情」者既能不為外物之牽引而弛張，如此則何妨有欲，因為縱然有情欲之生，其情欲也能依性理之當分而為正。上章曾說王弼以「崇本息末」義言聖人「貴無而不賤有」的生命境界，聖人「性其情」的工夫，即是代表聖人能夠「崇本」、「知本」，其有情之發顯則是「舉末」、「統末」的表現。是以王弼主張聖人同於人者五

情，不能無哀樂以應物，蓋因聖人之神明若是，能以情近性、以情從理，則自然情又何須革除。由此可以進一步推測：聖人之「性」即是道之「理」；聖人之「神明」即是道之「用」。道體本身既是存有的終極原理，也是存有的生化動力之源，就是所謂的「即存有即活動」。王弼所言之「性」只是「理」，將此存有的原理實現，尚須一虛靜清明心體與之配合，即所謂「神明」的充分活動，才能展現與「道」玄同的生命境界。只是在王弼的學說中，他一如老莊，因為害怕偏執的情欲與智識會導致人生與社會的亂源，而對「心」採取警戒的態度。其實他所言的「神明」，本質上就應該就是指「心」所從事的超越性玄知活動，王弼卻未以「心」字言之。雖未言明，卻也不妨礙我們推測他以「心」作為實現存有的活動能力，若果如此，則王弼對「心」的這項預設，對日後宋明理學心性之學的開展，有重大意義。〔註 10〕所不同的是，王弼僅以聖人才擁有「神明」，凡人無此虛靜的大清明之心，凡人也就無由至聖，成聖之學因此阻隔，而不得開展。理學家則以此心為人所共有，遂跨越王弼學說的限制，成就儒家的成聖之學。

　　凡人於心體則無聖人之「神明」，其心好奔逐外物而不知返，拘滯於末事之華偽，終致本性之真淳流失，是以王弼謂之「情之邪」。此情既是逐欲而遷流，必會累患其身，終相遠於聖人。總括以上所言，聖與凡的「性」與「情」，皆是未盡全同。就性而言，相同之處在於聖凡皆是無善無惡；相異之處則在於有濃薄之分，當然聖人是濃而凡者是薄。聖人因而能有一虛靜清明之心體，可以使情近性，其情也因近性而無累於物。凡人之心則好流蕩失真，累於物而不知返於性本。故而聖凡之「情」，皆有喜、怒、哀、樂、欲五情者同，但是聖人應物而無累，凡人則累患其身，此二者之異。以下試繪簡圖，表列聖

〔註10〕北宋理學家程頤襲用了王弼所創設的「性其情」一詞，只是二者內涵意蘊不同，他說：「天地儲精，得五行之秀者為人。其本也真而靜；其未發也，五行具焉，曰仁、義、禮、智、信。形既生矣，外物觸其形而動於中矣，其中動而七情出焉，曰喜、怒、哀、懼、愛、惡、欲。情既熾而益蕩，其性鑿矣。是故覺者約其情使合於中，正其心，養其性，故曰性其情。」（〈顏子所好何學論〉）程說與王弼的最大不同處，在於程頤以善惡論性情，他將性視為未發的道德稟賦，是先驗的善；「性其情」即是使情合乎性，成為已發之善。王弼因思想的底蘊仍屬道家，其不以善惡論性情，因此二者在論說的內容上有異。但是二者皆以正心、養性以約情的修養工夫、路數，是完全一致的。故而筆者以為王弼雖未曾明白的提出「心」的觀念，並不妨礙其學說內在有此觀念，唯有「心」的觀念的建立，其人性論的架構方才完整。宋明儒受其影響，心性之學成為學說主流。

凡性情之異同以明之：

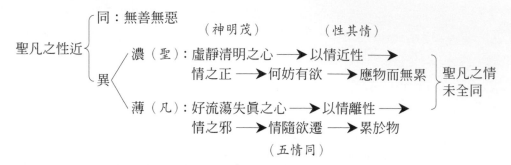

至此可以回頭評述王葆玹之見，他認為王弼是因為先注《老》而有無情之說，後注《易》遂又生有情之主張。筆者認為此番說法，非但未解決王弼何以對聖人有情與否的問題持有二種不同的觀點，反而是將問題簡約化，解消了問題本身的意義。筆者試從王弼哲學的內在理路，提出二點來談這個問題：首先，必須明白王弼對情字意涵的掌握，就有勝義與劣義之分。在他主張無情無欲之時，此處的情欲是指逾分過度而累性的情欲；在他主張聖人有情之時，此情則是指合乎理分的情。因為聖人能性其情，故雖有情而無累。因此聖人所無者，是累性害生之情欲，所有者是合乎性理的情。其次，是就王弼哲學思想的特色而言，王弼之學是通貫天人之道的學說體系，其人生論的基本架構，皆是自其本體論處衍伸而來的。他在本體論處得到「貴無並不賤有」的主張，同時演繹出人生論中聖人「體無言有」的觀點，因此聖人有情以應物，是其圓融的體用觀所必然導引出的結論。而王弼之本體論是以老學為基底建構而成的，因此聖人有情說，不待注《易》方才產生，而是王弼本身的哲學體系所必然蘊涵的主張。

> （3）但近性者正，而即性非正；雖即性非正，而能使之正。譬如近火者熱，而即火非熱；雖即火非熱，而能使之熱。能使之熱者何？氣也，熱也。能使之正者何？儀也，靜也。

「近性者正」與「即性非正」的意思，是說性的本身並無所謂正邪，因為性的本質是無，但是與之近者則可謂之正，所以王弼稱近性之情為「情之正」。他還舉火為例子，說明火的本身不是熱，只有近火之物才是熱的。性雖非正，卻能使近性之情為正，其原因為何？王弼僅以一語明之「儀也、靜也」。何謂儀、靜？從他所譬喻的氣與熱來看，氣、熱雖非火的本身，卻是火散發出來的；同理，儀與靜雖不是性的本身，卻也是性所散發出來的。首先從「儀」

的意涵談起，段玉裁《說文解字注》說明「儀」的本義是法則、制度的意思，引申有善、正、匹等義。〔註11〕儀則法度是蘊藉在宗教、風俗、乃至於法律規範中，它的消極作用是透過一些無形的規則予以約束、限制，使得人的心涵泳其中，經由無形的氛圍與樣態，化感而爲正。這點以宗教藉儀式規則的氛圍，開啓人們對上帝這個無限精神實體的企望，尤爲明顯。它的積極作用，則是在於藉由有形的律條，斬截與隔絕不當的誘因，這點以法律禁止人們對情欲物質的氾濫追逐，最爲明顯。不論是何種類型的儀式制度，其目的無非是想將人導向於美、善之正。從王弼以氣與熱爲比擬，他對「儀」字的掌握，應該是傾向於它特有的氛圍與樣態，足以感化人心而使之正，這種消極的作用而言。

　　其次，「靜」字又代表何義？王弼在《老子注》及《周易注》中，屢次談及靜是萬物的本體，萬物變動不居的現象是本體的作用。《周易・恆卦》上六爻辭王弼注：「夫靜爲躁君，安爲動主。故安者，上之所處也；靜者，可久之道也。」，《老子注》第二十六章亦復云：「不行者使行，不動者制動。……靜必爲躁君也。」所謂靜爲躁君，是使靜中涵攝一切的動，一切的動終將復歸靜中，即「靜息靜中」、「靜息地中，則天地之心見」（《周易・復卦》象辭注）。靜之於動，是一種導引、歸返的作用，並不是靜對動持有一種硬性的主宰與控制的權力與地位。靜具有的導引作用，類似於「道」生化萬物的原則，即不塞不禁的「不生之生」，是一種以因順爲本質，鬆動地導引，復歸於虛靜之本。王弼所言性與情，是以性爲靜，以情爲動，由何可知？在《老子注》第十六章，王弼曰：「歸根則靜，故曰『靜』。靜則復命，故曰『復命』。復命則得性命之常，故曰『常』也。」顯然他主張萬物回復到至靜，就同時獲得眞常的本性。至於情，《周易略例・明爻通變》中王弼云：「變者何也？情僞之所爲也。夫情僞之動，非數之所求也。」，他認爲情僞之動是對眞常之性而言的現象之動，僞不代表道德性的惡，而是人爲造作之意。既以性爲靜，情爲動，則所謂「性其情」，應該就是指至靜之性理對情僞之動有導引、歸返的作用。配合前面所述「儀」字意涵，更加證實以情近性所以可得情之正，是因

<hr>

〔註11〕段玉裁《說文解字》注云：「《毛傳》曰『儀，善也。』又曰『儀，宜也。』又曰『儀，匹也。』其義相引伸。〈肆書職〉曰『古書儀，但爲義。今時所謂義，古書爲誼。』按如〈文王〉《傳》曰『義，善也。』此與《釋詁》及〈我將〉《傳》『儀，善也。』正同。謂此義爲儀之假借字也。」

至靜的性理可以散發出一種貞正的氛圍與樣態，可化感情之發顯，進而產生導引情偽之動歸返於貞正的作用。正如近火者熱的原因在於非熱的火會散發出一股熱氣，促使近火者的溫度提高，產生熱的效應。〔註12〕

由以上對王弼《論語‧陽貨篇》注文的解析可知，聖人之情可以為正的主因，在於能夠「性其情」，其結果是聖人發顯之情都能近性、從理，故而為正。因此之故，聖人雖與凡人一樣具有五情的發顯，卻能無累於物。凡人大多「御體失性，則疾病生」（《老子注》第十七章），疾病一詞象徵累於物的弊端，因為性之本質即是自然，有意的偽作只會失真而致病患其身。因此只有像聖人這般神明茂者，方才懂得本性之自然真淳，以情近性，於是能無累患加諸其身。此亦是王弼「崇本息末」義，從人生論角度所做的最佳說明。

第二節　體無言有

裴徽問王弼有關聖人「有」「無」的問題時，王弼提出聖人「體無言有」的看法。聖人因「神明茂」，故而能夠掌握「寂然至无」的本體，此即「體無」、「崇本」。又聖人能「性其情」，因而可以應物且無所沾滯，此即「言有」、「舉末」。王弼心目中的聖人，不僅能入乎「有」境而無傷，更能出乎其外而遊於無限沖虛的妙境。因此「言有」並不妨礙「體無」，因為聖人皆以「崇本」、「體無」為原則，待「本」崇「體」立之後，自然「末」舉而「用」存。故而聖人是在生命的實際存有處，體現應物而無累，玄同於「無」的道境。對於聖人實踐道體所呈顯的境界，可分成個人的修養及外顯的事功兩方面來看。

一、被褐懷玉

《老子》第七十章曰：「是以聖人被褐懷玉」，王弼注云：「被褐者，同其塵；懷玉者，寶其真也。聖人之所以難知，以其同塵而不殊，懷玉而不渝，故難知而為貴也。」被褐、同塵，是就聖凡之五情同而言，若單是從應物時

〔註12〕林師麗真先生曾對「性其情」一詞做過析論，他說：「王弼用『近』字，這是個極圓通而不板滯的柔性字眼。因『近』字含有依傍、符合、隨從、不離、不遠、不違之意，而無強制性的統御、管轄、指導、操控、支配之意。『性其情』，乃指『性』以沖虛自然、因任無為的方式，使『情』依從於它而發出，無違於它而暢達。」摘錄自林師所著〈王弼「性其情」說析論〉的單篇論文中。

所顯現的喜、怒、哀、樂來看，聖凡實無啥相異之處，其殊異之處是在聖凡內涵與境界上的差別，聖人懷玉保眞，雖和光同塵亦不渝，此所以王弼言聖人難知。在《論語・陽貨篇》中，述孔子應佛肸召而欲往，這事件是思想史上著名的公案，〔註13〕後世學者有人因此事涉詆毀聖人之德之嫌，而熱烈探究此事件之眞確性，但是王弼以其體無言有的聖人體系，妙爲之解，以聖人乃因其披褐懷玉，應物而無累的修養，而應佛肸之召而欲往。詳本文與王弼注，以體察王弼解析聖人修養的看法：

《論語・陽貨篇》記述：佛肸召，子欲往。子路曰：「昔者，由也聞諸夫子曰：『親於其身爲不善者，君子不入也。』佛肸以中牟畔，子之往也，如之何？」子曰：「然有是言也。曰：『不曰堅乎？磨而不磷；不曰白乎？涅而不緇。吾豈匏瓜也哉？焉能繫而不食！」

王弼注云：「孔子機發而後應，事形乃視，擇地以處身，資教以全度者也，故不入亂人之邦。聖人通遠慮微，應變神化，濁亂不能污其潔，凶惡不能害其性，所以避難不藏身，絕物不以形也。有是言者，言各有所施也。苟不得繫而不食，舍此適彼，相去何若也。」

機發而後應，事形乃現，是指孔子處世應而不唱，貴柔而不爭，這是孔子人格修養的特質之一。通遠慮微，應變神化，是因聖人之明足以尋極幽微，居「時」處「權」而應變無方，此孔子人格修養的特質之二。聖人能處濁亂之群、凶惡之性，而不污損其本性之眞淳，此孔子人格修養的特質之三。聖人避難不藏身，絕物不以形，是孔子不標舉形式的隔離爲尙，不以隱者消極的避世爲高，此孔子人格修養的特質之四。綜合此四點，孔子實爲被褐懷玉、同塵保眞的聖人，子路雖是孔子弟子，尙且不能參透聖人處世形貌的箇中幽微理緒，而誤以孔子之同塵爲媚俗，更何況凡人之知聖行更難矣。

　　王弼論聖人修養的極境，大抵仍是順著本體論而來，他主張天地萬物以虛靜至无爲本，聖人修養亦是環繞著「以無爲本」的結論展開。可分成三個重點來論：

────────

〔註13〕《史記・孔子世家》記載：「佛肸爲中牟宰。趙簡子攻范、中行，伐中牟，佛肸叛，使人召孔子。」佛肸據中牟作亂，乃屬亂臣賊子，孔子竟有欲往之意。歷來注家多自孔子救世之仁心加以解說，朱子《四書集註》就引張敬夫之言曰：「子路昔者之所聞，君子守身之常法，夫子今日之所言，聖人體道之大禮也。然夫子於公山、弗肸之召，皆欲往者，以天下無不可變之人，無不可爲之事也。」崔述則以爲子欲往見佛肸之事不可信，並舉史料證之，請詳見《洙泗考信錄》。

1. 貴柔、尚謙、主靜

《老子注》第七十三章：言誰能知天意耶？其唯聖人。夫聖人之明，猶難於勇敢，況無聖人之明，而欲行之也。……夫爲不爭，故天下莫能與之爭。順則吉，逆則凶，不言而善應也。處下則物自歸。

《易注·師卦》六五注：陰不先唱，柔不犯物，犯而後應，往必得直。

《易注·謙卦》初六注：能體謙謙，其唯君子，用涉大難，物无害也。

《易注·鼎卦》九二注：有實之物，不可復加，益之則溢，反傷其實。

《易注·咸卦》六二注：感物以躁，凶之道也。

《易注·中孚卦》象注：剛得中，剛直而正；柔在內，則靜而順。說而巽，則乖爭不作。如此則物无巧競，敦實之行著，而篤信發乎其中矣！

柔、謙、靜三者原本是道相發顯的三種特質，其對反的質性則爲爭、盈、躁，聖人與道同體，聖性即同於道性，加之以神明茂而能以情近性，以情從理，故於處世應物之際，得以貴柔而不爭、尚盈而惡盈、主靜而反躁，眞可謂聖人爲唯一知天意者。

2. 抱素惡華、無私無欲、不為物累

《易注·履卦》初九注：履道惡華，故素乃无咎。處履以素，何往不從。

《易注·賁卦》上九注：處飾以終，飾終反素，故任其質素，不勞文飾，而无咎也。

《老子注》五十章：故物，不以求離其本，不以欲渝其眞。

《易注·无妄卦》象注：私欲不行，何可以妄？

《易注·夬卦》九三注：君子處之，必能棄夫情累，決之不疑。

《易注·漸卦》上九注：進處高潔，不累於位，无物可以屈心而亂其志。峨峨清遠，儀可貴也。

王弼曾言：「實在質也，本在樸也。」（《老子注》第八十一章），素、樸乃道本，因此「故將得道，莫若守樸。……樸之爲物，憒然不偏，近於無有。……抱樸無爲，不以物累其眞，不以欲害其神。」（《老子注》第三十二章）。相對於素樸爲本的末飾之華，即是涵括一切情求物欲而言，例如美名、榮利、高位等，無累的眞確目的就在於斬截捨離這些不屬於生命實情的虛華。聖人因能抱樸惡華，故能無欲無求，自然就不沾滯於情求物欲之累。

3. 因時、順命、處權

《易注·乾卦》九三注：居上不驕，在下不憂，因時而惕，不失其幾，

雖危而勞，可以无咎。

《論語·雍也篇》記載：子見南子，子路不悅。

王弼注云：「案本傳，孔子不得已而見南子，猶文王拘羑里，蓋天命之窮會也。子路以君子宜防患辱，是以不悅也。」

《論語·子罕篇》子曰：「可與共學，未可與適道；可與適道，未可與立；可與立，未可與權。」

王弼注曰：「權者，道之變。變無常體；神而明之，存乎其人，不可豫設，尤至難者也。」

儒家亦講「時」義，但是一旦落在道家思想脈絡中談「因時」，其意涵較屬消極的順應，較少積極主動的揀擇適當時機的意味。就如王弼注子見南子一事，認爲此乃孔子不得已而爲，實是天命若是，聖人只有因時、順命，在〈雍也篇〉的另一段注文中，王弼言：「否泰有命。我之所屈不用於世者，乃天命厭之，言非人事所免也。」他認爲孔子曲從天命，不得不然，這種以時論命，有宿命論傾向，與傳統儒家「義命分立」的看法有很大的差別。〔註14〕宋朝朱熹注子見南子一事，就明顯地不從天命之限來看，而是轉進一層言聖人道大德全而無事不可爲、無人不可見。〔註15〕王弼對於孔子「知其不可而爲之」的求仁之心無所體會，僅是由「因時」、「順命」上言聖人面對瞬息萬變的事物能應化無方，處權而無滯，故而無事不可爲，無處不可居，以此釋

〔註14〕 孟子曰：「口之於味也，目之於色也，耳之於聲也，鼻之於臭也，四肢之於安佚也，性也。有命焉，君子不謂性也。仁之於父子也，義之於君臣也，禮之於賓主也，智之於賢者也，聖人之於天道也，命也。有性焉，君子不謂命也。」（〈盡心篇〉）。從這段資料分析，孟子先就「耳、目、口、鼻、四肢」等言其所欲，然後說明此等雖是人天生本有之功能，但是係在經驗界中被決定者，故不能謂之「性」。顯示孟子所言「性」字取其「天生本然之功能」義，「命」字則取「限定」義。秉此以言人之於四端，就種種價值的實際完成必須受經驗界決定，可謂「命」也，然而力求實現之動力卻是根源於自身的主體性，故不能謂之「命」，而當謂之「性」。綜合所言，孟子所言「性」字所指涉的是自身可做價值判斷之能力的主體性，「命」與「性」相對而言時，是時代非自主的限定義。聖人所求的是實踐主體意識判定當該的活動，對於命定之所限，則順任之。此孟子上承孔子的「義命分立」之說，亦先秦儒家一貫的觀點。

〔註15〕 朱熹《四書集註》對《論語·雍也》所載子見南子一事，注曰：「聖人道大德全，無可無不可。其見惡人，固謂在我有可見之禮，則彼之不善，我何與焉？」朱子之意，固然古者仕於其國有見其小君之禮，但是問題的重點不在「不得已」，而是聖人德全，南子之惡無損聖人之潔。與王弼以「否泰有命」論孔子出處，其間差異甚距。

子見南子之因。

綜合以上所論述聖人修養的三大要點，即是王弼倫理觀與人生觀的總結，就道的觀點而言，這是道性在人世間具體而微的展現，就人的存有來說，這是人生最完滿的實現。只是王弼所形塑的聖人內涵與面相，迥異於傳統儒家所推崇以仁義之實踐為最的看法，他是以道家哲學為基調，勾勒出柔順、謙和、沈靜、素樸、無欲、無累、因時、順命、處權的聖人形相。

王弼所塑的是道家化的聖人面相，有一個問題就必須提出來討論，就是儒家向來以聖人是德性人格之最高者，王弼如何以一個道家型態的聖人來詮釋？關於這個問題，首先要釐清他對儒家所倡德目的看法。例如在《論語釋疑》中，曾對仁、孝、忠、恕提出說明，〈學而注〉：「自然親愛為孝，推愛及物為仁也。」，孝與仁在儒家乃是德性之目，此處所言「仁」，是指狹義的仁愛之行，非做為一切德行所從出的本源。〔註 16〕因為仁主於愛，愛莫大於愛親，故以孝弟乃是為仁為本。王弼不從德行上審思孝與仁，而另行拈出「自然」一義，儒家所言德目的實踐，其背後都存著一套修養的工夫，〔註 17〕但是像王弼這樣以「自然」觀念為首出，孝與仁只是本質所先驗涵攝的理，不重在實踐工夫的解析上。另外在〈里仁篇〉，王弼注「夫子之道，忠恕而已矣」曰：「忠者，情之盡也；恕者，反情以同物者也。未有反諸其身而不得物之情，未有能全其恕而不盡理之極也。能盡理極，則無物不統。極不可二，故謂之一也。推身統物，窮類適盡，一言而可終身行者，其唯恕也。」此處所言「情」字即是性的意思，王弼以「忠」為一己本然之性的終極呈現，反諸其身則可全其忠。「恕」為以己之性推求物性，推得物性則為全其恕。因此未有全其忠而不得物之性，未有全其恕而不盡理之極者，既得盡理極，則萬事萬物之理俱可統悉。此說背後蘊藏的預設，就是「道」分化為萬殊之理，生成萬千事

〔註16〕程子認為〈學而篇〉孔子所謂「孝弟也者，其為人之本與」，並不是指孝弟是仁之本，他說：「孝弟是仁之一事，謂之行仁之本則可，謂是仁之本則不可。蓋仁，是性也；孝弟，是用也。性中則有箇仁、義、禮、智四者而已，曷嘗有孝弟來？然仁主於愛，愛莫大於親，故曰孝弟也者，其為仁之本與。」因此這裡所言仁、孝僅指依性而有的德目，並非總束一切德行的道德本體之「性」。

〔註17〕例如孔子言孝。子游問孝，子曰：「今之孝者，是謂能養。至於犬馬，皆能有養。不敬，何以別乎？」（〈為政篇〉），又子謂樊遲事父母無違之方曰：「生，事之以禮；死，葬之以禮，祭之以禮。」（同上）。由此可知，要實踐孝道這個德行，必須有用敬、依禮的工夫方可達成，其他德目亦復有一套涵養工夫。

物之體相，己性與物性皆自「道」分殊而來，通同總束於至高的「道」，故己性與物性同矣，於是推身可統物，窮類適盡。王弼所言聖人以情近性，情之發顯無所偏離於性，己性可謂盡矣，此忠也。己性得盡，通同之物性亦得盡，此恕也。忠、恕不再是儒家日用倫常的實踐德目，而是天道於人世的發生流行。

儒道二家的共同理想人格，是體現天道，踐履德行之人，但是儒家主張下學、上達，例如盡心知性以知天、存心養性以事天，在日用平常間努力於德目的實踐。道家為避免德目流於形式化、表面化而僵固，索性不談切實的下學，言聖人玄知之神明，直契道心，於大化之流，與物渾然，與道玄同。不作工夫於仁、聖、禮、智，主張德行乃天機之自發，不言德目而德全。因此王弼雖是以道家內涵言聖人，然在境界的呈顯上仍符合儒家對德行的要求，但是何以至德全境界的箇中原委，我們不能不細加辨明。

二、則天化成

在儒家思想體系中，「內聖外王」是一項核心觀念，所言「內」「外」已表明心靈的內在領域與現實的外在領域之間有著必然的關聯，並且更進一步標示自我實現的一個方向，即是個人德性應該為建構理想的社會而努力，並且個人德性的圓滿正是真正有效地建構理想社會的基本因素。換言之，在儒學的觀點中，「王」與「聖」之間存在著「迹」與「本」的關係，「迹」是由「本」而生，「本」須由「迹」而顯，因此「聖」「王」之間存在著相即的體用關係。《大學》所述誠意、正心、修身、齊家、治國、平天下，正是「內聖外王」觀念的最佳註腳，說明了個人德性修養與理想社會的關聯性。因此在《孟子》一書中，屢屢合稱「聖王」。〔註18〕「內聖外王」之道的成立，是其來有自，只因為在中國一貫的君主專政的體制中，人民福禍之所繫僅在君主一身，若得君主個人對天道有深刻的體悟，此其內聖之明，擴而為對家國政事有一套符應天道的決策主張和領導藝術，則必可使社會生活、政治秩序臻

〔註18〕 王弼在《老子指略》中，還評論諸子為「捨本逐末」、「棄母用子」之弊，以突顯道家「崇本」、「用母」之學。他說：「而法者尚乎齊同，而刑以檢之。名者尚乎定真，而言以正之。儒者尚乎全愛，而譽以進之。墨者尚乎儉嗇，而矯以立之。雜者尚乎眾美，而總以行之。夫刑以檢物，巧偽必生；名以定物，理恕必失；譽以進物，爭尚必起；矯以立物，乖違必作；雜以行物，穢亂必興。斯皆用其子而棄其母。」

至統體的和諧與平衡，此即內聖外王之功。

王弼解《論語·泰伯篇》所記述子之言：「大哉！堯之爲君也！巍巍乎唯天爲大，唯堯則之。蕩蕩乎民無能名焉！」弼注曰：

> 聖人有則天之德。所以稱唯堯則之者，唯堯於時全則天之道也。蕩蕩，無形無名之稱也。夫名所名者，生於善有所章，而惠有所存。善惡相須，而名分形焉。若夫大愛無私，惠將安在？至美無偏，名將何生？故則天化成，道同自然，不私其子而君其臣。凶者自罰，善者自功；功成而不立其譽，罰加而不任其刑。百姓日用而不知所以然，夫又何可名也！

「則天化成，道同自然」是王弼言聖人外王之道的總結，這是總括的說。分解的說則可析出無爲、無私、因物、順性等主張。天道如何化成萬物，聖王即如何從事治道，天道以「不生之生」的方式，不塞不禁物性之本原，任物性之自然而自長足。聖王則天道而行，亦是無爲無施於民，順民自然之性，百姓日用而不知其然。以下分若干重點論述王弼所主聖王的外王之道：

1. 有爲與無爲

道家的政治思想以無爲之治爲核心，綜合儒道二家學說的王弼對「無爲」的主張，原則上仍是符應道家之說，但是他所主張的「無爲」並非是完全的不涉時務，消極任誕，而是綜合著儒家以君御民、尊卑有序、仁義篤實、聖功實存、刑清政簡、六親自和等理想。基本上儒家的主張帶著濃烈的「爲」的色彩，王弼如何在理論上消泯儒道的對立，是其聖王治道的特點。

首先來談王弼認爲在什麼狀況之下必須「有爲」：

> 樸，真也。真散則百行出，殊類生，若器也。聖人因其分散，故爲之立官長。以善爲師，不善爲資，移風易俗，復使歸於一也。(《老子注》第二十八章)

> 失夫道化无爲之事，必須攻伐然後服邑。(《易注·晉卦》上九注)

> 蠱者，有事而待能之時也。可以有爲，其在此時矣。(《易注·蠱卦》象注)

> 旅者，大散。物皆失其所居之時也。咸失其居，物願所附，豈非知者有爲之時？(《易注·旅卦》象注)

樸即道也。就本體論的角度來說，當大道淪降而有眾多德目，及分化生成各類事物之時，聖人爲之立官長。就具體的人事而言，天下失道、有事滋擾、人民失居之際，則是聖人行攻伐、有爲之事的時機。因此可知王弼認爲在某些特殊狀況之中，聖人是必須有爲，才能克盡全功。他說：「革既變矣，則制

器立法以成之焉。變而无制，亂可待也；法制應時，然後乃吉。賢愚有別，尊卑有序，然後乃亨，故先元吉而後乃亨。」(《易注·鼎卦》卦辭注) 作制、立法的目的，就在於將賢愚、尊卑之分定，所謂「自然之質，各定有分」(《易注·損卦》象注)，只有各自安於其定分，則元吉亨利而亂不生，此大功的全盡也。功成事竟又當該如何？王弼說：「改命創制，變道已成。功成則事損，事損則无為。」(《易注·革卦》上六注) 由是可知，無為之治是在政治制度、社會秩序步上軌道之後，聖王可斂目頷首，垂拱而治。

2. 自然無為

前所述「無為」是第二義的，第一義的「無為」當是為而無為，從「有為」的本身析解出「無為」的意義來。例如王弼注《老子》第三章言：「唯能是任，尚也曷為？唯用是施，貴之何為？」，老子本義「不尚賢」與「不貴難能之貨」，原有反賢、反對財貨的趨向，但是王弼卻保留住用賢、用物的事實，只是還提出一項前提，必須是所任者有能，所用者有實，這裡反應出王弼在人事上的理論，仍保留著相當的現實性。但是由於是任能施用，基本上是因物之性，順物之自然，故而此「有為」實際上是另一形式「無為」的呈顯。所謂「因物而用，功自彼成」(《老子注》第二章)，因物之功成在彼，是以仍可謂之聖人無為而聖功全。

王弼所言「無為」是有實際內容的，標舉說明如下：

(1) 適才任能

> 能者與之，資者取之；能大則大，資貴則貴。物有其宗，事有其主。如此，則可冕旒充目而不懼於欺，黈纊塞耳而無欺於慢。又何為勞一身之聰明，以察百姓之情哉！(《老子注》第四十九章)

> 委物以能，而不犯焉，則聰明者竭其視聽；知力者盡其謀能；不為而成，不行而至矣！大君之宜，如此而已。(《易注·臨卦》六五注)

聖王具神明而能體天道，對眾材之理必有妙會，進而適才任能，雖冕旒充目、黈纊塞耳，也無懼臣下之欺慢，因此不以事自任而仍能功成事遂。況且立官長以成事，基本上就符合執一統眾、統宗會元的原則。若得聰明者，視聽之事竭；若得知力者，謀能之事盡。皆是舉物性之至要，分殊枝節的人事不待親為而大成。此本體論中，一與多關係在人道上的運用，聖王秉此而無為。

(2) 不恃威制

> 離其清淨，行其躁欲，棄其謙後，任其威權，則物擾而民僻，威不能復

制民。民不能堪其威，則上下大潰矣，天誅將至。⋯⋯言威力不可任也。（《老子注》第七十二章）

道洽，則聖人亦不傷人，聖人不傷人，則亦不知聖人之為聖也。⋯⋯天恃威網以使物者，治之衰也。使不知神聖之為神聖，道之極也。（《老子注》第六十章）

王弼反對「有為」，正是這種使人失其清淨的本性，鼓勵百姓躁進欲求的刑名威制。威制只有嚇阻的作用，民爭先恐後以求閃避，人心終不得化，必有天誅至，此治之衰也。治道之極當是不知神聖之為神聖，所以不知，是因為神聖以道蒞天下，不恃威網以使物，其若和風之吹拂人心，化感而無迹，百姓日用而不知其然。正如王弼統說〈觀卦〉之道「不以刑制使物，而以觀感化物者也。⋯⋯不見天之使四時，而四時不忒；不見聖人使百姓，而百姓自服也。」（《易注·觀卦》象注）

（3）不以智術動民

當務塞兌閉門，令無知無欲。而以智術動民，邪心既動，復以巧術防民之偽，民知其術，防隨而避之。思惟密巧，奸偽益滋。（《老子注》第六十五章）

蒞眾顯明，蔽偽百姓者也。故以蒙養正，以明夷蒞眾。（《易注·明夷卦》大象注）

王弼認為世患之所從出，在於智識與意欲，聖王不當再行以智術動民，致使民之智思愈巧密，奸偽愈形滋奧。他曾說明聖人之治所以要「虛其心，實其腹」，原因即是心懷智而腹懷食，飲食乃人之天性，心智則生事之原，慎終除微，在於使民無知無欲。聖人必須先行做到不用明察，為天下渾其心，如此其意趣無所適莫，百姓無須用智思避或應和，則莫不用其自然之情而為，如此百姓各皆注其耳目之實，順性自然以生，此聖王治道之極境。聖王不以智術動民，確實的作法當是「無心於為、無心於欲」，王弼在《老子指略》中有詳論：

夫邪之興也，豈邪者之所為乎？淫之所起也，豈淫者之所造乎？故閑邪在乎存誠，不在善察；息淫在乎去華，不在滋章；絕盜在乎去欲，不在嚴刑；止訟存乎不尚，不在善聽。故不攻其為也，使其無心於為也；不害其欲也，使其無心於欲也。謀之於未兆，為之於未始，如斯而已矣。故竭聖智以治巧偽，未若見質素以靜民欲；興仁義以敦薄俗，未若抱樸以全篤實；多巧利以興事用，未若寡私欲以息華競。故絕司察，潛聰明，

去勸進，剪華譽，棄巧用，賤寶貨。唯在使民愛欲不生，不在攻其為邪
也。故見素樸以絕聖智，寡私欲以棄巧利，皆崇本以息末之謂也。

「無心」於欲為，就能謀之於未兆、為之於未始，一切邪、淫、盜、訟可去。
換言之，只要能崇「本」則「末用」可去，此即「崇本息末」義也。聖王既得
立「無心」之本，以渾全素樸之心觀化百姓，在此絕對觀照的境界中，百姓得
以悠游自在，無待於毀譽賞罰，則天下歸於自然和諧，太平之功克盡。〔註19〕

　　綜合以上所論，王弼所主張的聖人，在個人修養方面，不脫離世俗事物，
避難不藏身，避物不以形，然其應物又復能無累於物，生活在世俗之中仍如
被褐懷玉般不渝其真。在治道事功方面，聖人能竟化成萬民之天功，依無為
之治、不言之教為總綱，但是並非全然的不涉時務，仍有立官長、定尊卑、
適才任能等作為，只是此等皆為自然當該的作為，則為亦是無為。清代學者
錢大昕曾如是言：「典午之世，士大夫以清談為經濟，以放達為盛德，竟事虛
浮，不修邊幅，在家則網紀廢，在朝則公務廢，……然以是咎嵇、阮可，以
是罪王、何不可。」〔註20〕錢氏顯然對王弼頗重人事、重實際的政治思想很
有一番體會，未因其無為之治的主張，而否定其積極的治功。王弼心目中的
聖人，是集儒道二家學說於一身，體無且言有。體無，表現在其懷玉保真而
無累於物，以及無為之治、不言之教上，這是道家所主無心無為的人格典範。
言有，則是指其和光同塵而不殊，以及立官作制以定分成序，這是儒家所倡

〔註19〕在《論語》中，「仁」的體現就是人生實踐所能獲致的最高道德成就，亦即個
　　　人人格的極致。但是在〈雍也篇〉第二十八章中，子貢曰：「如有博施濟眾，
　　　何如？何謂仁乎？」子曰：「何事於仁，必也聖乎？堯舜其猶病諸。」似乎在
　　　此「聖」的評價要比「仁」更為高些。但是將此章與〈憲問篇〉第四十五章
　　　做一番對照，將有新的發現。子路問子，子曰：「修己以敬。」曰：「如斯而
　　　已乎？」曰：「修己以安人。」曰：「如斯而已乎？」曰：「修己以安百姓。修
　　　己以安百姓，堯舜其猶病諸。」此處在形式上，孔子將君子的修養與成就分
　　　成三個層次來描述，但是因為孔子所言「仁人」必然不是修己不度人的自了
　　　漢，因此，第一和第二層並不構成實質意義的分別。故而「仁」與「聖」的
　　　差別，是在「修己以安人」及「修己以安百姓」之上。換言之，二者之間的
　　　差別僅只是「量」上的不同，非「質」上的相異，亦即是「外在成就」上的
　　　區別，並非是「內在修養」上的問題。因此，「仁」與「聖」都意涵著個人道
　　　德實踐的最高境界。發展至孟子，凡能體現圓滿的善性之人，孟子稱之「大
　　　人」或「大丈夫」，或稱作「聖」，這原是孔子所謂的仁人。至於孔子所謂「修
　　　己以安百姓」的「聖」，孟子就直截了當稱之「王」或「聖王」。由是儒家哲
　　　學中，代表內在道德之極的聖格與代表外在事功之最的王權兩相接筍，此即
　　　是儒家「內聖外王」的學說。
〔註20〕詳見錢大昕《潛研堂集》卷二〈何晏論〉。

的綱常名教。因此王弼所言聖人已非消極避世的隱者，而是儒道兼蓄的生命型態，以此而言應世言有之孔子是眞正體現無境之人，而叨叨以無爲教的老子，則仍存無有對反之念，不能跨越相對之心，故仍滯於有境。

王弼所以在其對人道的論述上，同時呈顯儒道二家所崇的生命樣態，其理論架構是由他對本體論的理解順說流演而來的。在本體論中，王弼主張「以無爲本」的觀念，並且由道與物之間，得到本末不離、體用一如的關係，演繹出「貴無不賤有」的主張。在本體論的層次論無與有的關係是如此，在人生論中王弼依此開展出「體無言有」的理論架構，聖人雖然仍是以「自然無爲」總束其生命全貌，但卻有著應物、言有的一面。王弼的學說，從本體論至人道觀的倫理學、政治軍事的理論，思辨架構終始如一，首尾呼應。其本體論的主要內容就是對道的體相所作的分辨與解說，而人道中的倫理學即是講述由道下落的「德」，社會政治軍事思想則是道分殊於器類之「術」，因此，人道之至理實與天道玄合爲一。王弼的聖人論之架構正是植根於他的本體論中，精緻而縝密的論述聖人兼容儒道精華的生命內涵與面相。因此當本體論在王弼學說中，呈顯前所未有的思維水平，他的聖人論也隨之到達相當的理論深度，宋明聖人之學大興，當可視此爲一遠源。

王弼聖人論對魏晉玄學有深刻的影響，最主要的一點是他對於聖人的事功方面，認爲聖人教化都是順勢而不得不然之舉。他說：「眞散，則百行出，殊類生。」（《老子注》第二十八章）現象界中所以存在著許多流變殊異的事物，都是形上本體派生而來。聖人爲了疏理這些百行、殊類，而爲之立官長、定尊卑、立名分，凡此種種皆是不得不然的措施，與自然並不相悖。如此一來，政治教化中的刑名、制度都成了順應自然而生的，亦即「名教」與「自然」之間是「體」與「用」的關係，二者不但不相違離，而是「名教」出於「自然」。〔註21〕此說很快就成爲部分玄學家所接受，《晉書》卷四十九載阮瞻與王戎的對話：

> （阮）瞻見司徒王戎。戎問曰：「聖人貴名教，老莊名自然，其旨同異？」

〔註21〕西晉論者好以「自然」指稱道家尚自然無爲的思想，以「名教」言說儒家重名分禮教的學說。道家學說原本就重在推明自然之義，且在老莊書中早已使用「自然」一詞來指稱儒家，則非先秦舊說，非常具有西晉學術的時代特色。要詳解「名教」一詞的意涵與相關問題，謂參看余英時《中國知識階層史論》古代篇〈名教危機與魏晉士風的演變〉第一節「何謂名教」，以及張蓓蓓《名教一詞的產生及其相關問題》（《文史論文集》）

瞻曰：「將無同。」戎咨嗟良久，即令辟之。時人謂之三語掾。〔註22〕
王戎之見，即是以爲「自然」與「名教」應無不同，此可視爲王弼「名教出
於自然」觀點的進一步發展。但是也有「貴無論」的末學之流，耽溺於「虛
無」的本體，而生「賤有」的流弊，對形器法度、人倫禮儀置之度外，而走
向極端的「虛無主義」，蔑視「名教」，放蕩狂誕。此末學皆是未識王弼「貴
無論」中所隱含的「不賤有」的主張，未能體會王弼眞正贊同的「體用如一」
的聖人境界。

　　但是所以會產生末學過份強調「貴無」進而「賤有」的流弊，問題的主
因仍要歸結於王弼聖人論內部所存在的衝突與矛盾。因爲在王弼逕自以孔子
爲「體無言有」、「有情無累」的人格型態時，就嚴重地扭曲孔子的原貌與內
涵，將原本是「體仁行仁」的儒聖，改裝成「無心無累」的眞人。他的動機
可能是想藉老莊化的孔子調合儒道思想，以解決孔老地位問題。他運用「崇
本息末」的原則，巧妙地立道家的「自然無爲」爲本，以儒家的「人倫禮法」
爲末，基於末由本生，以生統末的觀點，建立了聖人「體無言有」的主張。
表面上這種理論似乎無懈可擊，但是事實上卻是張冠李戴，在刻意的牽合之
下，抹煞了儒家哲學的眞精神。因爲儒家思想以道德主體的確立爲整個學說
的基點，與道家以自然無爲的觀點爲首出是不同的。因此，他所謂的「本」
已非儒家學說的眞諦，所言的孔子也從充滿道德意識的儒聖，轉變成忘仁、
去藝、遺智、棄禮的沖虛無累之聖人。〔註23〕自此以後，道家玄理就藉著這
個改裝後的聖人面相，成爲魏晉玄學思想的主流。而「體無言有」的聖人論，
也因王弼在談座上的勝利，普遍爲當時的名士所接受，進而仿效聖人之有情
而無累，一方面縱情逍遙，一方面以虛無無爲相標榜，致使社會風尚趨於曠
達。這種流弊的產生，都是起因於王弼以道家思想做爲儒聖之本體，導致原
本可以透過體用、本末關係結合起來的本體（無）與現象（有），卻只是做到
外部鬆散的聯結，沒有達到內部有機的緊密聯結，而在實際踐履上發生困難。

〔註22〕此事在《世說新語・文學篇》中，載爲阮脩與太尉王衍之間的對話，經楊勇
　　　　《世說新語校箋》上卷〈文學〉第四，第四十八條校箋第一條，謂《御覽》
　　　　二〇九、三九〇引《衛玠別傳》中載此事皆作陳留阮千里，與《晉書》、《通鑑》
　　　　同，證明《世說新語》的記載有誤。
〔註23〕戴靜山先生曾大力闢斥王弼道家化孔聖之說，戴先生言道：「就儒家說，其患
　　　　甚於楊墨；因楊墨明明白白與儒家異趣，而這是躲躲藏藏以孔子爲傀儡。扮
　　　　像是孔子，唱的詞不是孔子。也甚於旗幟鮮明的道教佛教，因爲那是人一見
　　　　而可知的，這是人習焉而不察的。」詳見《梅園論學續集》，頁129至149。

這是王弼玄學化聖人論存在著的理論上的矛盾，也是我們在論其「體用如一」的聖人主張時，不可不明白的一點。因爲唯有如此，才能明瞭爾後玄學家如何去回應或修正王弼聖人論遺留下來的問題。

乙編、郭象之聖人論

　　王弼藉由對本末、無有之間的關係說明，建構其體用不離的本體論，進而自人生論的角度建立起體用如一的聖人觀。但是他是以老子所言的「無」爲本體，一旦落實在實然的生命中，根本無法成爲道德行爲的實踐主體，因爲以「無」爲本的本體論，只是境界型態的說明，並非實有型態的說明，僅能「作用的成全」天地萬物，其實只是一姿態而已。〔註 1〕因此，王弼「體無言有」的聖人論，成爲無法實踐的理論。但是在當時，他主張聖人可以則天化成的內聖外王之道，卻廣爲玄學家所接受，並且成爲玄學的基本精神之一。王弼認爲「名教」是聖人依「自然」之本而立的，不僅調和儒道思想，同時也爲社會的合理性找到依據。嵇康、阮籍就順承這種看法，傾向於自然與名教的結合，例如阮籍的《通老論》說：

> 聖人明於天人之理，達於自然之分，通於治化之體，審於大慎之訓。故君臣垂拱，完太素之樸；百姓熙怡，保性命之和，道者法自然而爲化，侯王能守之，萬物將自化。

以及嵇康《答難養生論》中所云：

> 至人不得已而臨天下，以萬物爲心，在宥羣生，由身以道，與天下同於自得，穆然以無事爲業，坦爾以天下爲公。

阮籍之說與王弼所言「聖人達自然之性，暢萬物之情，故因而不爲，順而不施」之意同；嵇康之言與王弼所主「聖人體無」、「應物而無累」之意通同。

　　但是這種看法，卻在嵇、阮二人後期思想中改變了，嵇康在《釋私論》

〔註 1〕「境界型態的形上學」一詞，是依牟宗三先生之言。請參看《圓善論》、《中國哲學十九講》第五、六、七講。

中提出「越名教而任自然」的主張，他說：

> 夫稱君子者，心無措乎是非，而行不違乎道者也。何以言之？夫氣靜神
> 虛者，心不存於矜尚；體亮心達者，情不繫於所欲。矜尚不存乎心，故
> 能越名教而任自然；情不繫於所欲，故能審貴賤而通物情。物情順通，
> 故大道無違；越名任心，故是非無措也。

嵇康所謂的「越名教」，並非是要徹底的否定一切道德，只是要不以名教爲矜
尚，就像要不爲嗜欲所累，並不等於是棄絕一切情欲一樣。其理論的目的只
是要求違反自然的名教，能夠重新合乎自然之理。嵇、阮二人批判名教，並
不是要提倡社會回復到原始的洪荒世紀，只是主張不擾不逼，任民自由發展，
達萬物之情，這才是嵇、阮薄周孔而毀六經的眞實面目。〔註2〕

　　嵇、阮二人外於禮法名教以全身保性的行徑，發展到後來竟演成純以摹
傲放誕以做爲名士表徵的態勢，一些自詡名士之人的虛僞矯飾更悖於眞性
情，故而樂廣慨然笑言：「名教內自有樂地，何必乃爾？」〔註3〕可見這種荒
誕放任的流風，已引起部分知識階層的反對，裴頠的《崇有論》就是因此而
發的。〔註4〕裴頠將嵇、阮二人對名教否定的態度，還原成因爲二人在哲理上
貴無賤有的取向。爲了論證名教本身存在的合理性，他提出了「有」之所以
爲「有」，並不需要另外再去立一個「無」來做根據，「有」的本身就是其存
在的根據，因爲「有」是自生的。向秀亦有「自生」的理論，但是向秀卻認
爲物自生自化之外，尚有一不生不化的本體。〔註5〕這是向秀對「以無爲本」
的理論架構的殘存講法，裴頠就根本地捨去另有一本體的說法，主張「夫至
無者，無以能生，故始生者，自生也，自生而必體有。」他明確的說明萬物

〔註2〕 關於嵇、阮二人對於「自然」與「名教」的看法，任繼愈主編的《中國哲學》
　　　　第二冊〈阮籍、嵇康的自然論〉中，說道：「大致說來，阮籍、嵇康的思想前
　　　　期傾向於二者的結合，正始以後，則違反本心地把二者對立起來，崇尚自然
　　　　而貶抑名教。」文中並且對於嵇、阮二人看法所以改變的原因，有詳細的探
　　　　討。

〔註3〕 《晉書・樂廣傳》記載：是時王澄、胡母輔之等，皆以任放爲達。或至裸體
　　　　者。樂廣聞而笑曰：「名教內自有樂地，何必乃耳！」

〔註4〕 《晉書・裴頠傳》記載：頠深患時俗放蕩，不尊儒術，何晏、阮籍素有高名
　　　　於世，口談浮虛，不遵禮法，尸祿耽寵，仕不事事；至王衍之徒，聲譽太盛，
　　　　位高勢重，不以物務自嬰，遂相放效，風教陵遲，乃著崇有之論以釋其蔽。

〔註5〕 《列子・天瑞篇》張湛注引向秀之言：「吾之生也，非吾之所生，則生自生耳，
　　　　生生者豈有物哉？（無物也），故不生也。吾之化也，非物之所化，則化自化
　　　　耳，化化者豈有物哉？無物也，故不化焉。若使生物者亦生，化物者亦化，
　　　　則與物俱化，亦奚異於物？明夫不生不化者，然後能爲生化之本也。」

是自生的，其自身的存在即是其自身的本體，並且認爲「虛無是有之所謂遺者也」，即是以爲「無」只是「有」的消失狀態，「無」是不能做爲「有」的根本，最根本的「道」即是群有本身，《崇有論》開宗明義即在言此看法：「總混群本，宗極之道也」。

　　玄學的發展歷程，一直是以本體論作爲人生論的指向，二者交互變化影響，不論各家是標榜自然或維護名教，都必須在本體論的結構上提出相應的解說以做爲依據。從王弼的聖人論裡，自然與名教在聖人體無言有、則天化成的內聖外王之道中，顯示了合一的可能。到了嵇阮著重於崇尚自然，是王弼「貴無」主張的進一步發展，但是卻也引發名士放誕之風，致使裴頠極端的維護名教，從本體論上論證「崇有」必優於「貴無」。其實無論是王弼或裴頠，思路雖不同，卻有著相同的目的，都是爲了論證名教存在的合理性，以調整當時混亂的社會與生活秩序。王弼在主觀上確實是希望能把「無」與「有」有機的結合成一體，但是卻因其所立之「本」不足以緊密地與「末」聯結，使得嵇、阮由其理論體系中，推演出「貴無而賤有」的主張，從而衝擊名教，引起裴頠的反擊。郭象繼他們之後，所面臨的仍是「自然」與「名教」的問題，他著眼於名教與自然的結合，這一點與王弼的看法相同。但是此時他必須回應自王弼以來，諸多的有無之辯的難題，進而構築成一個完整的學說體系。郭象的聖人論，是他學說中的重要理論，因爲聖人無爲以治天下是自然與名教合一的理論根據。在郭象心目中，聖人是什麼樣的人？具有何種特殊的內涵？而此特殊的內涵是如何具有的？是先天的特質？抑或是由後天的工夫所致？又聖人具有何種的內在修養及外在事功的境界？針對諸多問題，本編擬於第一章對聖人先天具有的特殊性質提出說明，而第二、三章則分別論述聖人所呈顯的內聖與外王的境界。

第一章　中無質無以藏聖道

郭象在《莊子序》的首段，將莊子與聖人相比較，他說：

> 夫莊子者，可謂知本矣，故未始藏其狂言，言雖無會而獨應者也。夫應
> 而非會，則雖當而無用；言非物事，則雖高不行；與夫寂然不動，不得
> 已而後起者，固有間矣，斯可謂知無心者也。夫心無爲，則隨感而應，
> 應隨其時，言唯謹爾。故與化爲體，流萬代而冥物，豈曾設對獨遘而游
> 談乎方外哉！此其所以不經而爲百家之冠也。

郭象認爲莊子可以算是「知本」的人，就是對道本有所了解的人。他認爲眞
正能夠踐履道本的聖人，是寂然不動，無心無爲，一切作爲是應感而不動，
不得已而後動，不得已而後起。且所言甚少，意至即可，因爲聖人可與化爲
體，與物相冥沒有隔閡，故而聖人基本上是無言的。莊子以大量的「謬悠之
說，荒唐之言、無端崖之辭」的狂言，陳述他對道本的了解，正因爲他這些
言論顯示他並沒有眞正與道融合爲一。但是他雖然沒有與道融合一，所言卻
是能與道相應。只是既未能眞正與道融合爲一，即使是適當的也沒有用；所
言不能關係著具體的事物，即令是高明的也是不行。因此將莊子與體道的聖
人相較，立即可以分判出高下來。只是在這裡郭象所注整部《莊子注》中探
知，他處處是將孔子視作聖人，並且還包括孔子所推崇的堯、舜、湯、武等
人。

　　《莊子・徐无鬼》中述仲尼之楚，市南宜僚與之言，丘對曰：「丘也聞不
言之言矣，未之嘗言。」郭象注云：「聖人無言，其所言者，百姓之言耳。」
這裡顯示出郭象直接地將孔子稱爲「聖人」。又如〈徐无鬼〉中，莊子藉齧缺
與許由的對談而說：「舜擧乎童土之地，年齒長矣，聰明衰矣，而不得休歸，

所謂卷婁者也。」郭象注云：「聖人之形，不異凡人，故耳目之用衰也，至於精神，則始終常全耳。」這條注可知郭象亦將孔子推崇之堯、舜等人稱作聖。

郭象這種看法和王弼向裴徽論述「聖人體無」的那段話，有許多類似的地方。王弼將孔子與老子進行比較，認爲老子經常講「無」，顯示出他仍停滯於「有」的境界，未能渾化掉「無」與「有」的相對性，故不能達到「無」的境界。孔子不講「無」，正表示他已經眞正的達到「無」的境界，故而老不及聖。郭象在《莊子序》中，則對比孔子與莊周，亦是藉由言、意的關係進行辯證。何以王弼與郭象二人要拿老子、莊周與孔子相比較？因爲魏晉老莊思想盛行，崇尚自然、玄遠已成爲這個時代的風尚，因此當時已有許多學者注意到老、莊與孔子之間孰優孰劣的問題，例如東晉的孫盛著《老聃非大聖論》，評次老子爲「中賢第三之人」，〔註1〕與大聖、大賢相區別。又如王坦之從護衛名教的立場著《廢莊論》，認爲「莊生作而風俗頹」。《世說新語‧言語篇》注引《孫放別傳》云：

（孫）放字齊莊，監君次子也。年八歲，太尉庾公召見之。放清秀，欲觀試，乃授紙筆令書，放便自疏名字。公題後問之曰：「爲欲慕莊周邪？」放書答曰：「意欲慕之。」公曰：「何故不慕仲尼而慕莊周？」放曰：「仲尼生而知之，非希企所及；至於莊周，是其次者，故慕耳。」公謂賓客曰：「王輔嗣應答，恐不能勝之。」

孫放即孫盛之子。庾亮提出的問題「何不慕仲尼而慕莊周」，這在當世儒、道思想相對立的情形而言，無疑是極尖銳的問題。孫放以聖人是生知，來說明凡人是無由到達聖人境界，而莊周是孔子之次，可以作爲希企的對象與目標。由此可知，當時上自名臣大儒的庾亮，下至垂髫幼童的孫放，皆認爲莊周的品次亞於孔子，足見這是東晉頗爲盛行的說法。〔註2〕

王弼與郭象都採取「崇儒黜道」的方式，力圖調和儒、道兩家的思想，以促使自然與名教，現實與超越的結合。然而郭象正如王弼一般，他所稱道的孔子，已然不是眞正儒家的孔子，而是老莊化了的孔子，亦即玄學化了的

〔註1〕見於《廣弘明集》卷五載引孫盛《老聃非大聖論》，孫氏云：「夫大聖乘時，故迹浪于所因；大賢微次，故與大聖而舒卷。……至於中賢第三之人，去聖有閒，故冥體之道未盡，自然運用，自不得玄同。……言行抗轡，如老、彭之徒者，亦非故然，理自然也。」

〔註2〕王葆玹《正始玄學》一書中指出，以羲、文、周、孔爲聖，以老、莊爲亞聖，這是魏晉玄學的通行說法。詳見該書第一章第二節〈三玄及其品次問題〉一文。

聖人型態。但是對此玄學化聖人型態內涵的敘述，郭象已有許多不同於王弼的觀點。

一、由「自性」觀論聖之所以爲聖

　　首先，來談郭象對聖人之性的看法。基本上，郭象是主張人性本於自然，亦即以自然爲性之內涵。〈山木篇〉注，郭象云：

　　　　凡所謂天，皆明不爲而自然。言自然則自然矣，人安能故有此自然哉？
　　　　自然耳，故曰性。

但是他對「自然」的解釋，卻和王弼等人不同。王弼認爲「自然」就是「道」，就是「無」，是超越的本質存在。這點是郭象所反對的，因爲他根本否定「道」與「無」超越的獨存性，他的本體論是接續裴頠的崇有論思想而來，對「無」與「有」之間的關係做更全面的發揮。他同樣是以王弼「貴無」的主張爲批判的對象，王弼認爲「凡有皆始於無」，郭象則提出「無不能生有」的命題，他說：

　　　　無既無矣，則不能生有；有之未生，又不能爲生，然則生生者誰哉？塊
　　　　然自生耳。（〈齊物論〉注）

　　　　此所以明有之不能爲有，而自有耳，非謂無能爲有也。若無能爲有，何
　　　　謂無乎？一無有則遂無矣，無者遂無，則有自欻生明矣。（〈庚桑楚〉注）

依郭象之見，所謂「無」，就是一無所有，其意涵只是「無物」或「不存在」（nothing; non-existence），代表著「有」這個存在的消失狀態，因此「無」在郭象的哲學體系中，是一存在形式的概念，而非實體概念。這種解釋與裴頠對「無」所下的定義，在本質上是相同的，裴頠云：「虛無是有之所謂遺者也。」（《崇有論》），就是以「無」爲「有」的消失，即以「無」爲零，即非存在。在此郭象解消了王弼賦予「無」爲生化萬有的崇高本體位格，形成「貴無」論的嚴重挑戰。

　　至於「道」這個概念，郭象認爲就是「無」，也就是「零」。它既非宇宙本體，亦非萬物生化之本源。〔註3〕《莊子・大宗師》云：「（道）在太極之先

〔註 3〕在郭象《莊子注》中，「道」除了不是萬物的本體或本原之義外，還具有另一
　　　　種意涵，具有規則、規律之意。例如在《莊子・知北遊》中，東郭子問莊子：
　　　　「所謂道，惡乎在？」莊子以鑑別豬之肥瘦之法爲例答之。郭象將莊子語加
　　　　以發揮說：「夫監市履豨以知其肥瘦，愈履其難肥之處，愈知豨肥之要。今問
　　　　道之所在，而每況之於下賤，則明道之不逃物也必矣。」此段話中的「道」，

而不爲高，在六極之下而不爲深，先天地生而不爲久，長於萬古而不爲老。」郭象此句之下注曰：

> 言道之無所不在也，故在高爲無高，在深爲無深，在久爲無久，在老爲無老，無所不在，而所在皆無也。

郭象之意，在根本否定了道的實體性，「所在皆無」表示道不是像具體的個別事物那樣實實在在的存在，它只是「一無所有」，故而不能使任何個別的存在物增加或減少一些，也就是說「道」對事物而言，是起不了任何作用。因此他有「道無能也」之說：

> 道，無能也。此言得之於道，乃所以明其自得耳。（〈大宗師〉注）

> 知道者，知其無能也；無能也，則何能生我？我自然而生耳。（〈秋水篇〉注）

從這些材料看來，郭象是說「道」並沒有生物之功，這種解釋完全同於「無不能生有」的崇有論命題，同樣也否定了「貴無論」者賦予「道」對萬物的主體性與支配性，從而將萬物生化的原因歸結於物之「自有」、「自生」。

因此，他對老、莊所說的「有生於無」之說，作了新的解釋，他說：

> 窈冥昏默，皆了無也。夫莊、老之所以屢稱無者，何哉？明生物者無物而物自生耳。（〈在宥篇〉注）

> 夫無何所能建？建之於常無有，則明物有之自建也。（〈天下篇〉注）

郭象強調「窈冥昏默」只意味著「了無」的意思，不能有什麼生化、創造之能力。這個無不能生有的觀點，是郭象透過無與有關係的論辯，得出的結論，他並由此進一步提出「造物者無主」的命題。因爲在王弼「以無爲本」的論點中，仍爲「造物主」的講法留下餘地，郭象徹底的將之推翻，完全否定在「物」之外有任何實體獨立存在而爲「物」之宗主。他說：

> 萬物萬情，趣舍不同，若有眞宰使之然也。起索眞宰之朕迹，而亦終不得，則明物皆自然，無使物然也。（〈齊物論〉注）

宇宙萬物紛紜複雜，似乎於物之上有一「眞宰」在安排操縱，但是若眞要探求其存在卻會發現虛無縹緲，無任何痕迹可尋，郭象認爲這就表明宇宙中並無一操縱者。因此，郭象所破斥的不僅是「有生於無」一說，更是完全的否定有一與「物」相對存在的「本體」。郭象此說的目的就是要將物所以生之原

即是指每一物的屬性與法則，但是並不將之與「物」對立起來，也不視之爲物之外獨立存在之實體，當然也就成爲生化萬物之宗主。因此即使以此意涵說解「道」，也不涵有本體、宗主的意義。

因歸結於自生自建之上，這是郭象「自生」「獨化」論的基本觀點。

　　自生、自化的思想並不是郭象自己發明的，稍早的有向秀、裴頠的論述，上溯至先秦、兩漢亦見此說。〔註4〕郭象所謂「自生」，蘊涵了二種意義，一是相對於「他生」而言物之自生，即「萬物各反所宗於體中而不待乎外」（〈齊物論〉注），就是指物的存在根據並不在「他物」，而是在己身之上。另一個意涵是與「爲生」相對，而言物之生是自然而然的，並沒有目的、意識使之然，即「自生耳，非爲生也。」（〈在宥篇〉注）。合此二者，「自生」即是自然而然也。郭象〈逍遙遊篇〉注云：

> 天地者，萬物之總名也。天地以萬物爲體，而萬物必以自然爲正。自然者，不爲而自然者也。故大鵬之能高，斥鷃之能下，椿木之能長，朝菌之能短，凡此皆自然之所能，非爲之所能也。不爲而自能，所以爲正也。
> （〈逍遙遊〉注）

這裡即是指出，自然就是萬物的自己而然，也叫做天然。就如大鵬能高飛九萬里，斥鷃只能在樹林間飛躍；椿木能以八千歲爲春，八千歲爲秋，而朝菌只能朝生暮死，這些都是自然而然，既非己意若此，也非有他物有意若此。這種萬物生長變化的正道，即是自然。

　　郭象在「自生」說的基礎上，又提出「獨化」的概念。他說：

> 若待蛇蚹蜩翼，則無持操之所由，未爲難識也。今所以不識，正由不待斯類而獨化故耳。（〈齊物論〉注）

所謂「獨化」就是意指萬物皆是獨自變化，是「自生」說的進一步引申，也是「物各自造」理論的邏輯推演的結果。因爲個別具體的事物是「忽爾自然」、「欻然自生」，無須依存於任何自身以外的事物或力量，「獨化」論更清楚明白地將物自身的「有」作爲唯一存在。他以形、影爲例加以說明：

> 世或謂罔兩待景，景待形，形待造物者。請問：夫造物者，有耶無耶？無也，則胡能造物哉？有也，則不足以物眾形。故明眾形自物而後始可與言造物耳。是以涉有物之域，雖復罔兩，未有不獨化於玄冥者也。故

〔註4〕「自生」、「自化」等概念，從先秦《老子》和《莊子》已開始使用，至西漢有了更多的發揮。王充在《論衡・自然篇》中說：「黃老之操，身中恬淡，其治無爲，正身共己而陰陽自合。無心乎爲而物自化，無意於生而物自成。」又《易經乾鑿度》，鄭玄注云：「元氣之所本始。太易既自寂然無物矣，焉能生此太初哉？則太初者，亦忽然而自生。」以及王符《潛夫論・本訓篇》中提到：「上古之世，太素之時，元氣窈冥，未有形兆，萬精並合，混而爲一，莫制莫御，若斯久之，翻然自化。」可見「自生」、「自化」的思想之發生甚早。

造物者無主，而物各自造，物各自造而無所待焉，此天地之正也。故彼
我相因，形景俱生，雖復玄合，而非待也。明斯理也，將使萬物各反所
宗於體中而不待乎外，外無所謝而內無所矜，是以誘然皆生而不知所以
生，同焉皆得而不知所以得也。今罔兩之因景，猶云俱生而非待也。則
萬物雖聚而共成乎天，而皆歷然莫不獨見矣。（〈齊物論〉注）

首先即說明萬物之外並沒有一「造物主」或本體之「無」，強調物莫不獨化於
玄冥。何謂「玄冥」，就是萬物「聚而共成乎天，而皆歷然莫不獨見」之境，
這裡所言「天」即是指萬物之總名，代表自然界中都是一個個具體存在的形
形色色之「有」的總體呈現，且每一物皆是「塊然自得而獨化」。他堅持反對
「有待」，主張一切都是突然而自生，故言「若責其所待而尋其所由，則尋責
無極，卒至於無待，而獨化之理明矣。」（〈齊物論〉注）郭象認為事物之發
生並非外因所致，一切都是無故而自爾，此即「卓爾獨化」之謂也。

　　物之存在既沒有外在的條件與原因，那麼其存在的依據為何？「自性」
即是事物存在形式的依據，亦即事物的根本性質。人之「性」就是指人自我
本來該當有的樣子，所謂「物各有性，性各有極」（〈逍遙遊〉注），性就代表
個體自身的限分與標準，也就是物之「至理」。此自然之性，自得之理，不是
任何外在的原因使之然，而是物自然而然具有的，因此郭象「自性」說的理
論是以他的自然獨化論為基礎。所言之「性」，並非僅僅是指現象本身，而應
當說是現象之本質，亦即性不是「迹」，而是「所以迹」，〈天運篇〉注云：「物
所以迹者真性也，夫任物之真性者，其迹則六經也。」這裡講的是聖人之性，
聖人之所以為聖人，是因為聖人擁有屬於聖人的至理，並不是以其個體存在
的形式及樣態為其「性」，故而言曰：「聖人者，物得性之名也，未足以名其
所以得也。」（〈逍遙遊〉注）由此可知，郭象心目中所謂的「聖人」，是指具
有某些特定的質素、性理的人，且此「性」乃是自得，非得之於聖人之外的
超越性的存在。

二、特稟自然之鍾氣者

　　郭象《莊子注・德充符篇》中云：

夫松柏特稟自然之鍾氣，故能為眾木之傑耳，非能為而得之也。言特受
自然之正氣者至希也，下首則唯有松柏，上首則唯有聖人，故凡不正者
皆來求正耳。

他認為聖人天生的稟賦就獨異於眾人，是唯一稟受純正自然之氣的人。就如

同松柏之能冬夏常青，聖人獨能挺氣而正眞。又〈逍遙遊〉中莊子曾述藐姑射山之神人，郭象以爲神人與眾人「俱食五穀而獨爲神人，明神人者非五穀所爲，而特稟自然之妙氣」，神人即聖人之寄言，郭象從取食之無異，明聖、凡後天生養所需無不同，所以異於凡人而爲神人之因，唯聖人在先天的氣稟上，就已超卓於眾人。

　　聖人既是天生稟受自然的妙氣，此即是聖人之天性也。「性」是天生自然的，是不爲而能，不知其然而然。就如松柏之常青，非能爲而得之；聖人之清妙眞正，亦非故意可得。不可得之故，是因爲「性」不僅是自然有之，並且是各有定限的，正如大鵬之能翱翔天池，而尺鷃則畢志於榆枋。物性若是，聖與凡所稟受的天分亦是各有定極。聖者乃是集天地自然之鍾氣於一身，純正而清妙，凡人則不免雜駁，此天生的不齊，若小大之殊，在生理上有其形式上實存的定限與差異，所謂「天性所受，各有本分，不可逃，亦不可加。」（〈養生主〉注）即是指「性」是自然而然，對於任何事物而言，其性分之本然都是不可增減，不可避免，無可選擇的。性分既是各有定限，故而「性」又是必然的，不可改易的，是以郭象有言：「性各有分，故知者守知以待終，而愚者待愚以至死，豈有能中易其性者也！」（〈齊物論〉注）。由於郭象對「性」的定義，包括三項特質：自然性、有限定性、必然性，因此，聖與凡稟性之異，是天生自然的不同，且各有定分，而不可改易。

　　郭象〈逍遙遊〉注云：「物各有性，性各有極，皆如年知，豈跂尚之所及哉？」是說性分是自得的，不是希求或仿效就能得到。但是郭象同時也表示：「夫自然之理，有積習而成者。蓋階近以至遠，研粗以至精。」（〈大宗師〉注），所謂「自然之理」，可指物性而言，如此是否意謂著藉由學習可以使凡人超越稟性之不同而成聖？這個問題同時也是中國思想史中成聖之學的重要議題。宋儒程伊川所著《顏子所好何學論》中，謂此學乃聖人之學，而好學即在成聖人。自先秦開始，「人皆可以爲堯舜」的觀念已出，成聖之說似無可驚之處，史傳卻言胡定安見伊川之說而驚，蓋因自漢以後，歷代因學宗的不同，成聖之說數變。湯用彤先生曾評比歷代成聖之說如下：「宋學精神在謂聖人可至，而且可學；魏晉玄談蓋多謂聖人不可至、不可學；隋唐則頗流行聖人可至而不可學（頓悟乃成聖）之說。」〔註5〕湯氏指出魏晉玄學多謂聖人不

────────────

〔註 5〕請參見湯用彤《魏晉玄學論稿》中〈謝靈運辨宗論書後〉一文。文中並提及成佛之道或作聖之道，含有二個問題：一、佛是否可成，聖是否可至；二、

可至、不可學，本節探討郭象是否贊成學可以致聖，正好可以檢證湯氏之言的正確性，並以此彰顯郭象聖人論的一項特質。

　　要探討郭象所言的聖人是否可以學至，就必須先行將他認為「學」與「性」之間是何關係弄清楚。基本上，他對此持有二種意見：一是絕學以任性；一是積學以成性。從字面上看來，這是二種截然對立的見解，卻同時為郭象所採用，顯然其中必有因由。唯有分別詮釋這二種見解的內涵，方才能夠如實地了解郭象對「性」與「學」之間關係的看法。首先，探討他所謂「絕學任性」之說的意涵，舉二例以說明之：

　　　當古之事，已滅於古矣，雖或傳之，豈能使古在今哉？古不在今，今事已變，故絕學任性，與時變化而後至焉。（〈天道〉注）

　　　夫外不可求而求之，譬猶以圓學方，以魚慕鳥耳。雖希冀鸞鳳，擬規日月，此愈近彼，愈遠實，學彌得而性彌失。（〈齊物論〉注）

在此二例中，今與古是時間上的相對概念，今古之事因時間的變化而有本質的改變，其改變的主因即在於成事之人已變，而人之性各異，所需也各殊，縱然當古之事有傳，也將因時移人異而事變，即所謂「古不在今，今事已變」。成玄英《疏》云：「夫聖人制法，利物隨時，時既不停，法亦隨變。是以古人古法淪殘於前，今法今人自興於後，無容執古聖迹行乎當世。故知所讀之書，定是糟粕也」。學古之迹，並無濟於今之事，唯絕學以任己性，才能真有所得。另一例，圓與方、魚與鳥，各是二種不同質性之物，基於郭象所言「物各有性，性各有極」的定理，強以某學某，如此則「學彌得而性彌失」，所失者己性也。綜合二例，發現郭象所極欲絕禁之學，都是希慕己性之外的事物，如今人之學古事，或魚之慕鳥然。郭象所言絕學的目的，則皆在於順任己性、保存己性。

　　其次，再探討郭象「積學以成性」之說的意涵。《莊子注·列禦寇》云：

　　　夫積習之功為報，報其性，不報其為也。然則學習之功，成性而已，豈為之哉！……夫穿井所以通泉，吟詠所以通性。無泉則無所穿，無性則無所詠，而世皆忘其泉性之自然，徒識穿詠之末功，因欲矜而有之，不亦妄乎！

郭象在此所言「成性」的意思，並非是自物性上另外生成一性，而是指將物性中較為隱晦之性彰顯出來。就如他所舉的例子，穿井和吟詠之功可成，主

　　佛如何成，聖如何至。此論聖道之不可不談的問題。

要是因為井的自身有泉，人的自身有性，以供穿鑿、吟詠之為。積學以成性，就如同穿井以通泉、吟詠以通性一般，只是就物性之本有成就之，物性之本身並不會因此而增減改變。這與郭象所言「性」是自然、必然及有限性之說相符。因此，郭象所謂「學」與「性」之間的關係，只是肯定後天的學習是可以使先天本有性顯明，就如他所言「物雖有性，亦須數習而後能耳」，「習以成性，遂若自然」（〈達生〉注）。故而郭象所言積學以成性，目的在於肯定一些順任自性以成就己性的「學」。

由以上所述，可以明顯的看出「絕學以任性」與「積學以成性」這二種看似相對的看法，事實上都是以己性之順任為依歸，所以有絕學與積學之異，關鍵就在於「學」的對象及功效上。若是「學」的對象是另一物，功效是使己性變成另一物之性，這種「學」的對象是另一物，功效是使己性變成另一物之性，這種「學」將喪失一己天真自然性，因而郭象厲言「絕」之。又若是「學」的對象在己身，功效是成就己性，這種「學」非但己性未失，還因之更加顯明，故而郭象肯定之。因此，郭象對「學」的態度其實是如一的，只要是順任己性、成就己性的「學」，就予以肯定；反之，若是逆反或篡改己性的「學」，則否定之。如此一來，凡人天生之稟賦不若聖人之獨具自然鍾妙之氣，就不當也不能學作聖人，一則因為聖性非己性，實不須學；二則即使學，也因凡人之本質未具聖性，譬若無泉、性之質，而徒有穿、詠之功，也不足以成事。這正是郭象注〈天運篇〉所言：

> 由外入者，假學以成性者也。雖性可學成，然要當內有其質，若無主於中，則無以藏聖道。……心中無受道之質，則雖聞道而過去也。中無主，則外物亦無正己者也。

是以本身必須要有與學相應之質，方才能成聖道。凡人既無聖性，即使學亦是「學聖人之迹」，而非得有所以迹之實。因而郭象又推繹出這樣一個結論：「欲賢可以得賢，為聖可以得聖乎？固不可矣。」（〈人間世〉注）

王弼主張「聖人茂於人者神明也」，認為「神明」乃是聖人天生具有的玄悟能力，因為有此「神明」之故，聖人得以體沖和以通無，應物有情而無累，成就「體無言有」的聖人型態。王弼是藉「神明」以言聖人天生稟賦之不同。郭象的說法更直截了當，他將整個聖人的內在本質與發顯於外的樣態，都視為天生自然而然的，非仿效和學習可得。聖人是唯一稟受自然之鍾氣者，無具此聖性之凡人，是無由可至聖人境界，因此必然導引出聖人不可學、不可

至之說。正如湯錫予先生所言：「二公之說，自可及聖人不可學、不可至之結論。」（《魏晉玄學論稿》）

一般人不解郭象對聖、凡本然質性的嚴格限定，所發展出來的「中無質無以藏聖道」之說，而往往會將郭象的聖人論與其逍遙義混為一談，認為「逍遙」即是心靈的最高境界，因此小大若能逍遙，即至聖人之境。早在郭象稍後的支遁，就曾以為郭象是主張適性逍遙即是聖人之境，而批駁郭象的逍遙義。但是筆者細細尋繹其由獨化論所發展而來的「自性」說，聖凡之間性分各異，且此性分之別是不可逾越改易的，因此未具聖人之性的凡人，是永遠也不可能成聖。故而「逍遙」之境應當不能全等於聖人境界，聖人有其相當嚴謹的先天條件，即特稟自然之鍾氣者方可為聖人。以下就針對郭象之聖人論與逍遙義做一番廓清。

素來學者對莊子所言「逍遙」一詞的詮解眾說紛紜，郭象之說似乎最能盡莊子逍遙義的全幅內涵，甚且能夠有「調適而上遂」的發展。但是《世說新語・文學》卻記載：「莊子逍遙篇，舊是難處，諸名賢所可鑽味，而不能拔理於郭、向之外。支道林在白馬寺中，將馮太常共語，因及逍遙。支卓然標新理於二家之表，立異義於眾賢之外，皆是諸名賢尋味之所不得。後遂用支理。」劉孝標也在注中表示，支遁的逍遙義是「向、郭之注所未盡」，由此可見當時論者對支遁的推崇。事實是否果真如時人所論支遁的逍遙義足可取代向、郭之原注嗎？回答這個問題以前，必須先弄清楚向、郭的逍遙義與支遁的逍遙義究竟有什麼不同。但是《莊子注》是否可以視為郭象本身的思想？關於這個問題，歷來就有郭竊向注，據為己有之說，但是依據《晉書・向秀傳》的記載，郭象注是在向秀注的基礎上「述而廣之」。今人馮友蘭、湯一介都有詳細的疏證，認為應當是依〈向秀傳〉所說為是，筆者亦採此說，如此則不妨礙將《莊子注》視為郭象的思想來研究。〔註6〕

〔註6〕關於今本郭象《莊子注》歷來就有二種說法：一則是主張這部注是郭象剽竊向秀而來的，此說主要根據是《世說新語・文學》中的一段記載：「初，注《莊子》者數十家，莫能究其旨要。向秀於舊注外為解義，妙析奇致，大暢玄風。唯〈秋水〉、〈至樂〉二篇未竟而秀卒。秀子幼，義遂零落，然猶有別本。郭象者，為人薄行，有雋才。見秀義不傳於世，遂竊以為己注，乃自注〈秋水〉、〈至樂〉二篇，又易〈馬蹄〉一篇，其餘眾篇，或定點文句而已。後秀義別本出，故今有向、郭二《莊》，其義一也。」另外，《晉書・郭象傳》亦採此說，後世認為是郭象剽竊向注者，舉其大要有高似孫《子略》、王應麟《困學記聞》、《四庫全書總目提要》，顧炎武《日知錄》。另一則說法是認為郭象在

　　《世說新語・文學篇》記述支遁的逍遙義，卓然標新理於向、郭之表，劉孝標在此條記載之下，記錄對向、郭及支遁逍遙義的簡述，以下將這段文字完全抄錄，並詳加分析、比較：

> 向子期、郭子玄逍遙義曰：「夫大鵬之上九萬，尺鷃之起榆枋，小大雖差，各任其性。苟當其分，逍遙一也。然物之芸芸，同資有待。得其所待，然後逍遙耳。唯聖人與物冥而循大變，爲能無待而常通。豈獨自通而已？又從有待者，不失其所待。不失，則同於大通矣。」

> 支氏逍遙論曰：「夫逍遙者，明至人之心也。莊生建言大道，而寄指鵬鷃。鵬以營生之路曠，故失適於體外。鷃以在近而笑遠，有矜伐於心內。至人乘天正而高興，遊無窮於放浪；物物而不物於物，則遙然不我得，玄感不爲，不疾而速，則逍然靡不適。此所以爲逍遙也。若夫有欲當其所足；足於所足，快然有似天眞。猶饑者一飽，渴者一盈，豈忘烝嘗於糗糧，絕觴爵於醪醴哉？苟非至足，豈以逍遙乎？」此向、郭之注所未盡。

在對向、郭的逍遙義進行分析以前，先行將支遁的意見做一番解析，再將之與向、郭原義對照，以論評支遁所見是否公正客觀。支氏認爲「逍遙」基本上是說「至人的心」，是至人所至的心靈境界，而非泛指一切之事物皆可逍遙。他說莊子爲了說明此聖人之道，乃寄言鵬鷃以明之。若鵬之大，非冥海不足以運其身，非九萬里不足以負其翼，以論大者之「失適於體外」；又若鷃之小，時困不到前林，投地息而更起，於是嗤鵬形大而劬勞，自欣小而逸豫，以小笑大，是知此小者之「矜伐於心內」。此二者都不能破除對有形事物的依恃，因此支遁認爲鵬鷃皆未至逍遙之境，唯聖人才能破除對待，順天地萬物自然之本性而爲正，於是能隨著宇宙萬物之變化而變化，遊於無窮盡，乃至「逍然靡不適」、「遙然不我得」的境地，這才是至人所至的眞逍遙之境。

　　支遁以此批駁郭象「大小雖殊，逍遙一也」（〈逍遙遊〉注）之見，認爲郭象不明白莊子小大之辯的宗旨是在明至人絕有待、無夸跂的逍遙義，而將

向注的基礎上，加以發展完成的，這種看法的主要根據是《晉書・向秀傳》中的記載：「莊周著內外數十篇，歷世才士雖有觀者，莫適論其旨統。秀乃爲之隱解，發明奇趣，振起玄風，讀之者超然心悟，莫不自足一時也。惠帝之世，郭象又述而廣之，儒墨之跡見鄙，道家之言遂盛焉。」後世根據此說對郭象注竊自向秀說有疑者，如王先謙《莊子集解》、吳承仕《經典釋文序錄疏證》。今人的辯述，可以參看馮友蘭《中國哲學史新編》第四冊，第四十一章；以及湯一介《郭象與魏晉玄學》第五章。二人皆以郭象是在向秀注的基礎上「述而廣之」的說法較爲合理。

只是滿足於性分之所求者視爲逍遙。因此支遁說郭象所謂的「逍遙」，只是物性之需求獲得滿足，若「饑者一飽，渴者一盈」，實則當其一有了對丞嘗、觴爵的期待，就爲所待之物所限，而不能逍遙了。故而他以桀跖爲例，抨擊向、郭「適性逍遙」的看法，認爲若是依向、郭之見，則桀跖以殘害爲性，若其適性而爲，豈非又以彼爲逍遙乎？〔註7〕這種辯駁對郭象而言是極不如理的破斥，主要是因爲「以殘害爲性」這個看法基本上就與郭象對「性」的定義相異。向、郭所言「物任其性」的「性」，指的是自然而無造作的本性，所以他說：「自然耳，故曰性」（〈山木篇〉注），而殘害在本質上只是人情由慾念牽引所致的造作與墮落，與向、郭以自然爲性的概念並不相應，因此其以桀跖爲例之說並不能作爲反駁向、郭之義的理由。〔註8〕

支遁之逍遙義既明，再回過頭來析解向、郭之見，一來可以明白支遁之評中肯與否，二來可以藉著與支遁義的對照中，更清晰的呈顯向、郭義的眞義。牟宗三先生依劉孝標所述，將向、郭逍遙義分成三個層次來詮解，〔註9〕認爲第一層是自理上原則性的泛說，第二層是分別說，第三層是融化說。筆者則認爲分成二層即可，首段自「夫大鵬之上九萬」，至「得其所待，然後逍遙耳」，這一層所陳述之理正是所謂的「適性逍遙」。郭象認爲物各有性，性各有極，但是就人人各有其性且性各有所極，則是共同的，他說：「各然其所然，各可其所可，則理雖萬殊而性同得，故曰道通爲一。」（〈齊物論〉注），所同者並非是指人人有共同之性分，因而實現了人與人的平等與統一，而是就人人都能各適其性，各足其分，因而實現了齊一，並無貴賤小大之分。郭象主張的「逍遙」與「齊物」之說，都是從這個觀點出發的。在郭象看來，雖然人人天生有能力小大之別，地位有貴賤之分，但是只要各足其性，就不論小大、貴賤皆可達到自由的境界。

郭象的「逍遙」義，一方面承認先天存在的個體之差異性，一方面又試圖在精神自由的理境中鼓勵個體自我的發展。但是此齊一，是理境上的平齊，

〔註7〕《高僧傳》卷四〈支遁傳〉記述：「遁常在白馬寺，與劉系之等談《莊子·逍遙篇》，云各適性以爲逍遙。遁曰：『不然，夫桀跖以殘害爲性，若適性爲得者，彼亦逍遙矣！』於是退而注〈逍遙篇〉，群儒舊學莫不歎伏。」

〔註8〕有關支遁逍遙義在教理上的依據，陳寅恪先生考證綦詳，請參看《陳寅恪先生文集·逍遙遊向郭義及支遁義探原》一文。

〔註9〕牟宗三《才性與玄理》第六章，第二節〈向、郭之「逍遙」義〉，牟先生將向、郭義分三層說，一是從理上一般說，二是分別說，三是融化說。請詳見該書181頁至184頁。

並非是指個別殊異之性的通同，因此小大、聖凡性分之不同莫可齊一。並且此芸芸眾物，必須在所待之物已得，滿足其性分之所求，才有所謂之逍遙，則此逍遙仍是有待的，這正是支遁所言「快然有似天眞」的一種對生命質樸的、生理的滿足感，也正是支遁所極力駁斥的。但是事實上郭象對至高生命境界的追求，並不限圍於此，在第二段「唯聖人與物冥而循大變」至「不失，則同於大通矣」的文中，他就清楚指出聖人是唯一可以完全自覺地解除對名相的執著，將一切分別比較的相對心泯滅，眞正作到與萬物成一體，與變化合流的境界，這樣的人才是至德之人，其逍遙是完全無條件的，故言「無待而常通」。接著郭象提出一個問題：「豈獨自通而已？」意指聖人絕不是只顧自身完滿的自了漢，還能更進一步使一切有待之芸芸眾物都得到他們性命之所需，既然所有物皆已自足其性而無待，則聖人與物俱通矣，此即大通之境。因此可知，由於「豈獨自通而已？」這個問題的提出，聖人內在自性之完足乃可通向外王之業，故而聖人的境界不僅限於適性之逍遙，因爲鵬鷃之適性，充其量只不過是不識不知，順帝之則的逍遙，聖人才是眞能無爲無執，泯除一切對待，悠遊變化而無適不可，即所謂「玄同彼我」之境，並且從而以此心去遍運一切客觀之境，創造一切物事逍遙的條件，即「放物於自得之場」，順物自然之性而任物之自化也。

由以上所作析論，可知支遁雖已指出「適性逍遙」說的不足，但是卻誤以爲郭象所言聖人境界僅限於適性逍遙，殊不知郭象所謂聖人在主觀境界上可至玄同彼我，循變而冥物的境界，在客觀上則能使物俱自得而逍遙。支遁所釋的逍遙義，僅及郭象聖人論之主觀層面，尚不及其客觀層面的化成義。因此我覺得支遁之逍遙義，實未能標新理於向、郭義之表，反而向、郭對聖人之論述觀點，較之更形開闊，故在內聖之餘猶言事功，而以「內聖外王」的型態展開。

第二章　玄同彼我

　　郭象《莊子‧逍遙遊》注云：「至德之人玄同彼我者之逍遙也」（〈逍遙遊〉
注），何謂「玄同彼我」之意？

> 夫真人同天人，齊萬致。萬致不相非，天人不相勝，故曠然無不一，冥
> 然無不往，而玄同彼我也。」（〈大宗師〉注）
>
> 故大人不明我以耀彼而任彼之自明，不德我以臨人而付人之自得，故能
> 彌貫萬物而玄同彼我，泯然與天下為一而內外同福也。（〈人間世〉注）

所謂「玄同彼我」就是要在認識論上，消除主觀與客觀的差別與對立，質言
之，就是將外在客體與主體之間的界線加以消融，達到泯然與天下為一的境
地。此境界之獲得，必須由承認每一客觀事物之存在出發，經過對人的認知
能力之有限性進行反省，乃至消除主客之對立，從而達到一種物我渾融的生
命狀態。〈知北遊〉郭象注云：「夫無心與任北，乃群聖之所游處。」，「無心」
即所以能與物冥者，「任化」即所以循大變之因，因此「無心」與「任化」即
是聖人所以無待而常通，到達玄同彼我之境的二種重要功夫。

一、無　心

　　郭象所言的「無心」，並非是絕對的摒棄心的作用，而是在相對於有為、
用知這種意義上說的無心。聖人所以能進入與物冥合的玄同之境，是不需要
任何向外的認知活動和理智的思維，只有在自然的狀態中可以實現。因為若
是運用思慮知覺，去其所不知，求其所不得，就是有意的「為」，非自然也。
郭象曾分別「知」與「性」，他說：「不慮而知，開天也；知而後感，開人也。
然則，開天者，性之動也；開人者，知之用也。」（〈達生篇〉注）他是以「性」
為自然，而「知」則是人為的。故其又說「民之所患，偽之所生，常在於用
知，不在於性動」（〈達生篇〉注）因此聖人「知天人之所為者，皆自然也；

則內放其身而外冥於物，與眾玄同，任之而無不至者」（〈大宗師〉注），「內」是指個體主觀的意識，放其內而冥於外，就是消泯主客之界線，做到眞正的與自然冥合。在此就必須「忘己」，亦即去掉人的主觀認識作用，因爲一旦用知，必導致「心神奔馳於內，耳目竭喪於外，處身不適而與物不冥矣」（〈人間世〉注）。因此郭象提出「捐聰明」、「棄知慮」之說：

> 聖人知天機之不可易，故捐聰明，棄知慮，魄然忘其所爲而任其自然，
> 故萬物無動而不逍遙也。（〈秋水篇〉注）

按郭象之見，人間最高的智慧乃是排除耳目感官所得的感性認識，也排除在感性認識之上所從事的理性思維，他認爲人的一切認知活動，都無法表達事物之本質，故而只有不識不知，純任自然之理，乃可與物冥合。

「無心」還包括沒有情感欲望，所謂「知以無涯傷性，心以慾惡蕩眞」（〈人間世〉注）。因此他主張聖人之質本無情，在〈大宗師〉郭象注云眞人「無意想」、「深根寧極，然後反一無欲」、「夫聖人無樂也」，他直指聖人無情、無欲的本質。但是同時他也並不否定聖人有應世之迹，〈大宗師〉注曰：「至人無喜，暢然和適，故似喜也」，以及在《論語體略》中注〈先進篇〉所記「顏淵死，子慟之哭」一事曰：「人哭亦哭，人慟亦慟，蓋無情者與物化也」，可知他雖然認爲聖人本質上是無情的，但是仍然有似喜、慟哭之形貌，此皆是聖人任化之故，而喜與悲僅是應世之迹，未損及無情之質性。郭象的聖人無情說，乍看一下，似與王弼之聖人有情說相異，事實上只是論述觀點的互異，王弼是在「聖人體無」的前提下，言聖人應物有情的一面，目的在於反對何晏、鍾會等人，將聖人塑造成一種遠離俗世，不與俗事相應感的面相。但是王弼所言聖人雖有五情之發顯，卻不會耽溺於物迹，而能保持無累無執的心境。而郭象的觀點，則是以聖人無情爲出發，以論聖人無私、無累之心，然而卻也不否認聖人有悲、喜之情以應迹。此二人論述之出發點不同，卻得到頗爲類似的聖人面相，俱爲應迹而無累。

聖人既能去知、無情，就能不爲知與情所限，以此觀照萬物，萬物之相對性俱泯，則萬物於聖人之心而言莫不平齊。〈逍遙遊〉注云：

> 無待之人，遺彼忘我，冥此羣異，異方同得而我無功名。是故統小大者，
> 無小無大者也；苟有乎大小，則雖大鵬之與斥鷃，宰官之與御風，同爲
> 累物耳。齊死生者，無死無生者也；苟有乎死生，則雖大椿之與蟪蛄，
> 彭祖之與朝菌，均於短折耳。故遊於無小無大者，無窮者也；冥乎不死
> 不生者，無極者也。若夫逍遙而繫於有方，則雖放之使遊而有所窮矣，

未能無待也。

「統小大」、「齊死生」即是聖人所平齊的兩組重要的相對概念，聖人因能破小大、死生之執，於是才能遊心於無窮極，無待而常通。

（一）統小大

《莊子・秋水篇》中，有一段河伯與北海若的對話，郭象注云：「夫世之所患者，不夷也，故體有者快然謂小者爲無餘，質小者塊然謂大者爲至足，是以上下夸跂，俯仰自失，此乃生民之所惑也。」在此郭象指出世人共通的毛病，就在於不平齊的心態與觀念，意即指凡人多昧於齊物之理，致使體大者羨質小者的俐落無礙，質小者又反羨體大者之寬廣盛大，小大交相跂慕，遂不得各安其性分之本然，而若有所失，此凡庶者之大惑。且惑者之以小大相傾，輾轉以至於無窮，終將奔馳於勝負之境而不知止。小大之間所以會有矜夸、欣羨之情，都是因爲小大皆無自足的心，迷執於比較與對待的矜憫中，遂妄以他身之所有超過己身之所具，欣羨妒嫉之情乃生。聖人則無凡人此惑，而能以平齊之理待己與應物，然而聖人是如何「齊」呢？郭象在〈齊物論〉的注文中已做說明：

> 夫莛橫而楹縱，厲醜而西施好。所謂齊者，豈必齊形狀，同規矩哉！故舉縱橫好醜，恢恑憰怪，各然其所然，各可其所可，則理雖萬殊而性同得，故曰道通爲一也。

> 夫以形相對，則大山大於秋毫也。若各據其性分，物冥其極，則形大未爲有餘，形小不爲不足。苟各足於其性，則秋毫不獨小其小，而大山不獨大其大矣。若以性足爲大，則天下之足未有過於秋毫也；若性足者非大，則雖大山亦可稱小矣。故曰天下莫大於秋毫之末而大山爲小。大山爲小，則天下無大矣；秋毫爲大，則天下無小也。無小無大，無壽無夭，是以蟪蛄不羨大椿而欣然自得，斥鷃不貴天池而榮願以足。苟足於天然而安其性命，故雖天地未足爲壽而與我並生，萬物未足爲異而與我同得。則天地之生又何不並，萬物之得又何不一哉！

首先，必須釐清「齊」的觀念。所謂「齊」，並不是指形狀、規矩上的相同，而是指每一物皆有其自己性分之本然，而各自具有屬於自己的特定質性與作用，就如同莛與楹、厲與西施，雖有縱橫、好醜之別，但卻都是自性之所有，是天生自然的本分。至於所謂大小，若以物性自足謂之大，則萬物皆可大；以性足無餘謂之小，則萬物皆可小。因此只要每一物皆可自足其性，實現自我價值，則物無小大、貴賤之別。郭象就是在這點上言眾物之齊平，他所言

「齊」並沒有強將生理上呈現的事實差距抹滅，反而是對事物呈顯的客觀殊異性加以承認與保存，而言「各然其所然，各可其所可」。並且還進一步由此殊異的表象向上翻轉一層，從「性同得」「性具足」的角度觀物，從而涵括萬殊之理，而言道通為一。如此則不同形狀、規矩之事物，皆得平齊的自處，平鋪的共存而無矜夸、相跂之情生。聖人即是透過此平齊之理，故能無惑而自足；另一方面也因聖人以此平齊之理觀照萬物，物遂平齊而無對，主客俱消泯而玄融，同赴逍遙無待之境。〔註1〕

此外，附帶提出相當值得重視的一點，就是王弼的學說中也同樣主張「至睽將合，至殊將通，恢恑憰怪，道將為一。」（《周易·睽卦》注）。就字面上來看，王、郭二人之見通同，但是深入深究立言背後的目的及重心則有異。王弼言此的目的，在於說明恢恑憰怪的萬千事物之中存在著統一性，且這個統一性才是絕對的，是萬殊之理的本體，萬殊之理是為此本體所統攝的末用。依照他崇本舉末或崇本息末的思路，此言旨在證明萬殊之理皆得之於道本，故須秉持此道才得以貫通萬殊之事理，因而此論的重心，是在萬殊之理的道本，而非萬殊之理本身。郭象之言，雖然同樣也在說明萬殊之理，可由道通為一，但是他的目的卻是在於證明物事雖有小大、輕重、長短之別，然而置於物性皆自得的觀點下審視，物皆是平齊的，其論述的重心，則是在具體的物事之上。由這點可知，王、郭二人因立論的角度不同，雖其言近似，卻發展出不同的學說體系來。二者的聖人論之異處，亦是植根於此。就像王、郭二人皆謂聖人是體道者，然而二人對道的內容認定卻有異，王以「無」為道，故而其所言的聖人乃是體無之人；郭象重於具體事物之「有」，因而以「與物冥者」為聖人。（此點待後文詳述）

（二）齊死生

小大、高下、短長這些相對的概念，皆可平齊，因皆為物自性之自有而無勝負優劣可言。聖人明此理而能破小大之執，故得以自適其性而無待逍遙。然而生命之中，尚有另一個難以釋懷的的障礙，即死生之桎梏，聖人仍能秉齊平之理破死生之相對性，消泯世俗貪生惡死之迷執。郭象《莊子注·至樂

〔註1〕牟宗三先生云：「然向、郭注〈逍遙遊〉，大體皆恰當無誤，而注〈齊物論〉，則只能把握大旨，於原文各段之義理，則多不能相應，亦不能隨其發展恰當地予以解析。」牟先生對郭象所注〈齊物論〉的解析，請詳見《才性與玄理》第六章、第五節〈向、郭之「天籟」義〉，195頁至205頁。

篇》中云：「舊說云莊子樂死惡生，斯說謬矣！若然，何謂齊乎？所謂齊者，生時安生，死時安死，生死之情既齊，則無爲當生而憂死耳。此莊子之旨哉？」〈至樂篇〉是《莊子》的外篇之一，王夫之亦曾言：「本篇以死爲大樂，莊不屑此，此蓋學老、莊者掠其膚說所假借。」(《莊子解》)，可見莊子本義就不以死爲樂，而惡生以樂死。郭象注更清楚的強調對待死生之態度當齊一，對待死生這個問題的正確態度，應該是「生時安生，死時安死」，此種順任死生的作法，即所謂「齊」。死生既齊，就無由當生而憂死。

　　欲明「齊死生」之理，首先必須說明生死是怎麼一回事。郭象主張死生即是氣化之說，他認爲人之生即氣之所聚，死即氣之所散，並且此氣之聚散又非人力所能控制。《莊子·知北遊》注云：「若身是汝有者，則美惡死生，當制之由汝。今氣聚而生，汝不能禁也；氣散而死，汝不能止也。明其委結而自成耳，非汝有也。」，此言即在說明死生實爲氣之聚散，且其聚散皆是欻然自爾，未有爲之者。死生既是氣化所造成的樣態，故而郭象又進一步言「一氣而萬形，有變化而無死生也」(〈至樂〉注)，意指人之實未有所謂生死，只有氣之聚散所成之變化，如此則無結束或消失，死生對人所造成的桎梏即可破除。世人之所以會困頓於死生之見，而憂死樂生，即是因爲世人「當所遇之時，世謂之得；時不暫停，順往而去，世謂之失」(〈大宗師〉注)，因得失而生哀樂之情，此皆世人不知死生只是氣化所致之故。

　　聖人則能明死生之理，而平齊以爲一。郭象言：

> 體夫極數之妙心，故能無物而不同，無初而不同，則死生變化，無往而非我矣。故生爲我時，死爲我順；時爲我聚，順爲我散。聚散雖異，而我皆我之，則生故我耳，未始有得；死亦我也，未始有喪。夫死生之變，猶以爲一，既睹其一，則蛻然無係，玄同彼我，以死生爲寤寐，以形骸爲逆旅，去生如脫屣，斷足如遺土，吾未見足以纓茀其心也。

首句所言「體夫極數之妙心」，即聖人之心也。聖人之心秉持齊平之理而能統小大，故而視物無所不同。同理聖人以之觀死生變化，亦明物之本質於死生變化之中並無改易，無往而非我。明白死生只是氣聚散所流轉變化的形式，我仍爲我，因此聖人於死生皆順任之，故而能不視生死爲得失。於是聖人乃能蛻然無係，而遊於不死不生。聖人對待死亡，就如同人之於當寐之時，皆不願人驚之；又視之若晝盡之必然繼之以夜，悍逆之反速其死。〔註2〕故而聖

〔註2〕見郭象《莊子注·大宗師》，其云：「夫死生猶寤寐耳，於理當寐，不願人驚

人齊死生而順其自當，於生時安生，死時安死，無絲毫縈拂其心，聖人於是可以遊於不死不生以至於無極。

二、任　化

　　「任化」之首要在於知命、順命，以達命之情。《莊子・人間世》有云：「自事其心者，哀樂不易施乎前，知其不可奈何而安之若命，德之至也。」郭象注曰：「知不可奈何者命也而安之，則無哀無樂，何易施之有哉！故冥然以所遇爲命，而不施心於其間，泯然與至當爲一，而無休戚於其中。」此處的「自事其心者」，當即是成玄英《疏》所言「自安其心智」的「爲道人士」，郭象〈知北遊〉注曾說：「體道者，人之宗主也」，即聖人也。是以知聖人能知不可奈何者實命也，而安之、順之，是郭象以「不可奈何」爲命的定義。人的生命中，實際上包涵許多自然而有且不可奈何的情事，郭象以「性」與「命」這二個觀念加以統攝。所謂的「性」，就如同郭象注〈逍遙遊〉中「搏扶搖而上者九萬里」的大鵬，象曰：「夫翼大則難舉，故搏扶搖而後能上，九萬里乃足自勝耳。既有斯翼，豈得決然而起，數仞而下哉！此皆不得不然，非樂然也。」大鵬因有巨翼必須昇高至九萬里的高空，方才能平飛，豈能如蜩與學鳩決起而飛。然而鵬之有斯翼，又豈是鵬自身所可以決定，是天生自然的稟性，無可改易的。反觀，蜩與學鳩之決起而飛，搶榆枋，時則不至而控於地，又是蜩與學鳩稟性之自然而有的限制。故而郭象言「天性所受，各有本分，不可逃，不可加。」（〈養生主〉注）

　　若「性」是郭象用以說明人之生而即有的內在限制，「命」則是指人之生與物接搆之所遇皆有定分，此生命不可改易的外在限制。〈則陽篇〉郭象注云：「夫物皆先有其命，故來事可知也。是以凡所爲者，不得不爲；凡所不爲者，不可得爲；而愚者以爲之在己，不亦妄乎！」人一生之內，百年之中，行止坐臥，動靜趣舍，凡所有者，凡所無者，凡所遇者，皆非一己之任力故意所致，皆理之自爾，此所謂皆先有其「命」。每一類事物，都有其先天已具之性理，只要據此性理就可以推知此一事物的未來活動及結果，即「來事可知」

　　之，將化而死亦宜，無爲怛之也」，以及「死生猶晝夜耳，未足爲遠也。時當死，亦非所禁，而橫有不聽之心，適足悍逆於理以速其死。其死之速，由於我悍，非死之罪也。」此郭象以寢寐、晝夜爲譬，以喻對待死生之態度當該如何。

之意。愚者徒識已然之事，認爲事之所以爲與不爲的關鍵在己，不知已然之出於自然，皆「命」之固耳。「性」是人天生之稟賦，是人之所以爲己而不爲其他人的內在成因；「命」則代表人生長變化所遇之環境與條件，這是其所以如是而非如彼的外在成因。就如同「大物必自生於大處，大處必自生此大物，理固自然」（〈逍遙遊〉注），大物之所以爲大物，首先必然天生具有大物的內在性分，其次必然自生於可以成大物之大處，大處即大物必然擁有的外在環境與條件。「性」與「命」兩相配合，乃有大物之生成，人之生成亦然。由此可見，「命」與「性」同樣具有三項特質：自然，必然與限定性，故而郭象言「不知其所以然而然，謂之命，似若有意也。故又遣命之名以明其自然，而後命理全也」（〈寓言〉注），說明他認爲「命」之所有，實非爲也，皆是自然而然的。並且又言「命之所期，無令越逸，斯大信也」（〈徐无鬼〉注），「命」即是生而即有且不可改易的限定。

《莊子‧德充符》記載仲尼曰：「死生存亡，窮達貧富，賢與不肖毀譽，飢渴寒暑，是事之變，命之行也。」郭象注云：

> 其理固當，不可逃也。故人之生也，非誤生也；生之所有，非妄有也。天地雖大，萬物雖多，然吾之所遇適在於是，則雖天地神明，國家聖賢，絕力至知而弗違也。故凡所不遇，弗能遇也；其所遇：弗能不遇也。凡所不爲，弗能爲也；其所爲，弗能不爲也。故付之而自當矣。

他在注文中，清楚地說明人生之種種事實是其理固然的，不論是死生存亡，貧富窮達，賢與不肖，皆是以其自然本有的性、命之理爲根據，沒有一絲虛妄。又因所遇具爲合理，故而無可逃避，因此其所未遇、未爲者，不是其強力任知就可遇、可爲的；反之，若是其已遇或已爲者，也同樣不同其可不遇、不爲者。是以郭象說即使是天地之間的神明，或是家國之中的聖賢，都無法任力用知就可以拂逆性命之所限，而不遇不爲。面對此命定之已然，只有任順之，才符合自然之理而爲當。此即「治亂成敗，遇與不遇，非人爲也，皆自然耳」之理。（〈大宗師〉注）

但是凡人未識得此理，往往用身任智以求有所遇或有所不遇，而生種種失性傷身之謬誤。郭象以弓矢所射之彀中爲例，述未達命之情者，〈德充符〉郭象注云：

> 羿，古之善射者。弓矢所及爲彀中。夫利害相攻，則天下皆羿也。自不遺身忘知與物同波者，皆遊於羿之彀中耳，雖張毅之出，單豹之處，猶未免於中地，則中與不中，唯在命耳。而區區者各有所遇，而不知命之

> 自爾。故免乎弓矢之害者，自以爲巧，欣然多己；及至不免，則自恨其
> 謬而志傷神辱，斯未能達命之情者也。

「彀中」指的就是箭所能箭到的範圍內。郭象認爲社會中人與人之間常有利害相衝突，彼此都像是以己身之外的他人做爲箭靶子。因此若是不能遺身忘知，與物同利害，則人人都將如同陷身於他人的彀中一般。一旦落入彀中，就不免有被射中的危險，然而不論是中或不中，都是自然命定的事實。凡人不明此理，當其免於弓矢之害時，則自以爲是因己的巧智之故，才能有所免；反之，當其未免之際，則罪己之拙謬，而志傷神辱，這都是因爲凡人之未達命之情。何謂「達命之情」，就是知悉中與不中之間，並非個人主觀願望所可以控制，即是能達命之自然而有且不可改易之實情。凡人未識此理，徒然橫生休戚、憂喜於所遇的情事之中，而情求有所獲或有所免，反之傷自然之眞。

聖人即如前文所言，是「知不可奈何者命也而安之」的體道之士，則異於凡人而爲達命之情者。郭象〈養生主〉注云：「達命之情者，不務命之所無奈何也，全其自然而已。」所言不務無可奈何之事，又包括「遺身忘知」的工夫。所謂遺身，就是指「至人之知命遺形」（同上），因爲「形」就如同「性」與「命」一般，是生而自有的，形之全、缺與否，並非人力所能控制。〔註3〕因此至人知其「形」乃命定若是，故能遺形而不繫心意於全、缺與否，縱有殘缺，也能「曠然無懷，則生全而形定」（〈庚桑楚〉注），如此自無休戚之情累，即所謂「忘形而遺累也」（〈養生主〉注）。至於何以要忘知？因爲「知」於生命本身而言，非本然的，只有性、命才是天機之自爾，用知反而將致使逆天機而傷其自然之眞，因爲「夫知者未能無可無不可，故必有待也。若乃任天而生者，則遇物而當也」（〈大宗師〉注）。故而郭象認爲聖人能夠捐棄聰明知慮，遺知忘爲，自然而生，坐忘而得，任自性而動，則無動而不自當，此即所謂「忘生之生」。

馮友蘭先生認爲郭象所言「冥然與所遇爲命」（〈人間世〉注）中的「遇」字，即是荀況所言「節遇謂之命」（《荀子·正名篇》）中的「遇」字義，以物、事之所遇與不遇皆是偶然的；以及與王充所言「幸偶」（《論衡·命義篇》）之義同，認爲幸與不幸都完全出於偶然。同此，馮氏說郭象所言的「命」義，一部分是必然的，一部分是偶然的，而認爲郭象的主張並非是一種宿命論。

〔註3〕郭象《莊子注·天地篇》有云：「夫德、形、性、命，因變立名，其於自爾一也。」

〔註4〕但是直接由郭象所言「遇」字本義來看，例如上文所引郭象以人遊於
縠中的譬喻，他說：「區區者各有所遇，而不知命之自爾」，其義在說明人之
所遇，就如同在縠中的中與不中，都是命定而無法逃避或改易之事。由此可
知，郭象對「命」的定義，帶有強烈的必然性與限定性，致使他的學說有宿
命論的傾向。因此我覺得馮氏是將其自己對「命」義所作的主觀判斷，混入
他對郭象所言「命」義的解析中。郭象對「命」義的必然性既有如此強烈的
感知，也使得他心目中的聖人，是不僅能夠知命、達命的玄通混合之士，也
就是說能視所遇不可奈何之事爲命，且能安之若素的人。這點和王弼的看法
相同，王弼所作《論論釋疑》中，釋《論語・爲政篇》裡孔子自述自己：「五
十而知天命」一語，爲「天命廢興有期，知道終不行也」，以及釋〈雍也篇〉
裡子見南子，夫子矢之曰：「予所否，天厭之，天厭之！」王弼解此語爲：「否
泰有命。我之所屈不用於世者，乃天命厭之，言非人事所免也」。王弼在這
二段釋文中，所顯示的觀點正是郭象所言：「治亂成敗，遇與不遇，非人爲
也，皆自然耳」，即使是神明、聖賢亦弗能達，唯有付之自當，才是對應的
良策，此聖人與遊於縠中而不知命的凡人之間的大不同。

　　聖人既能達命之情，則可表現於兩方面，一是對群品之是非，聖人兩順
之；一是聖人能遊於變化之塗，放於日新之流。

（一）是非兩順

　　《莊子・齊物論》曰：「聖人不由，而照之於天，亦因是也。」郭象注云：
「夫懷豁者，因天下之是非而自無是非也。故不由是非之塗而是非無患不當
者，直明其天然而無所奪故也。」文中指出，聖人是因天下之是非而明無是
無非之理，繼而以此理返身觀照天下之是非，得出是非皆同於自得而無不當
的結論。爲解析之便，將此問題分成三個層次來談：

　　（1）天下之人皆因乎成心而有是非。

　　〈齊物論〉注云：「夫心之足以制一身之用者，謂之成心。人自師其成心，
則人各有師矣。」，又言「未成乎心，是非何由生哉？明夫是非者，群品之所
不能無」，所謂「成心」即是指物之偏見，皆不能見彼之所見，而獨以自知之
所知以爲是，自以爲是則以彼爲非，是非由此而生。郭象更進一步指出，有

〔註4〕請參見馮友蘭《中國哲學史新編》第四冊，第四十一章，第三節〈郭象關於
　　　　性、命的理論〉。

是有非是中知以下者的定見，他說：「夫是我而非彼，美己而惡人，自中知以下，至於昆蟲，莫不皆然。然此明乎我而不明乎彼者爾。」（〈德充符〉注），是以是非、美惡乃中知以下者共通的觀點。

（2）聖人因天下之是非以明無是無非之理。

郭象〈齊物論〉注對此論述甚詳：「夫自是而非彼，彼我之常情也。故以我指喻彼指，則彼指於我指獨爲非指矣。此亦非指喻指之非指也。將明無是無非，莫若反覆相喻。反覆相喻，則彼之與我，既同於自是，又均於相非。均於相非，則天下無是；同於自是，則天下無非。」全文大抵是由「自是而非彼」的觀點展開，他認爲天下之人皆同於自是，則天下無非，又均於相非，則天下無是，於是得出無是無非之義。他的論述較諸《莊子》原文對於超是非境界的討論，或許太過籠統和粗略，〔註5〕但無是無非的結論則與莊子同。

（3）聖人既明無是無非，於物之是非兩順之。

正所謂「故夫是非者，生於好辯，而休乎天均，付之兩行而息乎自正也。」（〈齊物論〉注），理無是非，然世之惑者好辯而以爲有，世俗之人皆有成心，聖人亦無法爲之解，只有付之兩行，任其自若而不強知之。是以言「若夫玄通泯合之士，因天下以明天下」，「無是無非，混而爲一，故能乘變任化，迕物而不慴。」（〈德充符〉注），郭象認爲聖人鑑於天下之是非相對無主，而知無是無非之理，由是返身觀照萬物，聖人非但未以眾物之有是非爲無知，反而是以更大的包容力，對物之自是相非而能兩順之。故郭象言「彼是相對，而聖人兩順之。故無心者與物冥，而未嘗有對於天下也」、「今以是非爲環而得其中者，無是無非也。無是無非，故能應夫是非。是非無窮，故應亦無窮。」（〈齊物論〉）因此可知，聖人於是非能兩順之，故可以應物而無窮。

（二）與時俱往

郭象對宇宙事物的變化有相當獨特的見解，他提出「變化日新」之說，

〔註5〕 方穎嫻《先秦道家與玄學佛學》的第三章、第二節中，有一段評析莊子所言「無是無非」的超是非境界的論述與郭注的比較：「從儒墨之是非起，其初固只是『同於自是，均於相非』，然莊子由此進而明由『以明』或『照之於天』所證之統統是是、統統非非，並進而明『物无非彼，物无非是』、『彼是方生之說也』、『彼亦一是非，此亦一是非』、『彼是莫得其偶』，以至最後之『兩行』，每步皆有實義，絕不只是由『自是而非彼』之反覆相明所能儱侗，故郭注不能順莊子之義理發展而盡其曲折之實也。」關於莊子原文，請參照《莊子・齊物論》。

他認為一切的事物都是處在經常的變化之中，舉凡山川、草木等自然界的事物，乃至人的從生到死，都沒有一刻停留在原有的階段上，他說：

> 夫無力之力，莫大於變化者也；故乃揭天地以趨新，負山岳以舍故。故不暫停，忽已涉新，則天地萬物無時而不移也。世皆新矣，而自以為故；舟日易矣，而視之若舊；山日更矣，而視之若前。今交一臂而失之，皆在冥中去矣。故向者之我，非復今我也。我與今俱往，豈常守故哉！而世莫之覺，橫謂今之所遇可係而在，豈不昧哉！（〈大宗師〉注）

郭象在這段話中，生動地說明天地萬物沒有一時一刻不在運動中。表面上看來，似乎一切沒有改變，事實上此一時之物已非彼一時之物，不明究裡之人，蒙昧地固執於所見，以為可以係留住舊有的事物，殊不知一切都在不知不覺中改變了。〔註6〕

人的生命亦復如是，郭象云：

> 日夜相代，代故以新也。夫天地萬物，變化日新，與時俱往。何物萌之哉？自然而然耳。（〈齊物論〉注）

> 夫時不再來，今不一停，故人之生也，一息一得耳。向息非今息。（〈養生主〉注）

變化既是物事、人生的常態，且是自然無可違的，聖人則能順任此一事實，而「遊於變化之塗，放於日新之流，萬物萬化，亦與之萬化，化者無極，亦與之無極。」（〈大宗師〉注）

凡人因為不明白世事與己身皆會偕時以俱往，而在世皆涉新之時，不覺新之已至，而自以為故。世人之昧於日新之道，誤以今之所遇可係而在，不知明日之視今日，則今日為故舊矣。聖人則「明終始之日新也，則知故之不可執而留矣，是以涉新而不愕，舍故而不驚，死生之化若一。」（〈秋水〉注）聖人既明變化之理，在加上統小大、齊死生及達命之情等特殊的稟賦，於是能在各種主、客觀的變化中悠遊順任，安性命於時變，與時俱往而常通。

郭象所言聖人的生命，內、外皆呈顯出極度和諧的樣態。「無心」是指聖人內在的心靈境界，「任化」則是指聖人悠遊於外在客觀事物的狀態。二者的意涵皆指向於玄同彼我，與物冥合的主觀修養之境界。

〔註6〕　由「變化日新」之說可知郭象對於動、靜的看法，他強調一切事物無時無刻不在變動中，是以「動」為常態，至於「靜」只不過是人們的幻覺。而「貴無」論者則是以虛靜為宇宙萬物之本根、常道，「動」是「靜」的作用，「靜」才是「動」的本體。由此可知「崇有」與「貴無」論者，在對動、靜關係上的看法相異。

第三章　迹冥圓融

　　郭象稱許聖人是「與物冥而循大變者，爲能無待而常通」此聖人所至玄同彼我的玄冥之境。在聖人達此境界之後，郭象續言道：「豈自通而已哉？」，此疑問一經提出，就進入聖人的另一層屬於外在事功的境界，他繼言之：「又順有待者，使不失其所待，所待不失，則同於大通矣」，在郭象的心目中，聖人以其主觀上自覺的無待之心，返身觀照萬物，渾化一切相對的概念，使物無分小大皆逍遙自得。這種聖人的生命境界，不單是己身的超然，還縈帶著萬物的完成來談，以達到總體小大皆逍遙的諧和境界。

　　《莊子·秋水篇》，郭象注云：

　　　　恣其天機，無所與爭，斯小不勝者也。然乘萬物御羣材之所爲，使羣材
　　　　各自得，萬物各自爲，則天下莫不逍遙矣，此乃聖人所以爲大勝也。

「小不勝」是指聖人恣先天之稟賦，達齊物之理，而得以統小大、泯是非、齊死生，乃能無待而無所爭爲，世之群小囂囂以爭小大、是非與死生，此眾小之所不勝。而聖人之眞正大勝者，則是在於聖人能亭毒蒼生，造化萬有，使物皆可自得而逍遙。恣任本性之自然，是安己也，使物皆自得逍遙，是安百姓也。安己是內聖之極，安百姓則是外王之至，聖人之道即是合此二者。即郭象所言：「神人即聖人也。聖言其外，神言其內。」（〈外物〉注）

　　是以聖人的生命境界，可以一語概括：「遊外以經內，守母以存子」（〈大宗師〉注），「遊外」指的是遊方之外，即在政治人倫等現實體制之外的人；「經內」則是指處身於方內之人，即「戴黃屋、佩玉璽」等帝王賢相。並且以方外之至爲母、爲本，以方內之跡爲子、爲末。母子、本末之間並非是截然劃分之二端，而是舉本統末，守母存子的關係。這點與王弼主張聖人「體無」

且「言有」看法背後的思辯架構相同，皆不以方內與方外爲不相涉的兩端，而認爲二者應具體地圓融在一起。郭象云：

> 夫理有至極，外內相冥，未有極遊外之致而不冥於內者也，未有能冥於內而不遊於外者也。故聖人常遊外以宏內，無心以順有，故雖終日揮形而神氣無變，俯仰萬機而淡然自若。（〈大宗師〉注）

他認爲至理是放諸方之內外皆準，不可能有能遊心於方外之至，卻不能冥合於俗內之迹者；反之，亦不成立。聖人就往往在遊心於方外之際，尚且能同時廣大方內之迹，因其秉無心無爲的原則遊外，亦以之應務，無心於爲而順乎萬有自然之性，使物各自足，此乃帝王之道成。故而雖其日理萬機，猶能神氣無變而淡然自若，以其應物以形而不以神。郭象此思路，即是以聖人內在修養之理，擴而爲應世成治之道，使聖人生命境界不僅是抽象地、孤絕地昇華，而是藉由現實中的帝王之治來呈顯。他在《莊子序》中說莊子的哲學綱要包括「通天地之統，序萬物之性，達死生之變，而明內聖外王之道」，事實上這也是他自己哲學體系的重點。他所以重內聖外王之道，這與他處身的時代有關，西、東晉政變交迭更替頻繁，執政者在殘酷的政爭中，未及對政治制度本身進行檢討與改進，而知識階層崇尚自然與個人的自在灑脫，對現實制度的思考力薄弱，郭象之說一反隱逸爲尚之學風，倡言個人生命境界的極致在於跡冥圓融的內聖外王之道。這一方面是對帝王的期許，另一方面則是對伏隱出林之士人的醒豁，由是觀之，則不必以郭象學說是爲執政集團作嫁的工具。他只是在現實與超現實之中，藉遊外以宏內的理論，找到新的和諧的平衡點。

第一節　迹冥之辯

素來老莊的道家學說，尤其是道家末學之說，都予人隱逸遁世的印象。王弼、郭象二人之學宗尚道家之學，卻以儒家的面目存在，故而在聖人顯隱、出處的問題上，有明顯儒道合一的情況發生。王弼言：「聖人通遠慮微，應變神化，濁亂不能污其潔，凶惡不能害其性，所以避難不藏身，絕物不以形」（《論語釋疑・陽貨篇》），言下之意就不以隱者爲高，認爲聖人不必藏身隱形，雖有應物之實，卻能應化無方，不使濁亂、凶惡累患其心性。此說背後有一套獨特的性情論，做爲聖人所以能「應物而無累」的形上依據。郭象對聖人迹冥的看法大致相同，但是郭象更將應物推展到極致，以帝王之道成爲總結。

並且由於郭象特別強調，聖人之自性乃獨稟天地之鍾氣，聖人的一切所遇又皆是命定的，而人之性與命又不可改易，因此他未再從心性上提出一套工夫論來做為依據。王弼雖也言聖人天生的神明茂，但是所言僅限於聖人本性的清明，尚須加上一番「性其情」的修養工夫，才能是聖人行為的理據，也才可以做為聖人迹冥、顯隱的依據。也就是說郭象所言聖人的先天性，較諸王弼所言更為全面、澈底。這點可補充前面論王、郭二人俱以聖人為不可學至之說，但所言仍然有異。

　　郭象只是單就迹與冥的是非，來論聖人的顯隱、出處該如何，未如王弼自聖人人性論的深層結構發展出聖人的出處論。首先，郭象破斥有關堯與舜的舊說：

> 夫能令天下治，不治天下者也。故堯以不治治之，非治之而治者也。今許由方明既治，則無所代之。而治實由堯，故有子治之言，宜忘言以尋其所況。而或者遂云：治之而治者，堯也；不治而堯得以治者，許由也。斯失之遠矣。夫治之由乎不治，為之出乎無為也，取於堯而足，豈借之許由哉！若謂拱默乎山林之中而後得稱無為者，此老莊之談所以見棄於當塗。當塗者，自必於有為之域，而不反者，斯之由也。（〈逍遙遊〉注）

依《莊子》原文來看，以日月、時雨而喻許由之無所用天下為，以爝火、浸灌喻堯之有為，可明莊生盛推許由而貶堯。這與郭象注文中，盛讚堯臨天下而治之，無為而天下平，揚堯而抑許由之說，相距不啻千里。成玄英《疏》曰：「然覩莊文則貶堯而推許，尋郭注乃劣許而優堯者，何邪？欲明放勛大聖，仲武大賢，賢聖二塗，相去遠矣。故堯負扆汾陽而喪天下，許由不夷其俗而獨立高山，圓照偏溺，斷可知矣。」事實上成《疏》並未能貼近莊生抑堯揚許由之本意來說明，倒是對郭象之見有明確的解析，這或許與成玄英的佛學背景和郭象之玄學理論有相近之處有關。他以「圓照」與「偏溺」二個概念來分別堯與許由，深契郭注的本意。郭象認為像許由一般拱默山林而什麼事都不做，並非就是無為，真正的無為必須是如同堯臨天下而不治之治，因此他言道：「所謂無為之業，非拱默而已；所謂塵垢之外，非伏於山林也。」（〈大宗師〉注）郭象這樣解釋「無為」，顯然與莊周本意不符，他所以刻意扭轉此說，正因為他以為若是無為就是拱默山林，那麼當權者就根本不會採用無為者的學說了，這才是他賦予無為新的詮解的主要動機。

　　由於郭象對「無為」的詮解已然不同，致使其對迹與冥的觀點亦隨之改異。誠如成玄英所言，郭象以堯的不治之治為「圓照」，以許由的拱默山林為

「偏溺」。他說：

> 若獨亢然立乎高山之頂，非夫有情於自守，守一家之偏尚，何得專此！
> 此故俗中之一物，而爲堯之外臣耳。（〈逍遙遊〉注）

他認爲像許由之徒獨亢然於高山之頂，就是以其私情自守於一家之偏尚，其境界遠不及居廟堂之上而猶能無爲以治世之堯。因爲前者偏溺於無爲之相，有殉世慕高之嫌；後者卻有無兩得，居有而行無之實，因其玄同而化，實又是有無雙遣的絕對圓融。由此可知，郭象的論點是揚迹而抑冥，否定脫離世俗、沒迹山林，無所作爲的隱逸典範。

一、迹者實冥

郭象〈天地篇〉注云：「聖人未嘗獨異於世，必與時消息，故在皇爲皇，在王爲王，豈有背俗而用我哉！」他認爲聖人應是與眾玄同，泯然混迹於世俗，時有用己爲皇王，則爲之，未有背俗而獨標己意者。聖人雖是處身俗內而爲世之皇王，其應迹之方仍必須是稟方外之至理以經內。他說：「以方內爲桎梏，明所貴在方外也。夫遊外者依內，離人者合俗，故有天下者無以天下爲也。是以遺物而後能入群，坐忘而後能應務，愈遺之，愈得之。」（〈大宗師〉注），首先郭象仍承道家之宗尚，肯定方外之至尤貴於方內之桎梏。然而遊外者還須依內，離人群者必須合俗。但是此經內、合俗而有天下之聖者，必須無爲於天下方可有之。因爲有爲只會傷殘物之本性，如同莊周以中央之帝渾沌爲喻，七竅開則渾沌死，郭象注云：「爲者敗之」（〈應帝王〉注），是以郭象亦明爲王者不可有爲而傷物性之理。認爲只有先具遺物、坐忘等方外之至，才能入群以應務，且愈遺之而物性愈全，則物愈自賓服。因此，宏內者必須是以方外之至理入世，才能成功地經內。

聖人既是稟方外之理以遊內，則迹者實冥矣。（〈逍遙遊〉）注中，郭象曰：

> 夫堯實冥矣，其迹則堯也。自迹觀冥，內外異域，未足怪也。世徒見堯之爲堯，豈識其冥哉！故將求四子於海外而據堯於所見，因謂與物同波者，失其所以逍遙也。然未知至遠之所順者更近，而至高之所會者反下也。若乃厲然以獨高爲至而不夷乎俗累，斯山谷之士，非無待者也，奚足以語至極而遊無窮哉！

世人皆見堯之「戴黃屋，佩玉璽」，便以爲形式、體制足以纓紱其心；見堯之「歷山川，同民事」，則以爲日理萬機足以憔悴其神。卻不知聖乃至至者，其心神之全不爲物所虧損。故而聖人之迹殉世，其所以迹之心神仍可以是合於

方外之至理。世人徒見形迹，而不及神，所見之堯是應迹之堯，豈識得此迹之所本，即堯之實爲冥也。世人信以爲與物同波之迹者，不得具有逍遙之實，卻不知至冥者反顯其迹之理，若至高者反下。那些亢然獨立於山谷之士，須處於山林方才可以冥，既是有待就無所謂之逍遙，故而不若「嘗遊心於絕冥之境，雖寄坐萬物之上而未始不逍遙」（〈逍遙遊〉注）之聖人。此世人之蒙昧所不得識之理。

迹冥的問題隱含著能所的關係，聖人之「迹」是「能」，聖人之實冥是「所」，是「所以迹」。會殉世而變者，是「能」的形式、表象，「所」的實質內涵則是不變的。正所謂「聖人道同而帝王殊迹」（〈天地〉注），堯舜湯武等聖王應時成化，所以產生許多不同的治迹，然而所秉之道本卻是通同的，所言「道」即是遊外之至理。《莊子・駢拇》云：「聖人以身殉天下」，郭象注曰：

> 夫鶉居而鷇食，鳥行而無章者，何惜而不殉哉！故與世常冥，唯變所適，
> 其迹則殉世之迹也；所遇者或時有槃夷秃脛之變，其迹則傷性之迹也。
> 然而雖揮斥八極神氣無變，手足槃夷而居形者不擾，則奚殉哉？無殉
> 也，故乃不殉其所殉，而迹與世同殉也。

文中清楚的指出，聖人若鶉居、鳥行，無特定的形迹，當所遇之世澆薄殊異，則聖人行事作爲亦隨時而變，若禹之櫛風沐雨，胼手胝足，而有傷性之迹，然而所殉者僅止於形迹耳，對於居形者無所干擾，即是於所以迹無損。是以所以迹無殉，其迹則與世同殉，故可有殊迹之顯明於世，世不可惑於此迹，當明白聖王之實冥矣。

郭象屢以「寄言出意」之說，肯定堯之「所以迹」實冥，仲尼之體化應務以坐忘自得爲本。莊周的本意是認爲出世比入世高明，傾向於贊成出世之超然與灑脫，故而肯定遊方之外的「神人」，否定遊方之內的「聖人」。郭象卻認爲神人之說乃寄言耳，神人即是聖人之謂也。他利用「寄言出意」的主張，擯除了莊周的原意，闡發他自己融合儒道的見解，他說：

> 是故莊子將明流統之所宗以釋天下之可悟，若直就稱仲尼之如此，或者
> 將據所見以排之，故超聖人之內跡，而寄方外於數子。宜忘其所寄以尋
> 述作之大意，則夫遊外宏內之道坦然自明，而《莊子》之書，故是涉俗
> 蓋世之談矣。

所言「流統之所宗」，即遊外以宏內之道。郭象認爲莊周所以未直言仲尼是內外相冥，是因爲世人不知從本質上把握事實，只會從形迹上判定，故而寄言於方外數子（子桑戶、孟子反、子琴張等人）以明本。我們談《莊子》時，

就當忘掉那些假託之詞，尋求述作之本意，才能坦然明白遊外宏內之道，而不囿於俗說，以明仲尼之圓照。

郭象此說與王弼「得意忘言」的主張相仿，不同的是郭象是從述作者的角度立言，說明有些深意難以直陳，唯有寄言以出其意。王弼則是從讀者的立場來談，認為讀者應該明白有些意在於言表，不可拘泥於言而失其意。事實上，郭象也有「忘言遺書」之見，他也主張讀者「宜要其會歸而遺其所寄，不足事事曲與生說，自不害其弘旨」（〈逍遙遊〉注）。魏晉時期，玄學家承人物品鑑之風，而在認識論及方法論上提出「言盡意」及「言不盡意」的討論。王、郭二人分別得出「得意忘言」與「寄言出意」兩種原則，並引以為聖人論的理據。王弼以「得意忘言」之說，說明聖人體用一如的境界。郭象則以「寄言出意」之說，論證莊周所以有毀仲尼之言，實際上是寄託之詞，有其言外之意，述作之本意乃是在揚仲尼遊外宏內之道。以言意的關係，論證聖人迹冥圓融的境界，是王、郭聖人論的共通處。

二、聖迹之弊

堯、舜、仲尼等聖人體化應務，雖仍是以坐忘自得為本，但是卻不能免於形迹顯而聲名立。對於聖迹之不可免，郭象以形影、聲響為喻說明之：

> 今仲尼非不冥也。顧自然之理，行則影從，言則嚮隨。夫順物則名迹斯立，而順物者非為名也。非為名則至矣，而終不免乎名，則孰能解之哉！故名者影嚮也，影嚮者形聲之桎梏也。（〈德充符〉注）

聖人之本無迹，若仲尼之非不冥，但是因聖人不獨異於世，乃秉遊方之外的至理以經內，順物性之自然長足，遂使物性得而生全，天下既治，則名迹立焉。雖然聖人並非為名而應務成化，卻終不免名迹之上身，就如同行則影從，聲則嚮隨，是無可避免的結果。「聖人」一詞即是世人得堯舜等人治天下之迹，強名其所以迹者曰「聖」，因此「聖」一詞孤懸地看，只是名而非實。就如「堯舜者，世事之名耳；為名者，非名也。故夫堯舜者，豈直堯舜而已哉！必有神人之實焉。今所稱堯舜者，徒名其塵垢粃糠耳。」（〈逍遙遊〉注）「堯舜」只是俗事中所顯迹名，為此迹名者才是本，它不等於名。「堯舜」之名的本質是應迹作用中唯一不變的主體，此本體必有合於「神人」之遊於方外的內在精神境界。今之世人慣常稱述的「堯舜」一詞，其意涵只代表著堯舜內在本質所外顯的塵垢與粃糠。因此郭象言「聖人者，民得性之迹耳，非所以迹也。

此云及至聖人，猶云及至其迹也」（〈馬蹄〉注），即是意指凡人所見所及的，只是聖人之迹，而未及聖人之所以迹。

聖迹非但是不可免的，並且還會因之而生禍害。《莊子・胠篋》中，言「聖人生而大盜起」，郭象認為大盜所以起之因並不在於聖人本身，而是聖迹所帶來的影響，他說：

> 夫竭脣非以寒齒而齒寒，魯酒薄非以圍邯鄲而邯鄲圍，聖人生非以起大盜而大盜起。此自然相生，必至之勢也。夫聖人雖不立尚於物，而亦不能使物不尚也。故人無貴賤，事無眞僞，苟效聖法，則天下吞聲而闇服之，斯乃盜跖之所至賴而以成其大盜者也。

這段文字中說明了二點：第一，聖人生與大盜起，二者之間存在著必然相生的關係，但是此處所言「相生」是單向的，大盜起雖是因聖人生而有之，聖人之生是否也是因大盜起而有，郭象並未加以論述。他只是強調聖人之生並非以大盜起為目的因，然而卻引致大盜起，純粹是自然產生的結果。第二，二者的關聯性，主要是繫於凡人羨尚聖迹的心理，人無分貴賤，事無分眞僞，只要他能循聖迹之行，則天下闇服之。但是這種不探究本質，只重形式的傲效，一來使物失去本然之性，二來所效仿亦非聖人眞正的本質。因此他認為「夫聖迹既彰，則仁義不眞，而禮樂失性，徒得形表而已矣。有聖人即有斯弊，吾若是何哉！」（〈馬蹄〉注）因為形式一旦脫離本質，就會僵滯而失去能動性，只徒具形表而無實質內涵。凡人之效聖迹，而蹈仁義、成禮樂，皆襲其皮相，未及聖人的本質精神。

郭象言聖迹之弊，顯然將癥結所在皆歸諸凡人矜尚聖迹且蹈其迹，乃至離性失眞。當然這個問題還可進一步推究，認為是因有聖人生而有聖迹之名，方才使物迷。顯然郭象並不如此推論，畢竟他對聖人的體化應務是持肯定的態度，也是他聖人論中遊外宏內之道的重要觀點，他只是強調「一世為之，則其迹萬世為患，故不可輕也」（〈外物〉注），不可輕並非不可為。郭象既然將聖迹之弊的癥結，放在凡人對聖迹的企尚之心，因此他提出解決聖迹之弊的方法，在於去除世人對聖迹的矜尚，明白聖迹之不足恃，他以詩禮為例：「詩禮者，先王之陳迹也，苟非其人，道不虛行，故夫儒者乃有用之為姦，則迹不足恃也」（〈外物〉注），郭象認為無聖人之質，無以成聖道，是以腐儒尚先王之陳迹，雖矯性以從之，反致姦僞生，是以知聖迹之不足恃。因此，凡人正確的態度應當是捐迹以反一，所捐棄的是聖迹，所歸返的是本性之眞淳自

然。但是〈繕性篇〉郭象注文中，特別提醒聖迹固然不足尚，也不能刻意效隱冥之迹，二者同樣不足以反其一。他說：「若知反一以息迹而逐迹以反一，愈得迹，愈失一，斯大謬矣。」所要破斥的就是誤以為效伏匿其身的隱世之迹以求返自然，卻不知所逐之迹雖非聖迹，然就逐性外之迹這點而言則相同，都將致使物性愈失。因此，基本上要破斥的就是凡俗之人羨尚循迹之心，唯羨尚之情止，聖人與物方能俱得無迹而性全，「大通」之境可致。

郭象的迹冥之辯，以獨冥於山林的人是自守一家之偏尚，於是斥之為「俗中之一物」，是對莊周學說中處於劣勢的迹者地位的提昇。復論述聖人雖居廟堂之上，其心卻無異於山林以明內外相冥之理。繼之從聖迹之弊的探討中，說明聖人生而大盜起之說，不當歸咎於聖人本身，以明聖人的應化成務未有不當。郭象立論層層轉進，突顯出他對聖人外王功業的重視，力主「迹冥圓融」的內聖外王之道。

第二節　無為而無不為

郭象心目中的聖人並不獨自通而已，而是以聖人與萬物總體逍遙的「大通」之境做為聖人境界的極致，事實上這已不僅限於聖人主觀心靈境界的呈顯，還關涉到與做為客體的萬物。逍遙無待，原本是指個體生命的自足、圓滿的境界，郭象卻強調聖人不限是自體之自足無待，進而能透過一些工夫，使有待者不失其所待，聖人與物能同於大通。〈人間世〉注郭象云：「故大人蕩然故物於自得之場，不苦人之能，不竭人之歡。」此放物於自得之場，即是聖人將其內聖的極致，發顯成就為外王的治道，聖王就是同時能夠兼具聖格與王權的綜合體，是可以窮盡內、外至理的聖人。郭象透過迹冥之辯，論證迹冥圓融是聖人理境上最高的呈顯。儘管《莊子》外篇中的〈駢拇〉、〈馬蹄〉、〈胠篋〉，對聖人、三皇有嚴厲的掊擊，他仍然堅持對聖王之治的肯定態度。〈胠篋〉言：「聖人之利天下也少而害天下也多」，郭象注云：「信哉斯言！斯言雖信，而猶不可亡聖者，猶天下之知未能都亡，故須聖道以鎮之也。群知不亡而獨亡於聖知，則天下之害又多於有聖矣。」他認為在群知未盡之世，聖王之治是有絕對必要的，否則獨立聖而無治，將陷天下之人作偽而用知，則太平無期。郭象一向對現實體制，就抱持著肯定與包容的態度。他說：「千人聚，不以一人為主，不亂則散。故多賢不可以多君，無賢不可以無君，此

天人之道，必至之宜。」（〈人間世〉注），因爲眾之所見大多不同，必須立君長、定官事，方才不致散亂，使人人得趨步更有分，高下尊卑各有等，如此則天下治，因而聖王乃天下治道之所繫。

　　合聖與王之說，是自《孟子》即已有的說法，王弼主張聖人有則天化成之功，郭象更致力於闡述迹冥圓融的聖王型態，對聖人治功的描述用力頗多。這點清楚地突顯郭象在心靈境界與現實體制之間，尋求兼顧與融合的企圖，這也是郭象聖人論的一大特色。聖王又是如何爲治呢？〈刻意〉注云：「不爲萬物而萬物自生者，天地也；不爲百行而百行自成者，聖人也。」他從萬物之自生言天地之不爲，聖人於百行亦復不爲，而百行自生。聖人無爲，實際上是一種特殊的爲。其「無爲」的意涵爲何？此無爲之治可化成天下的理論基礎何在？所成治的境界又是什麼樣的？以下分段詳述這些問題。

一、無爲之治的理論基礎

　　郭象的自主獨化論，否定了「無」能生「有」，從而排除了造物主的宇宙論式的生成說，肯定物的自生、自有，且物僅需自足於己性就能無待於外，卓然獨化。但是這只是對自身的和諧提出說明，由於物類萬殊而不齊，物與物之間存在著許多矛盾，則彼此必須如何協調配合，以達整體性的和諧？郭象以「自爲而相因」的理論提出解釋。他說：

> 天下莫不相與爲彼我，而彼我皆欲自爲，斯東西之相反也。然彼我相與爲唇齒，唇齒者未嘗相爲，而唇亡則齒寒。故彼之自爲，濟我之功宏矣，斯相反而不可以相無者也。（〈秋水〉注）

「天」在郭象而言，乃指萬物之總名，爲萬物之所共成。表面上看來，一切事物都是雜然無章地偶合在一起，但是郭象曾以形與影爲例言：「故彼我相因，形影俱生，雖復玄合，而非待也」（〈齊物論〉注）說明形影的存在，並不是相互的依賴，但是其間並非沒有任何關係，這種關係就是「彼我相因」的配合關係，上引〈秋水〉注所說的正是此道理。郭象指出任何事物都是爲其自己而存在，則各有各的方向，乃不免若東西之相反。但是在各自爲的狀況下，仍有不期然而然的配合，以唇齒爲例，二者之生是自生的，非爲彼此而存在，然而唇亡卻可致齒寒。由這個觀點而言，我之自爲對彼有功，彼之自爲亦對我有很大作用，是以物皆獨化自爲，卻不能相無。

　　郭象曾就己身之手足、五臟爲例，〈大宗師〉郭象注云：「手足異任，五

臟殊官，未嘗相與而百節同和，斯相與於無相與也；未嘗相爲而表裡俱濟，斯相爲而無相爲也。」從某方面來看，手足、五臟在各盡其能、各行其事之際，卻又相互協調配合，足見彼此之相與。但是從另一方面來看，手足、五臟之各自爲政，卻又是不相與的。郭象藉此說明，物與物之間相與、相爲關係的建立，是自然而然的造成，非物有待於外而成。物除了與其周圍之事物有「相因」的關係，就是和宇宙間所有的事物之間也具有同樣的關係，他說：

> 人之生也，形雖七尺而五常必具，故雖區區之身，乃舉天地以奉之，故天地萬物，凡所有者，不可一日而相無也。一物不具，則生者無由得生；一理不至，則天年無緣得終。（〈大宗師〉注）

人的存在是渺小的，但是整個宇宙都爲他服務，所有的事物對於一個人而言，都是一天也不可或缺的，只要有一個理不能實現，就會對人之生命造成影響，以致不能活到其應有的歲數。郭象以此略嫌誇張的講法，強調人與宇宙間的一切事物，都是具有「相與於無相與，相爲而無相爲」的關係。

整個宇宙因此「相因」之功而繫聯成一個有機的統一體，因此郭象高度的贊揚物我「相因」之功，並且進一步說明「獨化」之理，他說：

> 卓者，獨化之謂也。夫相因之功，莫若獨化之至也。故人之所因者天也，天之所生者獨化也。人皆以天爲父，故晝夜之變、寒暑之節，猶不敢惡，隨天安之，況乎卓爾獨化，至於玄冥之境，又安得而不任之哉！（〈大宗師〉注）

他認爲物與物之間的相因相爲，以因於「天」者爲最高，而「天」即自然，即物之自生自有之獨化也，因此說「相因之功，莫若獨化之至」。並且進一步指出，物之獨化必然通向玄冥之境。郭象在〈大宗師〉裡的「玄冥」一詞下，注解說：「玄冥者，所以名無而非無也。」意指「玄冥」一詞只是「無」之名，非「無」之實。這樣看來，郭象所言之「無」，除了在講「獨化」論時，將「無」說成是「零」、非存在，似乎還有另一種看法。此處所言的只是一種精神境界，並非是指與「有」相對的「無」，而是指一種不可言說、不可思議的狀態。〔註1〕「玄冥之境」似乎包含二種意涵，一者可以是指聖人玄通泯合、與物冥極的絕對境界，因聖人能齊小大、是非、壽夭，故而能至一種混沌的彼我玄同的境界。一

〔註1〕牟宗三《中國哲學十九講》中第三講〈中國哲學之重點以及先秦諸子之起源問題〉，牟先生提到周朝的禮文粲然明備，主要分成親親與尊尊兩系，但是這套周文發展到春秋時代，漸漸的失效，即所謂「周文疲弊」。先秦主要學說儒、道、墨、法四家的出現，都是針對周文之疲弊而發。

者則是做爲對宇宙整體和諧的描述，《莊子序》中，郭象言：「神器獨化於玄冥之境」，「神器」一詞見於《老子》第二十九章：「將欲取天下而爲之，吾見其不得已。天下神器，不可爲也。」顯然「神器」是指天下、國家。故神器獨化於玄冥之境，是指國家社會的和諧與統一。此處所言獨化所至的「玄冥之境」當是指第二種涵義，郭象強調各個具體的事物雖是獨化而自爲，但是其間仍然具有相與相爲的協同作用，因此說獨化必然通向玄冥之境。

　　但是這種通向玄冥之境的必然性，卻會被人爲因素而破壞，郭象舉例言之：

> 夫物之形性何爲而失哉？皆由人君撓之以至於斯患耳。（〈則陽〉注）
>
> 夫君人者，動必乘人，一怒則伏尸流血，一喜則軒冕塞路。（〈人間世〉注）

由於統治者人爲的意慾，致使宇宙世界本有的和諧力破壞殆盡，唯有聖人爲君王，順百姓之心，恣任之使其自性得，如此則無爲而天下自化，因爲民之本性既自得，則獨化而至玄冥之境，天下又將復歸於諧和。因此，「獨化於玄冥之境」實爲郭象論聖人可以無爲而無不爲的外王功業理論基礎。

二、「無爲」的意涵

《莊子・天道篇》郭象注云：

> 夫無爲之體大矣，天下何所不爲哉！故主上不爲冢宰之任，則伊、呂靜而司尹矣；冢宰不爲百官之所執，則百官靜而御事矣；百官不爲萬民之所務，則萬民靜而安其業矣；萬民不易彼我之所能，則天下之彼我靜而自得矣。故自天子以下至於庶人，下及昆蟲，孰能有爲而成哉？是故彌無爲而彌尊也。

文中他指出，天下萬民所以能靜而自得，皆因爲無爲之故，若使有爲則無物可成。郭象仍是承繼老莊學說，否定有爲的政治主張。他認爲「患難生於有爲，有爲亦生於患難」，因爲「災生於違天，累生於逆物」（〈刻意〉注），居上位者若果有爲，則往往就會違逆物性之自然，物性若不得全，民生就不能靜其所遇，則企慕、矜尚之心起，姦僞、矯詐之累患生焉。因此郭象不贊成人君的有爲，提倡「休乎恬淡寂漠，息乎虛無無爲」（〈刻意〉注），才不會撓物自然之長足，不使物之形性因有爲而喪失其質。但是他也並不贊成老莊學說中，隱迹山林拱默不聞世事的無爲主張，他認爲「所謂無爲之業，非拱默而已；所謂塵垢之外，非伏山林也」（〈大宗師〉注），於是另闢蹊境，主張聖

王遊外以宏內之說。強調聖人居廟堂之上，戴黃屋，佩玉璽，然其內在涵存的無心任化的精神境界未曾改易，並且以此內聖基礎以宏方內之俗事，故雖治天下卻是不治之治，無為而順物之自然。只是此處所言的「無為」，已然另有新義。

郭象所云的聖王「無為」，可自二方面來析解其義：一是自聖人本身來看；另一是自事物的方面來看。以下分成三點來說明：

（1）不得已

> 夫至公而居當者，付天下於百姓，取與之非己，故失之不求，得之不辭，忽然而往，侗然而來。（〈天地〉注）

這是在講禹時三聖相承中的啟，所以居三王之列，非啟有意取天下而有之，實是天下百姓之心俄然之所歸，故取與之非己。操控權既不在己身，是所謂不得已也，因此失之無須求，得之也不必辭。郭象曾針對得已與不得已二者加以詮解，他說：「若得已而動，則為強動者，所以失也」；「緣於不得已，則所為皆當。故聖人以斯為道，豈求無為於恍惚之外哉！」（〈庚桑楚〉注）按照郭象的新標準，他分判有為與無為之別，是依行為者本身的行為動機來判定，若是己意所欲為，則是強動而失性，是謂有為；若是並非己意所欲為，則所為皆得宜，即是合於自然無為，是以無為並不待遊於惚恍之外。依據郭象新的詮釋標準，聖人雖有天下，因是緣於不得已而有之，故而聖人之治天下仍是無為。

（2）率性而動

> 《莊子·天道篇》曰：「上必無為而用天下，下必有為為天下用，此不易之道也。」郭象注云：「無為之言，不可不察也。夫用天下者，亦有用之為耳。然自得此為，率性而動，故謂之無為也。今之為天下用者，亦自得耳。但居下者親事，故雖舜禹為臣，猶稱有為。故對上下，則君靜而臣動；比古今，則堯舜無為而湯武有事。然各用其性而天機玄發，則古今上下無為，誰有為也！」

這段文字一開始就指出，「無為」一詞的意涵有深意，不可不明察。隱然說明「無為」並非僅只是字面上所顯現的意義，這正是郭象對「無為」賦上新的詮釋的伏筆。他認為居上者用天下，既是用就可以說是一種「為」，但是此「為」卻是率性而動，因為是依性而有，就應當是合乎自然的，因此可以謂之無為。同理，居下者親事，也因是適性自得之為，也可以稱之無為。上下各用其性

分之本然，無爲一也。但是此處所言「性」字何義？可引一段資料來看：「夫王不材於百官，故百官御其事，而明者爲之視，聰者爲之聽，知者爲之謀，勇者爲之扞。夫何爲哉？玄默而已。而群材不失其當，則不材乃材之所至賴也，故天下樂推而不厭，乘萬物而無害也。」（〈人間世〉注）此處所言不材，是指一無用處者。王以無能而御百官，百官之明者、聰者、知者、勇者則各具視、聽、謀扞之能。不材與居能分別是主上與臣下既定之性分，故而王無事以任百官之自爲，百官則居能以成事，正是「各當其能，則天理自然，非有爲也」（〈天道〉注）。

（3）與物無對

〈逍遙遊〉記述堯與許由的對話，郭象注云：

> 夫自任者對物，而順物者與物無對。故堯無對於天下，而許由與稷、契爲匹矣。何以言其然邪？夫與物冥者，故羣物之所不能離也。是以無心玄應，唯感之從，汎乎若不繫之舟，東西之非己也，故無行而不與百姓共者，亦無往而不爲天下之君矣。以此爲君，若天之自高，實君之德也。

注中他提出二個概念，一是「對物」，一是「與物無對」。「對物」是將自己與物分成二個對立的個體，這種對立的形成，最主要是因爲主體的「自任」，所任者何？成心也。有成心，則有是非、小大、死生等相對的概念產生，物與己就陷落在種種的相對概念中對立。「與物無對」則是將自己與物冥合，形成主、客混合的絕對存在。「與物無對」的關鍵在於主體是否能夠「順物」，若能順任物性則可與物冥合。至於如何能夠順物之因又在於主體的「無心」，無心者不係累於任何相對的概念，若不繫之舟之未有定向，但順水之流向前行，唯聖人能無心任化，則無行不與百姓共，無往不爲天下君，此聖君無對於天下，而天下自治之理。

其次，就事物的角度來看聖人的無爲之治，若〈天下篇〉郭象所注云：「夫聖人之道，悅以使民，民得性之所樂則悅，悅則天下無難矣。」聖人之治，一言以敝之，在於使「民得性之所樂」，也就是民可得性分之所適。如何使民若是呢？郭象云：「巧者有爲，以傷神器之自成，故無爲者，因其自生，任其自成，萬物各得自爲。蜘蛛猶能結網，則人人自有所能矣，無貴於工倕也。」要任物自生、自成、自爲，必須先行明白萬物皆各有其先天既定的能力，雖然不一定能像工倕般精巧，卻都是天生既有的自然。工倕代表著一種後天人爲認定所形成的尺度與典範，聖人之治不強立這類限定與制度，才不會傷及

百姓本身既有的先天器識的能力。聖人能任物性之自然，物乃得以自爲、自成，則天下無棄物而大全。「故所貴聖王者，非貴其能治也，貴其無爲而任物之自爲也。」（〈在宥〉注），萬物所以能自爲，全靠君上未以任何相對的概念對物，物之性才得以極清朗的展現，而沒有一點委曲。

綜合以上分析，聖人之爲治，在己是不得已而臨天下，既臨之又所爲皆是率性而動，與物冥而無對；在民則民得性以自爲、自成，故而郭象謂之「無爲」。從他的推論中，抽繹他判定的基本準則，質言之，則是順性、自然。因爲聖人所爲，不論是對己身或百姓而言，聖者之臨天下是性分之本然，所爲亦是率性分之所定而爲，其爲又無傷於百姓之自然，民得性而自長足。是以知聖人之爲於己、於民俱無違於自然之性，無一絲一毫人爲私意的涉入，故郭象認爲聖人之治仍是「爲無」之治，非「有爲」也。

老莊學說在本質上，則是針對周文之疲弊而發，〔註2〕對周朝的禮文制度是採否定的態度，並且將周文視爲虛文、是外在於人性的。唐君毅先生曾說道家之學是超人文的，即是因老莊對周文採否絕的態度，而另於人文之上開出超人文的境界來。但郭象因爲所居時代環境的不同，對禮文制度所採取的態度卻迥異於老莊。自正始時代開始，王、何提倡任自然而無爲之道；竹林時期的嵇、阮，則因時局之弊而鼓吹越名教而任自然；元康年間，時俗放蕩、風教陵遲，裴頠乃著《崇有論》以矯放誕之風。郭象繼裴氏之後，對現實社會中之名教加以肯定，但是另一方面，他仍舊秉持道家崇尚自然的思想。因此之故，郭象學說必然走向以名教與自然合一的新方向，對老莊原有思想就不得不加以改造，注入新的詮釋內容。

郭象對莊周「無爲」觀內容的改變，正是基於自然與名教合一的需要而做的修訂。原本莊子因爲否定周文，而對現實社會中的典章制度抱持著超越的態度，力主必須將此形式的、外在的虛文全數去掉，才能是自由自在的。「自然」一詞的意義，就由對現實上所有的形式桎梏的破除，翻轉上來的自由處顯，同時也在這個意義上講「無爲」。郭象則因爲是採肯定現實名教的態度，就必須對名教存在的合理性與必要性提出說明，他的方式就是以名教與自然

〔註2〕馮友蘭曾指出：「貴無論所貴的無是天地萬物的『宗極』，也是人的一種精神境界，這兩方面有聯繫，也有分別。裴頠專從『宗極』那一方面破貴無論所講的無，至於精神境界這一方面的無，他沒有明確地批判。郭象從『宗極』這一方面否定貴無論所講的『無』，提出了他的無無論，但是不否定貴無論所講的精神境界。」請參見馮友蘭《中國哲學史新編》第四冊，第四十一章。

合一，如此則名教即是自然，自然即是名教。因此就不能再將「無爲」的意義，解釋成對現實名教的否定，一種絕對純粹的超現實型態，而是把「無爲」看作是某種特殊的「爲」，當然也就必須重新修正對「有爲」與「無爲」二個觀念的界定原則。

　　但是郭象的「無爲」說存在著一些理論上的矛盾。上節析解郭象所謂的「無爲」，其界定的基本原則，在於順乎、合乎自然。也就是說凡是率性而動的行爲，皆可謂之「無爲」。問題是郭象所言的「性」，似乎與莊子原義所言「性」的意涵有所不同，可以將郭象在〈秋水篇〉的注文與莊子原義相較，即可見其異同：

> 莊周藉北海若言道：「牛馬四足，是謂天；落馬首，穿牛鼻，是謂人。」
>
> 郭象注云：「人之生也，可不服牛乘馬乎？服牛乘馬可不穿落之乎？牛馬不辭穿落者，天命之固當也。苟當乎天命，則雖寄之人事，而本在乎天也。」

莊、郭二人見解的交集，在於皆是以某事物本身所固有的在質素，謂之「性」，而以不是本身所固有的內在質素，而是人爲或外力加諸的，謂之「爲」。但是對於某一事物內什麼是「性」？什麼是「爲」？二人的意見有明顯的差異。以〈秋水篇〉這段文字爲例，莊子以四足之於牛馬，是內在本然的質素，是「性」；落馬首、穿牛鼻，是人力加在馬牛身上的，是「爲」。郭象卻認爲落馬首、穿牛鼻都是馬牛本性固有的要求，雖然是藉由「人爲」來實現，但是從根本上說，仍然是馬牛本性的表現。他所以認爲牛馬之被穿落，是天命之所固然，是由人生而有服牛乘馬之需求，乃爲穿落牛馬之事來保證。事實上服牛乘馬眞爲人固有之本然要求嗎？就是一個值得懷疑的問題，以漁人用舟子來看，即無服牛乘馬之需，基本上這是一個因外在環境、時空等因素而殊異的人爲現象，本身是無法確立的事件，郭象卻以此來保證另一事件，如此他就不僅是舉證失當，還犯了循環論證的錯誤。但是不能因此就斥其「性」說無意義，這樣只會把問題的意義分析掉了，事實上他將「性」字的意涵，從莊子以生理之自然來論，擴充到將部分需要透過人爲力量來完成的表現視爲「性」，是有其學說理論上的必要。因爲郭象要以此觀點推廣，用之於人類社會。所以郭象將聖人居廟堂之上，說成是性分之所當該，就像是庖人尸祝，各安其所司；臣妾早隸，各安其業。但凡人類社會中的尊卑、先後、貴賤、高下，都是每人秉性固有的定限。故而聖人不得已而戴黃屋、佩玉璽，此乃

符合聖性之本然；聖人之臨天下，亦是率性而動，以任才使能，使物性自得而自爲、自成。因其是順性之爲，雖是有「爲」的實際內涵，卻仍可謂之「無爲」。由是可知，郭象所以轉變「性」字的意涵，實與其聖人無爲之治的理論架構，有密切不可分的關聯性。

　　基本上，郭象以「無爲」說作爲聖人的外王之道，在理論上首尾呼應，頗能自圓其說，也可見其思緒之精密。尤其是對自然與名教合一的觀點，提供了理論基礎，他將名教制度如社會中存在的君臣、上下、尊卑、貴賤的等級，視作一種當然的理分。根本上化解名教與自然的衝突。但是這些人文社會中的身分、地位等秩序關係，是否就是人性之本然呢？從這點可看出郭象對「性」與「爲」的認爲標準，有著很大的爭議性。而對「性」之內涵的確定，卻關乎著郭象整個「無爲」說的成立，因爲所謂「無爲」在於能夠順己之性及物之性，才能使個體與群體無待而逍遙，而同於大通。但是郭象將一些事實上是人爲的現象，卻歸於生命內在的本質，例如他以落馬首、穿牛鼻是馬牛的本性，即是站在一個人類私意所需的立場判定其爲馬牛之「性」。依此推測，他的「無爲」說，將因對「性」的認定標準過於唯心，而留給統治者之私意一個太大的發展空間，於是有統治者自說自話的弊端。這點也造成郭象聖人論中，外王部分的理論陷入不可解的矛盾中。

綜　論

一、儒聖老莊化

　　「聖人」一詞在中國思想史上，一直是理想人格的代稱。不同的時代、不同的思想家，因著各人不同的學術性格與主張，對聖人的人格型態與內涵的認定就有所不同。綜觀中國思想史，以儒、道二家發展出來的聖人型態影響後世最爲深遠，自先秦以降的歷代思想家所稱舉的聖人面相，大多衍伸自此二家之說。先秦儒家典籍中，所稱許的古典人多爲有德有能的明君賢相，例如教民稼作的神農氏、觀象畫卦的伏羲氏、敬天愛民的堯、舜、禹、湯、文、武，及制禮作樂的周公。這些傳說或信史中的人物，都是孔子所謂「博施於民、而能濟眾」的聖人型態的典範，綜合了內在德性與外在事功，呈現一種極圓滿、極成熟的人格極境，可簡稱爲「內聖外王」型。另一足堪與儒家的聖人觀念相抗衡者，即是道家化聖人。道家學說不以形軀爲貴，不以認知爲重，不以德性爲價值的終極呈現，進而主張離形、去知，不追求德性自我的呈現，是一種極自在的心靈境界，對現實世界採取捨離的觀賞態度。儒、道二家所稱許的聖人生命型態與人格境界，實有著很大的不同。

　　漢代對聖人的觀點，由《漢書・古今人表》及《白虎通德論》所提出的兩份聖人名單看出，〔註1〕漢儒所指涉的聖人對象與先秦儒家所言相同。但是

〔註 1〕《漢書・古今人表》所列十四位聖人名單如下：太昊帝宓羲氏、炎帝神農氏、黃帝軒轅氏、少昊帝金天氏、顓頊帝高陽氏、帝嚳高辛氏、帝堯陶唐氏、帝禹夏后氏、帝湯殷商氏、文王周氏、武王、周公、仲尼。《白虎通德論》所列〈古今人表〉去一少昊，增一皐陶，其餘皆同。

因爲漢世讖緯之學盛興，儒者對於聖人的體貌與稟賦，特意地加以渲染成超異於常人。〔註2〕若能除卻這層駁雜，可發現漢代對於聖人內涵的掌握，仍不外於先秦儒家「內聖外王」的看法。直到漢末的劉劭，在所著《人物志》中，自聖人之材質論聖人的內涵，所言多有新意，致使從先秦以來承續不變的儒家聖人理論發生了本質的變化。他一方面認爲聖人是明易象、敘詩書、制禮樂，而行道教化於天下之人；〔註3〕一方面又以中和平淡、中庸無名來形容聖人的材質。顯然他不僅對於儒家所崇尚的「達眾善而成天功」的聖人型態有所繼承，同時他又以平淡無味釋聖人的「中和之質」，以無爲無名釋聖人的「中庸之德」。由此可知，儒、道二家涇渭分明的聖人觀，至此出現了融合的趨勢。其中關於劉劭大多以「無」來進行對聖人本質的描述，與日益形成的「以無爲本」的本體論觀點相符，致使對於聖人內涵的討論成爲魏晉玄學的主要論題之一。而他把周孔與老莊相結合的說法，也成爲魏晉聖人論的通說。

　　王弼與郭象所謂聖人，遠指堯、舜，近指孔子，並認爲老、莊本人固不能至聖人境界。至於聖人論的學說架構，則大抵是依儒家「內聖外王」的主張，立起內、外兩大系統，但是有關聖人之內涵與修養卻是完全依照道家之義理發抒。魏晉人崇尚老莊思想，以老莊所言「道」爲宇宙的終極根源，並且認爲聖人是唯一能眞正體現「道」之人。老子云：「失道而後德，失德而後仁，失仁而後義，失義而後禮。夫禮者忠信之薄而亂之首。」（《老子》第三十八章），言下之意是以「道」爲最高之理境，仁、義、禮皆屬「大道廢」之後所有，因此聖人不以「德性我」爲存在價值之極，而是以「道」之踐履爲最高。「道」之所以爲最高，是因其「法自然」，能無爲而無不爲。無爲故無敗，無執故無失，此即道境之圓滿。凡有爲有執者，必然被所執、爲之對象所限定，一旦落入有限之

〔註2〕漢儒所說的聖人，除了施禮樂教化，有德澤於民之外，又皆在形體上異乎常人，如帝嚳駢齒、舜重瞳子、禹耳三漏、皋陶鳥喙、湯臂三肘、文王四乳、周公背僂、孔子反宇。詳見董仲舒《春秋繁露》卷七〈三代改制質文〉第二十三。且不僅是體貌異於常人，在天生稟賦上也有超乎常人之處，王充《論衡‧知實篇》曾說：「儒者論聖人以爲前知千歲，後知萬世，有獨見之明，獨聽之聰，事來則名，不學自知，不問自曉，故稱聖則神矣。」由此可知，漢儒所謂聖人有賴於先天異稟者顯然多於後天的作爲。關於這個問題，可參考《論衡‧知實》有長篇討論。

〔註3〕劉劭《人物志序》云：「夫聖賢之所美，莫美乎聰明。聰明之所貴，莫貴乎知人。知人誠智，則眾材得其序而庶績業興矣。是以聖人著爻象，則立君子之辭；敘詩志，則別風俗雅正之業；制禮樂，則考六藝祇庸之德；躬南面，則援俊逸輔相之材；皆所以達眾善而成天功也。」

封域，即不自由、不圓滿，此種生命就不合於無限的道境，未能是最神聖崇高的生命，即非道家推崇的「眞人」、「天人」。因此，道家理想人物的人格型態，必是合乎「自然無爲」之道境的神聖生命。王弼與郭象二人所描述的聖人之修養境界，大抵即是依此道家式的聖人型態而展開。

　　王弼所言聖人是「與道同體」者，具先天過人的「神明」，得以契悟道本是無，並由道與物之間的關係，知「崇本息末」義，於是能在現實生活之迹中，汰除一切執、爲，融通一切畛域封限，蕩相遣執，化歸於玄德之「無」境，使萬物復歸其本根。因此，王弼筆下的聖人，在「內聖」方面，所表現的乃是一個柔順、謙和、沈靜的體道者，能完全的捨離甚、奢、泰，全然的素樸、無欲，既無所累限，於是可以因時、處權而任自然，體現沖和的「無」境。在「外王」方面，則強調聖人不恃威制，不以智術動民，順民自然之性，而天下自化成。郭象所形塑之聖人面相，與王弼相似。他認爲聖人乃是稟天地之鍾氣者，獨能達性命之情實，而得萬物平齊之理，於是可以破除一切小大之執，超乎死生、是非、成敗等相對關係形成的囿限。故於一己的修養處，不恃知識之所見，能無憂樂之情累，無心而隨化自任，以達玄同彼我的境界。至於「外王」方面，聖人無對於天下，任物性之自然而自爲自成，這是聖人以一己主觀上玄同彼我的無待之心去遍運一切客觀之境，化去所有執、爲之相，當下就讓一切存有能夠悠遊自得，順性自爲，則聖人與物同於大通，皆獨化於玄冥之境。綜合王弼、郭象二人所言聖人境界來看，二者所言聖人實爲道家無爲無執的境界型態之體現者，皆爲道家化的儒聖。〔註4〕

　　王弼、郭象所描繪的聖人面相，可以說是魏晉玄學家論聖人的共相，這點可參看陳澧《東塾讀書記》中所引述的一段資料：

　　　自是（何晏）以後，玄談競起。六十而耳順，孫綽云：「耳順者，廢聽之理也；朗然自玄悟，不復役而後得。」子畏於匡，孫綽云：「兵事險阻，常情所畏，聖人無心，故即以物畏爲畏也。」久矣吾不復見周公，李充云：「聖人無想，何夢之有？」蓋傷周德之日衰，故寄慨於不夢。」吾不試，故藝，繆協云：「兼愛以忘仁，游藝以去藝。」顏淵死，子哭

〔註4〕　依唐君毅先生分析：「唯老子有其所抱之『樸』，而以空虛不毀萬物爲『實』，莊子亦有其蘊積充實於內而不可已以者在。然王弼之體無致虛，則無此『樸』、『實』之意，唯以虛沖爲用；郭象之玄同彼我，亦更內無所藏，唯以應化爲迹。此則皆與老莊，有毫厘之差。」見於《中國哲學原論・原性篇》（唐君毅全集卷十三）

之慟，繆協云：「聖人體無哀樂，而能以哀樂爲體，不失過也。」郭象云：「人哭亦哭，人慟而亦慟，蓋無情者與物化也。」脩己以安百姓，郭象云：「以不治治之，乃得其極。」君子道者三，我無能焉，江熙云：「聖人體是極於沖虛，是以忘其神武，遺其靈智。」其尤甚者，回也庶乎屢空，顧歡云：「夫無欲於無欲者，聖人之常也；有欲於無欲者，聖人之分也。二欲同無，故全空以目聖；一有一無，故每虛以稱賢。」太史叔明申之云：「按其遺仁義，忘禮樂、墮支體，黜聰明，坐忘大通，此忘有之義也。忘有頓盡，非空如何？若以聖人驗之，聖人忘忘，大賢不能忘忘。不能忘忘，心復爲未盡。一未一空，故屢名生也焉。」此皆皇侃《疏》所采，而皇氏玄虛之說尤多；甚至謂「原壞爲方外聖人，孔子爲方内聖人。」邢《疏》本於皇《疏》，而於此等謬說，皆刪棄之，有廓清之功矣。〔註5〕

《論語》原是記載孔聖言行、道德的述作，經王弼以老子之「無」釋《論語》書中之「道」，一改孔子切近篤實的仁學，將孔子說成是一虛無清妙的人物。自王弼以後，孔子之實學就被貴無的思想所架空，徹底的呈顯出老莊思想爲基調的聖人樣態，陳澧所引諸文可證。孔子於是成爲一個無心、無想、無情、無欲，全空的聖人，對於人倫教化所肯定的仁義禮智皆遺忘。因此，可知整個魏晉玄風中的聖人論，已然在表面崇孔之下，暗以莊老內涵爲實，王弼與郭象之說就是其中的代表。

二、體用如一的圓滿化境

漢末清議品評之風，使「名教是非」成爲自任清流者的利刃，可肆意褒賞、撻罰眾人，故而天下趨於重「名」，社會就被各式各樣的「名」所限圍，如名相、名號、名分、名譽、名節等，層層的名物制度枷鎖在人們的心靈上，魏晉人統以「名教」稱之。表面上「名教」是自儒家所倡言的仁、義、禮、智、信等德目發展出來的，事實上有許多都是人爲衍生出來的限定。若以道家所主張的全神抱一、自然素樸的觀點來看，一切名教制度皆是後起的、外在的、失眞的，唯有歸返自然無爲方能全眞保性。因此在老莊思想逐漸的取代儒家學術地位的魏晉時代，「名教」存在的意義與價值必然招致懷疑。平心

〔註5〕陳澧《東塾讀書記》卷二，頁14。陳澧所引的資料，分別見於皇侃《論語義疏》的〈爲政篇〉第四章、〈子罕篇〉第五章、〈述而篇〉第五章、〈子罕篇〉第六章、〈先進篇〉第九章、〈憲問篇〉第四十五章、〈憲問篇〉第三十章、〈先進篇〉第十八章的引文。

而論，「名教」所涵括的人倫秩序、禮法規範，是全體社會能諧和運作的重要基礎之一，但是因為一來漢末尚名節之風已至虛矯厲民的地步，〔註6〕二則加上漢魏之際政權動蕩更迭，現實中由名法制度構成的名教，成為受壓迫者所極欲解脫的桎梏。基於這種特殊的時代背景因素使然，魏晉玄學家對現實中的「名教」與超現實的「自然」之間，有著深刻的反省，並試圖從現實與超現實中揀擇適從，進而對於本質與現象、本體與作用等概念，進行抽象的思維與辯證。這點可以視為玄學發生的社會基礎，以及魏晉人士塑造理想人物特質的基本理論。

歷來談論魏晉玄學思想的發端，總是以何晏、王弼為代表。兩人曾互辯過「聖人是否具有喜、怒、哀、樂之情」的問題，何晏主張聖人無情說，一方面可以將此說當作是其「以無為本」、「天道自然無為」觀點的進一步引伸，即以本體論的發展為此聖人無情說的理論基礎。一方面則可視為何晏個人心理的嚮往和需求，因為現實生活的困境往往會迫使人們從超現實的心靈境界中尋求解脫。「聖人」原本就意謂著理想的生命型態，容許有著很大的期望空間，何晏將此理想的生命型態自現實的世界中推出去，放置在另一個超現實的玄遠淳素的世界，遠離一切的煙塵，不與萬事萬物相應感，塑成一個卓然超俗的絕對化人物。因此何晏所謂「聖人」只是純粹天道的體現者，絕遠於凡俗世事，聖凡之間不僅本質上不同，亦不與凡人處，成為超塵的冥者。

王弼卻未如何晏一般斷然的斬截現實與超現實之間的聯繫，他在本體論的建構中，以本末、體用的關係論「無」與「有」，得出本末不離、體用如一的結論，因此其說雖然「貴無」但是卻也不「賤有」，持「無」「有」並觀的看法。「無」代表本體、本質，「有」代表作用、現象，因此當王弼轉而論述人生論時，仍秉其體用如一的主張，將「言有」的孔子說成是「體無」的聖人。蓋因聖人「與道同體」，聖人與天地之德是一致的，而天地之德即在於無形無名的「道本」能生化有形有名的萬物，並且其生之方，乃是不禁不塞的「不生之生」，順物之自然而物自成耳。聖人之德與之同，必然需得縉帶著化成萬民才能圓滿，故聖人不得外於眾人，被褐懷玉而與世俗處，並為之立官長、任才能，秉天地「不塞其原、不禁其性」之德，自然無為而天下自治。

因此之故，王弼所言聖人是能於一切生活出處進退皆無妨礙，處身「有」境，而無所係累於形迹，對於該當興革、創制者，無一不可為。但是所為一

〔註6〕詳見趙翼《廿二史箚記》卷五中的〈東漢尚名節〉一條。

切但循天理之蕩然大公，無一絲一毫人為私意，故而雖然表面上聖人是處「迹」，實則是化境之「冥」。王弼認為聖人不分解地對待「無」與「有」，只是當下自然的生活於現世，不刻意地避身形於方外，雖然不致力於言無，卻自然地體現無的作用與境界。因此聖人外表具陳「言有」的「迹」相，實則是自「迹」以體現「體無」的境界。「五情同」即是聖人之迹，「應物而無累」即是聖人以沖虛無為之心為本，遂能無執無為，以至圓通自在之境。王弼所發明「體無言有」的聖人義，呈顯的正是體用如一的圓滿化境，但是王弼所言的這種體用如一的聖境，卻也因為其所立的「體」是「無」，而產生了實踐上的困難。所謂「有生於無」，看似是對天地萬物之存在根源所做的說明，事實上只是一種虛說，一種姿態罷了。因此「無」只是境界的存有，並非是一客觀存有，則其對道與物之間的體用如一之境，就只是一境界型態的圓境。故而由此轉言聖人體用如一的生命境界時，就會發現一切只是理論上的圓滿，實則沒有實踐的可能。這點是王弼所言「體用如一」的聖人論中所存在的缺陷，是讀者所不能不明白的。

郭象有類似之說，即迹冥圓融之見。郭象以堯與許由之辯為例，說明堯雖有廟堂之俗迹，其心卻如山林之平淡，能混同冥合於迹而不滯於迹，可即俗迹以現至德，此「迹不離本」之理。故而堯能「終日揮形而神氣無變，俯仰萬機而淡然自若」，其所以有不變之神氣、自若之情態，皆因所以累堯者形也、迹也，堯之無所易者神也、所以迹之本也。「迹」與「本」之間的關係並非是對立的，「迹」實有賴於「本」以成事，「本」亦有賴於「迹」以顯德，聖人渾化的氣象，即在此「迹本圓融」的境界。因此又明許由之隱於箕山，世俗之人多以為許由是有德之高人，郭象獨以為巢、許之輩分解地單顯「不即迹」之德，孤懸的標舉隱冥的高貴性，卻同時也使得冥體之無僅只是抽象的概念，失去了具體實現的能力。事實上真正的冥體之無，是不能遠在絕垠之外、視聽之表，而是具體而真實地表現在順物、無對、任化上，是在「迹」中當下即是的體現「無」境。因此，不僅是迹不得離本，本亦不能失迹以自顯，迹本合方才是圓境。事實上迹本圓融的圓境是儒家之舊說，只是儒家義理是自道德意識入手，以「敬以直內，義以方外」（《坤文言》）之道德創造為骨幹，於人倫日用而不離。王、郭雖也言「迹本圓融」之圓境，卻是依道家義而說，並非是從儒家義理為言。〔註7〕

〔註7〕關於道家與儒家的圓教與圓善，請參看牟宗三先生《圓善論》第六章〈圓教

　　此迹冥圓融的生命境界，郭象皆寄託於堯、舜、孔子諸聖人來表現，此與王弼之見同。這與自兩漢以來，儒家式聖人的象徵即已取得傳統地位有關，雖然魏晉學術界改以老莊思想為主流，卻採取會通孔老、兼蓄儒道的方式以期在形式上仍然尊崇儒聖，實則是以老莊學說為貴尚。因此，王、郭二人僅以老莊為知本者，然真能體無而實有之者為迹本圓融的堯、舜、孔子等聖儒。迹冥圓融的聖人型態，除了解決學術上儒道思想的衝突，此說還對於當世名教與自然的調和提供了理論上的依據，因為迹冥一旦成為作用與本體、現象與本質之間的關係，迹即是冥的呈顯，冥即是迹的本根，名教之本即是自然，自然需透過名教來發顯，故而不必再偏尚於任何一方，二者並非是分裂對立的，而是共存並顯的。

　　王、郭二人此迹本圓融說的影響甚深遠，及至南北朝之玄言家亦主此說，梁之阮孝緒就曾說道：「夫至道之本貴在無為，聖人之迹存乎拯弊。弊拯由迹，迹用有乖於本；本既無為，為非道之至。然不垂其迹，則世無以平；不究其本，則道實交喪。」（《梁書》卷五十一〈阮孝緒傳〉）。所言正是道本在無為，迹用是有為，垂迹之目的是拯弊以得世平，究本則為求實以存道，迹、本二者缺一不可，因此迹本圓融才是圓滿的極境。陳隋之間，佛家天台宗興起，即倡言迹本以明圓教，雖其所判者為佛教義理，然其所持判教的原則，似乎有受王弼、郭象二人迹本圓融的聖人論所啓發，影響之大可由此窺知。〔註8〕

三、無限生命的二種型態

　　王弼與郭象的聖人論，除了共同具有上述二點特質之外，還存在著相異的一點，就是二人所立的「體」不同。前面已談過「體用如一」的化境，是王、郭二人聖人論的共同主張，但是深究二者所立的本體，卻是相異的，並且也因此產生二種不同意涵的無限生命型態。王弼承老子學說，「以無為本」是其哲學的基本命題。「無」即是道，具有生化萬物的作用，則「有」從「無」生，「無」是「有」的本體，「有」是「無」的末用。末用的種種表現是必須依賴本體而存在，本體則藉著末用來呈顯其至理，因此不論從「無」或「有」的角度來看，「無」與「有」之間存在著的是相依相存的「體用如一」的關係。但是對此圓融的境界，王弼偏重於從「本體」處講「崇本息末」，以說明無有、

　　　　與圓善〉中的第四、五節，280頁至335頁。
〔註8〕天台宗之判教大要，請詳見牟宗三先生《佛性與般若》上冊，第三部。

體用之間相即相成之理。所重者在於做為主體之「無」，「有」只是在崇本、抱一之際，順帶呈顯的種種末用。

王弼論宇宙本體時，將複雜紛紜的萬有統一於絕對的本體之「無」並強調「崇本息末」義而有「貴無」論的傾向。由此轉而為人生論時，他仍將人生遭逢的種種現實事物，亦統一於絕對的超現實的「無」。王弼是將老子所謂「天下萬物生於有，有生於無」，這種對存有論的根源性說明，內化為聖人生命本根在於沖虛的心境，聖人並以此沖虛心境為本，應物成物。換言之，王弼是將天道（自然）與人事（名教）皆統一於「無」，這即是王弼的天人新說，聖人正是此天人合一的實現者。因此，王弼論聖人首先彰顯其過人的神明，能契悟本體之「無」，而有沖虛的無限智心，故能應物有情而無累，作用地成全一切的迹用。故而聖人縱使處身世間，亦可與超世間的本體契合，成就其無限智心則可向上與「道本」相應，從而在生命的當下展現沖和的「無」境。因此，可以說王弼的聖人論是為現實的有限存有，立下一個可以企慕的超現實的無限存有，以供生命做無限攀昇與嚮往，而聖人正是王弼認為在現世中唯一成功的典範。

郭象與王弼同樣是以「體用如一」為生命的最高理境，但是卻解消了王弼所立的本體之「無」，從而以自然無為的道家基本原理，創設出自生獨化論。他破除了王弼分解地釋「無」與「有」為體用、本末的形上學論證方式，將存在的本根、價值、意義皆放在萬有自身之上，否認在「有」之外，尚有另一個超現實的本體。因此，「造物無物」是其哲學的基本命題，萬物皆欻然自生、自化，「有」各自生，則無所謂造物主，同時更不會是王弼所謂「無」可以生「有」之說。因為郭象認為「無」的涵義只是「非有」或「不存在」，並不能成有「有」存在的根據。既是「用外無體」，物之自身即是獨立而完足的存在，郭象由此看法推演人生論時，必然主張人生的極境無需期待在現實的存有之外實現。因此郭象所言聖人，並沒有一個外於其自身的超現實本體為其企慕實現的對象，其獨受天地之鍾氣，能泯一切虛妄之分別，齊平小大、長短之殊相，具無情、無想、無意、無欲之本性。聖人是天生的絕對者，所有的生命特質都是自性而有的，可以冥一切相，當體如之，並且進而能放萬物於自得之場，使物俱不失其所待，天下萬物歸於如如，而成就總體之逍遙，即同於大通矣。聖人生命的本然質性即是無限的玄同彼我之境，因此聖人只需活出其自性之全貌，即已是無限生命的境界。

　　郭象的「崇有」觀點，是因於他有鑑於王弼的「貴無」說，可能產生「無」
（自然）與「有」（作用）之間無法聯繫的問題，致使在對本體之「無」企慕
與追求的同時，容易產生「遊乎塵垢之外」的流弊，但求性命之安頓而忽略
了現實生活的問題，於是郭象勉力於將「本體」拉回於現實存有的自身中。
他的廟堂與山林之說，即是寓無爲於有爲，捨棄王弼所主張的對超現實的本
體之追求，強調聖人的無限與解脫，在現實的生命個體中即可完成。郭象此
說與後來中國大乘佛學所言「生死即涅槃」以及禪宗所倡「在家亦得，不由
在寺」（《六祖壇經》）之理略同，雖然都是即現世即解脫的精神，但是郭象所
言僅聖人可至此境界，非如大乘與禪宗以此爲眾生皆有的佛性。但是郭象似
乎已爲早期道家之說與中國禪宗之間的發展理路，打開了一扇相通的大門，
同時也爲道家之「無爲」說轉進儒家「有爲」的思想做理論上的突破，宋明
理學涵蘊儒、釋、道三說，顯然在郭象的哲學體系中已見端倪。

參考書目

（一）書　籍

1. 《周易》，王弼、韓康伯注、孔穎達正義，藝文印書館十三經注疏本。
2. 《老子》，王弼注，藝文印書館影印古逸叢書本。
3. 《論語》，何晏集解、皇侃義疏、邢昺疏、焦循補疏、阮元校勘、王叔岷斠理，世界書局注疏及補正本。
4. 《莊子》，郭象注、成玄英疏、郭慶藩集釋，世界書局集釋本。
5. 《荀子》，楊倞注、王先謙集解，世界書局。
6. 《淮南子》，（漢）劉安，世界書局四部刊要本。
7. 《孝經鉤命訣》，宋均，漢學堂叢書通緯孝經類第四十一冊。
8. 《周易乾鑿度》，鄭玄注，商務印書館影印文淵閣四庫全書第五十三冊。
9. 《春秋繁露》，董仲舒，商務印書館今注今譯本。
10. 《論衡》，王充，商務印書館四部叢刊正編第二十三。
11. 《申鑒》，荀悅，世界書局諸子集成本。
12. 《中論》，徐幹，商務印書館影印文淵閣四庫全書第六九二冊。
13. 《潛夫論》，王符，中華書局四部備要本。
14. 《白虎通德論》，班固，藝文印書館四部叢刊本。
15. 《漢書》，班固、顏師古注、王先謙補注，藝文印書館二十五史本。
16. 《人物志》，（魏）劉劭，中華書局四部備要本。
17. 《周易略例》，王弼，新興書局漢魏叢書本。
18. 《老子微旨例略》，王弼，藝文印書館老子集成初編本。
19. 《阮嗣宗集》，阮籍，華正書局。

20. 《嵇中散集》，嵇康，商務印書館四部叢刊正編第卅冊。

21. 《列子注》，（晉）張湛，明倫出版社集釋本。

22. 《三國志》，陳壽、裴松之注、盧弼集解，藝文印書館二十五史本。

23. 《後漢書》，（劉宋）范曄、李賢注、王先謙集解，藝文印書館二十五史本。

24. 《世說新語》，劉義慶、劉孝標注、楊勇校箋，明倫出版社。

25. 《弘明集》，（梁）釋僧佑，中華書局四部叢刊初編本。

26. 《高僧傳》，釋慧皎，廣文書局。

27. 《魏書》，（北齊）魏收，藝文印書館二十五史本。

28. 《藝文聚類》，（唐）歐陽詢等，藝文印書館。

29. 《晉書》，房玄齡，藝文印書館二十五史本。

30. 《廣弘明集》，釋道宣，中華書局四部叢刊初編本。

31. 《太平御覽》，（宋）李昉等，商務印書館影印宋刊本。

32. 《四書集註》，朱熹，世界書局。

33. 《資治通鑑》，司馬光，商務印書館四部叢刊正編第六至九冊。

34. 《日知錄》，（清）顧炎武，明倫出版社。

35. 《經典釋文敘錄疏證》，吳承仕，台聯國風出版社。

36. 《全三國文》，嚴可均輯，世界書局。

37. 《說文解字注》，段玉裁，藝文印書館。

38. 《洙泗考信錄》，崔述，世界書局。

39. 《莊子解》，王夫之，廣文書局。

40. 《困學記聞》，王應麟，商務印書館四部叢刊續編第廿五冊。

41. 《子略》，高似孫，廣文書局。

42. 《廿二史箚記》，趙翼，世界書局。

43. 《魏晉玄學論稿》，（民）湯錫予，里仁書局。

44. 《陳寅恪先生論文集》，陳寅恪，里仁書局。

45. 《漢晉學術編年》，劉汝霖，長安出版社。

46. 《東晉南北朝學術編年》，劉汝霖，長安出版社。

47. 《中國思想通史》，侯外廬主編，北京人民出版社。

48. 《莊老通辨》，錢穆，三民書局。

49. 《才性與玄理》，牟宗三，學生書局。

50. 《圓善論》，牟宗三，學生書局。

51. 《中國哲學十九講》，牟宗三，學生書局。

52. 《中國哲學原論·原性篇》，唐君毅，學生書局。

53. 《中國人性論史》，徐復觀，台灣商務印書館。

54. 《兩漢思想史》，徐復觀，學生書局。

55. 《中國知識階層史論》，余英時，聯經出版社。

56. 《新編中國哲學史》（第二卷），勞思光，三民書局。

57. 《梅園論學續集》，戴君仁，藝文印書館。

58. 《魏晉的自然主義》，容肇祖，里仁書局。

59. 《魏晉思想論》，劉大杰，里仁書局。

60. 《魏晉思想與談風》，何啓民，商務印書館。

61. 《老子周易王弼注校釋》，樓宇烈，華正書局。

62. 《何晏、王弼玄學新探》，余敦康，山東齊魯書社。

63. 《中國哲學史新編》，馮友蘭，北京人民出版社。

64. 《中國哲學史》（第二冊），任繼愈主編，北京人民出版社。

65. 《正始玄學》，王葆玹，山東齊魯出版社。

66. 《郭象與魏晉玄學》，湯一介，谷風出版社。

67. 《先秦道家與玄學佛學》，方穎嫻，學生書局。

68. 《魏晉清談主題之研究》，林麗真，台大中文研究所博士班畢業論文。

69. 《王弼老、易、論語三注分析》，林麗真，東大圖書公司。

70. 《漢晉人物品鑑研究》，張蓓蓓，台大中文研究所博士班畢業論文。

71. 《中國心性論》，蒙培元，學生書局。

72. 《郭象莊學平議》，蘇新鋈，學生書局。

73. 《從災異到玄學》，謝大寧，師大國文研究所博士班畢業論文。

74. 《魏晉玄學史》，許杭生、李中華、陳戰國、那薇等著，陝西師範大學出版社。

（二）單篇論文

1. 〈「聖」中國思想史內的多重意義〉，秦家懿，《清華學報》。

2. 〈從「聖」字說解談論語「聖」和「聖人」的涵義〉，江舉謙，《中國文化月刊》，第九十二期。

3. 〈漢魏之際之新自覺與新思想〉，余英時，《新亞學報》，卷四，期一。

4. 〈季漢荊州經學〉（上、下），程元敏，《漢學研究》，卷四，期一、二。

5. 〈魏晉人論聖賢高士〉，林麗真，《孔孟月刊》，第十八卷，第三期。

6. 〈魏晉清談名士之類型及談風之盛況〉，林麗真，《書目季刊》，卷一七，

期三。

7. 〈王弼「性其情」說析論〉，林麗真，1991 年 10 月海峽兩岸首次儒學學術討論會宣讀論文。

8. 〈魏晉玄學中的體驗思想——試論王弼「聖人體無」觀念的哲學意義，杜維明，《燕園論學集》（湯用彤先生九十誕辰紀念）北京大學出版社出版。

9. 〈言意之辨與魏晉名理〉，吳甿，《鵝湖月刊》，第一百一十六期。

10. 〈論郭象與支遁之逍遙義及支遁義的淵源〉，謝大寧，《中國學術年刊》。

11. 〈宇宙生成論向玄學本體論的轉化〉，王曉毅，《文史哲》，1989 年，第六期，山東。